Jesus
Die Biografie

Jesus

Die Biografie

Zusammengestellt von
Kermit Zarley

SCM Hänssler

SCM

Stiftung Christliche Medien

Bestell-Nr. 395.112
ISBN 978-3-7751-5112-2

Internet: www.scm-haenssler.de
E-Mail: info@scm-haenssler.de
Umschlaggestaltung: Jens Beilharz
Satz: typoscript GmbH, Kirchentellinsfurt
Druck und Bindung: CPI – Ebner & Spiegel, Ulm
Printed in Germany

Titel erschien zuvor mit dem Bibeltext der Neuen Genfer Übersetzung unter ISBN 978-3-7751-3527-6.

Vorwort

Er wurde in einem unbekannten Dorf geboren und wuchs in einem anderen Ort auf. Er arbeitete bei einem Handwerker, bis er dreißig war, und zog dann drei Jahre lang predigend durch das Land.

Er schrieb nie ein Buch. Er hielt nie einen Gottesdienst. Er hatte keine Familie und besaß kein Haus. Und er entfernte sich nie mehr als dreihundert Kilometer von seinem Geburtsort. Er besuchte kein Gymnasium und hatte keine anderen Referenzen als sich selbst. Obwohl er durch das Land zog und die Blinden sehend machte, die Lahmen heilte und Tote auferweckte, wandten sich die religiösen Führer gegen ihn. Auch seine Freunde rannten fort. Er wurde seinen Feinden ausgeliefert und durchlief einen Schauprozess. Man bespuckte, schlug und verspottete ihn. Und er wurde zwischen zwei Verbrechern an ein Kreuz genagelt. Während er starb, verlosten seine Henker seinen Mantel, den einzigen Besitz, den er auf Erden gehabt hatte. Man legte ihn in ein Grab, das ihm nicht gehörte.

Seitdem sind zweitausend Jahre vergangen und heute ist er die zentralste Figur des Menschengeschlechts.

Alle Armeen, die je marschiert sind, alle Parlamente mit all ihren Sitzungen, alle Könige, die jemals regiert haben, haben die Menschheit nicht so beeinflusst wie dieses einzigartige Leben.

Er ist Jesus Christus.

Die Geburt von Johannes dem Täufer
Die Geburt von Jesus

Jesus Christus – das menschgewordene Wort Gottes

Am Anfang war das Wort. Das Wort war bei Gott und das Wort war Gott. Er war am Anfang bei Gott. Durch ihn wurde alles geschaffen, was ist. Es gibt nichts, was er, das Wort, nicht geschaffen hat. Das Leben selbst war in ihm, und dieses Leben schenkt allen Menschen Licht. Das Licht scheint in der Dunkelheit, und die Dunkelheit konnte es nicht auslöschen.

Doch obwohl die Welt durch ihn geschaffen wurde, erkannte die Welt ihn nicht, als er kam. Er kam in die Welt, die ihm gehört, und sein eigenes Volk nahm ihn nicht auf. All denen aber, die ihn aufnahmen und an seinen Namen glaubten, gab er das Recht, Gottes Kinder zu werden. Sie wurden dies weder durch ihre Abstammung noch durch menschliches Bemühen oder Absicht, sondern dieses neue Leben kommt von Gott.

Er, der das Wort ist, wurde Mensch und lebte unter uns. Er war voll Gnade und Wahrheit und wir wurden Zeugen seiner Herrlichkeit, der Herrlichkeit, die der Vater ihm, seinem einzigen Sohn, gegeben hat.

Immer und immer wieder haben wir den Reichtum seines Segens empfangen. Denn das Gesetz wurde durch Mose gegeben; Gottes Gnade und Wahrheit aber kamen durch Jesus Christus. Niemand hat Gott je gesehen. Doch sein einziger Sohn, der selbst Gott ist, ist dem Herzen des Vaters ganz nahe; er hat uns von ihm erzählt.

Ankündigung der Geburt von Johannes dem Täufer

Zu der Zeit, als Herodes König von Judäa war, lebte ein jüdischer Priester namens Zacharias. Er war Priester von der Ordnung des Abija, und auch seine Frau Elisabeth stammte aus dem Priestergeschlecht Aarons. Zacharias und seine Frau führten ein gottesfürchtiges Leben und befolgten alle Gebote und Vorschriften des Herrn. Sie hatten keine Kinder, weil Elisabeth unfruchtbar war, und jetzt waren sie beide schon sehr alt.

Eines Tages, als Zacharias seinen Dienst im Tempel verrichtete, weil in dieser Woche seine Ordnung an der Reihe war, wurde er nach priesterlichem Brauch durch das Los dazu ausgewählt, das Heiligtum zu betreten, um das Rauchopfer darzubringen. Währenddessen stand draußen eine große Menschenmenge und betete.

Als Zacharias im Heiligtum war, erschien ihm ein Engel des Herrn. Dieser stand rechts neben dem Altar für das Rauchopfer. Zacharias erschrak bis ins Herz, doch der Engel sagte: »Hab keine Angst, Zacharias! Gott hat dein Gebet erhört. Deine Frau Elisabeth wird dir einen Sohn schenken, und du sollst ihn Johannes nennen. Du wirst überglücklich sein bei seiner Geburt, und viele Menschen werden sich mit dir freuen, denn er wird in den Augen des Herrn groß sein. Er wird keinen

Wein oder andere berauschenden Getränke anrühren und schon vor seiner Geburt mit dem Heiligen Geist erfüllt werden. Und er wird viele Israeliten dazu bringen, sich wieder dem Herrn, ihrem Gott, zuzuwenden. Er wird ein Mann mit dem Geist und der inneren Kraft des Propheten Elia sein, der dem Herrn vorausgeht und das Volk auf seine Ankunft vorbereitet. Er wird die Herzen der Väter ihren Kindern zuwenden und die Ungehorsamen dazu bewegen, sich der göttlichen Weisheit zu öffnen.«

Zacharias fragte den Engel: »Wie kann ich sicher sein, dass das wirklich geschehen wird? Ich bin jetzt ein alter Mann, und auch meine Frau ist schon in fortgeschrittenem Alter.« Da sagte der Engel: »Ich bin Gabriel. Ich habe meinen Platz in der Gegenwart Gottes. Er hat mich mit dieser frohen Botschaft zu dir gesandt! Weil du meinen Worten nicht geglaubt hast, wirst du nicht mehr sprechen können, bis das Kind geboren ist. Denn meine Worte werden sich erfüllen, wenn die Zeit gekommen ist.«

Mittlerweile warteten die Menschen draußen auf Zacharias und wunderten sich, wo er so lang blieb. Als er endlich heraustrat, konnte er nicht zu ihnen sprechen. An seinen Gesten erkannten sie jedoch, dass er im Heiligtum des Tempels eine Vision gehabt hatte.

Er blieb im Tempel, bis die Zeit seines Dienstes vorüber war, und ging dann nach Hause. Kurze Zeit später wurde seine Frau Elisabeth schwanger. Sie zog sich fünf Monate lang zurück. »Wie gütig doch der Herr ist!«, rief sie. »Er hat mich von der Schande der Kinderlosigkeit befreit!«

Ankündigung der Geburt von Jesus

Als Elisabeth im sechsten Monat schwanger war, sandte Gott den Engel Gabriel nach Nazareth, in eine Stadt in Galiläa, zu einem Mädchen, das noch Jungfrau war. Sie hieß Maria und war mit einem Mann namens Josef verlobt, einem Nachfahren von David.[1]

Gabriel erschien ihr und sagte: »Sei gegrüßt! Du bist beschenkt mit großer Gnade! Der Herr ist mit dir!« Erschrocken überlegte Maria, was der Engel damit wohl meinte. Da erklärte er ihr: »Hab keine Angst, Maria, denn du hast Gnade bei Gott gefunden. Du wirst schwanger werden und einen Sohn zur Welt bringen, den du Jesus nennen sollst. Er wird groß sein und Sohn des Allerhöchsten genannt werden. Gott, der Herr, wird ihn auf den Thron seines Vaters David setzen. Er wird für immer über Israel herrschen, und sein Reich wird niemals untergehen!«

Maria fragte den Engel: »Aber wie kann ich ein Kind bekommen? Ich bin noch Jungfrau.« Der Engel antwortete: »Der Heilige Geist wird über dich kommen, und die Macht des Allerhöchsten wird dich überschatten. Deshalb wird das Kind, das du gebären wirst, heilig und Sohn Gottes genannt werden. Sieh doch: Deine Verwandte Elisabeth ist in ihrem hohen Alter noch schwanger geworden! Die Leute haben immer gesagt, sie sei unfruchtbar, und nun ist sie bereits im sechsten Monat. Denn bei Gott ist nichts unmöglich.«

---

1 Die jüdische Verlobung stellte ein rechtsverbindliches Eheversprechen dar.

Maria antwortete: »Ich bin die Dienerin des Herrn und beuge mich seinem Willen. Möge alles, was du gesagt hast, wahr werden und mir geschehen.« Darauf verließ der Engel sie.

Marias Besuch bei Elisabeth

Einige Tage später beeilte sich Maria, ins Bergland von Judäa zu kommen, in die Stadt, in der Zacharias lebte. Als sie das Haus betrat und Elisabeth begrüßte, hüpfte Elisabeths Kind im Bauch seiner Mutter, und Elisabeth wurde vom Heiligen Geist erfüllt. Sie rief Maria laut entgegen: »Du bist von Gott gesegnet vor allen anderen Frauen, und gesegnet ist auch dein Kind. Welche Ehre, dass die Mutter meines Herrn mich besucht! Als du das Haus betreten und mich begrüßt hast, hüpfte mein Kind beim Klang deiner Stimme vor Freude! Gesegnet bist du, weil du geglaubt hast, dass der Herr tun wird, was er gesagt hat.«

Maria preist den Herrn

Maria erwiderte:

> Gelobt sei der Herr!
> Wie freue ich mich an Gott, meinem Retter!
> Er hat seiner unbedeutenden Magd
> Beachtung geschenkt,
> darum werden mich die Menschen in
> alle Ewigkeit glücklich preisen.

Denn er, der Mächtige, ist heilig,
und er hat Großes für mich getan.
Seine Barmherzigkeit gilt von
Generation zu Generation
allen, die ihn ehren.
Sein mächtiger Arm vollbringt Wunder!
Wie er die Stolzen und Hochmütigen zerstreut!
Er hat Fürsten vom Thron gestürzt
und niedrig Stehende erhöht.
Die Hungrigen hat er mit Gutem gesättigt
und die Reichen mit leeren Händen fortgeschickt.
Und nun hat er seinem Diener Israel geholfen!
Er hat seine Verheißung nicht vergessen,
barmherzig zu sein,
wie er es unseren Vorfahren –
Abraham und seinen Kindern –
immer verheißen hat.

Etwa drei Monate blieb Maria bei Elisabeth und kehrte dann nach Hause zurück.

Johannes der Täufer wird geboren

Als für Elisabeth die Zeit der Geburt kam, brachte sie einen Jungen zur Welt. Schon bald hörten die Nachbarn und Freunde von der großen Barmherzigkeit, die der Herr ihr erwiesen hatte, und alle freuten sich von Herzen mit ihr.

Als das Kind acht Tage alt war, kamen die Verwandten und Freunde zur Beschneidungszeremonie. Sie wollten den Jungen nach seinem Vater Zacharias nennen. Aber Elisabeth sagte: »Nein! Sein Name lautet Johannes!« »Was?«, riefen sie aus. »In deiner ganzen Familie gibt es niemand, der diesen Namen trägt.« Und sie wandten sich an den Vater des Kindes und befragten ihn mit Gesten. Er ließ sich eine Schreibtafel bringen und schrieb zur Überraschung aller: »Sein Name ist Johannes!« Im gleichen Augenblick konnte Zacharias wieder sprechen, und er fing an, Gott zu loben.

Ehrfürchtiges Staunen erfasste die Menschen in der ganzen Gegend. Die Nachricht von diesen Ereignissen verbreitete sich überall im Bergland von Judäa. Alle, die davon erfuhren, dachten darüber nach und fragten sich: »Was wohl aus diesem Kind werden wird? Denn es war offensichtlich, dass die Hand des Herrn mit ihm war.«

Zacharias preist den Herrn

Sein Vater Zacharias wurde mit dem Heiligen Geist erfüllt und weissagte:

Gelobt sei der Herr, der Gott Israels,
denn er ist zu seinem Volk gekommen
und hat es erlöst.
Einen mächtigen Retter
aus dem königlichen Geschlecht
seines Knechtes David
hat er uns gesandt,
wie er es vor langer Zeit
durch seine heiligen Propheten versprochen hat.
Nun werden wir vor unseren Feinden

und vor allen, die uns hassen, gerettet werden.
Er hat unseren Vorfahren Barmherzigkeit
erwiesen, indem er seinen heiligen Bund
mit ihnen nicht vergisst, den Bund,
den er mit unserem Stammvater Abraham schloss.
Wir wurden vor unseren Feinden gerettet,
damit wir Gott an jedem einzelnen Tag unseres
Lebens ohne Furcht dienen können
in Heiligkeit und Gerechtigkeit.
Und du, mein Kind, wirst Prophet des
Allerhöchsten genannt werden,
weil du dem Herrn den Weg ebnen wirst.
Du wirst seinem Volk verkünden,
wie es Rettung finden kann
durch die Vergebung seiner Sünden.
Durch die Güte und Barmherzigkeit Gottes
wird nun das Licht des Himmels uns besuchen,
um die zu erleuchten, die in der Dunkelheit
und im Schatten des Todes sitzen,
und um uns auf den Weg des Friedens zu leiten.

Johannes wuchs heran und wurde stark im Geist. Später lebte er draußen in der Wildnis, bis die Zeit seines öffentlichen Wirkens in Israel begann.

Josefs Traum

Maria war mit Josef verlobt. Aber noch vor ihrer Hochzeit wurde sie, die noch Jungfrau war, schwanger durch den Heiligen Geist. Josef, ihr Verlobter, war ein aufrechter Mann. Um sie nicht der öffentlichen Schande preiszugeben, beschloss er, die Verlobung in aller Stille zu lösen. Während er noch darüber nachdachte, erschien ihm im Traum ein Engel des Herrn. »Josef, Sohn Davids«, sagte der Engel, »zögere nicht, Maria zu heiraten. Denn das Kind, das sie erwartet, ist vom Heiligen Geist. Sie wird einen Sohn zur Welt bringen. Du sollst ihm den Namen Jesus geben, denn er wird sein Volk von allen Sünden befreien.«

All das geschah, damit sich erfüllt, was Gott durch seinen Propheten angekündigt hat: *»Seht! Die Jungfrau wird ein Kind erwarten! Sie wird einem Sohn das Leben schenken, und er wird Immanuel genannt werden. Das heißt, Gott ist mit uns«* (Jesaja 7,14).

Als Josef aufwachte, tat er, was der Engel des Herrn ihm gesagt hatte. Er nahm Maria zur Frau. Josef aber rührte sie nicht an, bis ihr Sohn geboren war. Und Josef gab ihm den Namen Jesus.

Ein Stammbaum von Jesus

Jesus war bekannt als der Sohn Josefs. Josef war der Sohn von Eli. Eli war der Sohn von Mattat. Mattat war der Sohn von Levi. Levi war der Sohn von Melchi. Melchi war der Sohn von Jannai. Jannai war der Sohn von Josef. Josef war der Sohn von Mattitja. Mattitja war der Sohn von Amos. Amos war der Sohn von Nahum. Nahum war der Sohn von Hesli. Hesli war der Sohn von Naggai. Naggai war der Sohn von Mahat. Mahat war der Sohn von Mattitja. Mattitja war der Sohn von Schimi. Schimi war der Sohn von

Josech. Josech war der Sohn von Joda. Joda war der Sohn von Johanan. Johanan war der Sohn von Resa. Resa war der Sohn von Serubbabel. Serubbabel war der Sohn von Schealtiël. Schealtiël war der Sohn von Neri. Neri war der Sohn von Melchi. Melchi war der Sohn von Addi. Addi war ein Sohn von Kosam. Kosam war der Sohn von Elmadam. Elmadam war der Sohn von Er. Er war der Sohn von Joschua. Joschua war der Sohn von Eliëser. Eliëser war der Sohn von Jorim. Jorim war der Sohn von Mattat. Mattat war der Sohn von Levi. Levi war der Sohn von Simeon. Simeon war der Sohn von Juda. Juda war der Sohn von Josef. Josef war der Sohn von Jonam. Jonam war der Sohn von Eljakim. Eljakim war der Sohn von Melea. Melea war der Sohn von Menna. Menna war der Sohn von Mattata. Mattata war der Sohn von Nathan. Nathan war der Sohn von David. David war der Sohn von Isai. Isai war der Sohn von Obed. Obed war der Sohn von Boas. Boas war der Sohn von Salmon. Salmon war der Sohn von Nachschon. Nachschon war der Sohn von Amminadab. Amminadab war der Sohn von Admin. Admin war der Sohn von Arni. Arni war der Sohn von Hezron. Hezron war der Sohn von Perez. Perez war der Sohn von Juda. Juda war der Sohn von Jakob. Jakob war der Sohn von Isaak. Isaak war der Sohn von Abraham. Abraham war der Sohn von Terach. Terach war der Sohn von Nahor. Nahor war der Sohn von Serug. Serug war der Sohn von Regu. Regu war der Sohn von Peleg. Peleg war der Sohn von Eber. Eber war der Sohn von Schelach. Schelach war der Sohn von Kenan. Kenan war der Sohn von Arpachschad. Arpachschad war der Sohn von Sem. Sem war der Sohn von Noah.

Noah war der Sohn von Lamech. Lamech war der Sohn von Metuschelach. Metuschelach war der Sohn von Henoch. Henoch war der Sohn von Jered. Jered war der Sohn von Mahalalel. Mahalalel war der Sohn von Kenan. Kenan war der Sohn von Enosch. Enosch war der Sohn von Set. Set war der Sohn von Adam. Adam war der Sohn Gottes.

Ein anderer Stammbaum von Jesus

Dies ist ein Verzeichnis der Vorfahren von Jesus Christus, einem Nachkommen des Königs David und Abrahams:

Abraham war der Vater von Isaak. Isaak war der Vater von Jakob. Jakob war der Vater von Juda und seinen Brüdern. Juda war der Vater von Perez und Serach (ihre Mutter war Tamar). Perez war der Vater von Hezron. Hezron war der Vater von Ram. Ram war der Vater von Amminadab. Amminadab war der Vater von Nachschon. Nachschon war der Vater von Salmon. Salmon war der Vater von Boas (seine Mutter war Rahab). Boas war der Vater von Obed (seine Mutter war Rut). Obed war der Vater von Isai. Isai war der Vater von König David.

David war der Vater von König Salomo (seine Mutter war Batseba, die Witwe Urias). Salomo war der Vater von Rehabeam. Rehabeam war der Vater von Abija. Abija war der Vater von Asa. Asa war der Vater von Joschaphat. Joschaphat war der Vater von Joram. Joram war der Vater von Usija. Usija war der Vater von Jotam. Jotam war der Vater von Ahas. Ahas war der

Vater von Hiskia. Hiskia war der Vater von Manasse. Manasse war der Vater von Amon. Amon war der Vater von Josia. Josia war der Vater von Jojachin und seinen Brüdern (die in der Zeit des Babylonischen Exils geboren wurden).

Nach dem Babylonischen Exil: Jojachin war der Vater von Schealtiël. Schealtiël war der Vater von Serubbabel. Serubbabel war der Vater von Abihud. Abihud war der Vater von Eljakim. Eljakim war der Vater von Asor. Asor war der Vater von Zadok. Zadok war der Vater von Achim. Achim war der Vater von Eliud. Eliud war der Vater von Eleasar. Eleasar war der Vater von Mattan. Mattan war der Vater von Jakob. Jakob war der Vater von Josef, dem Ehemann Marias. Maria war die Mutter von Jesus, der Christus genannt wird.

Von Abraham bis König David sind es insgesamt vierzehn Generationen, von David bis zum Babylonischen Exil wiederum vierzehn, und noch einmal vierzehn Generationen nach dem Babylonischen Exil bis zu Christus.

Die Geburt von Jesus

Und so wurde Jesus Christus geboren.

Zu jener Zeit ordnete der römische Kaiser Augustus eine Volkszählung im ganzen Römischen Reich an. Dies war die erste Volkszählung; sie wurde durchgeführt, als Quirinius Statthalter von Syrien war. Alle Menschen kehrten in ihre Heimatstadt zurück, um sich für die Zählung eintragen zu lassen.

Weil Josef ein Nachkomme Davids war, musste er nach Bethlehem in Judäa, in die Stadt Davids, reisen. Von Nazareth in Galiläa aus machte er sich auf den Weg und nahm seine Verlobte Maria mit, die hochschwanger war. Als sie in Bethlehem waren, kam die Zeit der Geburt heran. Maria gebar ihr erstes Kind, einen Sohn. Sie wickelte ihn in Windeln und legte ihn in eine Futterkrippe, weil es im Gasthaus keinen Platz für sie gab.

Engel und Hirten verkünden die Geburt von Christus

In jener Nacht hatten ein paar Hirten auf den Feldern vor dem Dorf ihr Lager aufgeschlagen, um ihre Schafe zu hüten. Plötzlich erschien ein Engel des Herrn in ihrer Mitte. Der Glanz des Herrn umstrahlte sie. Die Hirten erschraken, aber der Engel beruhigte sie. »Habt keine Angst!«, sagte er. »Ich bringe eine gute Botschaft für alle Menschen! Der Retter – ja, Christus, der Herr – ist heute Nacht in Bethlehem, der Stadt Davids, geboren worden! Und daran könnt ihr ihn erkennen: Ihr werdet ein Kind finden, das in Windeln gewickelt in einer Futterkrippe liegt!«

Auf einmal war der Engel von den himmlischen Heerscharen umgeben, und sie alle priesen Gott mit den Worten:

Ehre sei Gott im höchsten Himmel und
Frieden auf Erden für alle Menschen,
an denen Gott Gefallen hat.

Als die Engel in den Himmel zurückgekehrt waren, sagten die Hirten zueinander: »Kommt, gehen wir nach Bethlehem! Wir wollen das Wunder, von dem der Herr uns erzählen ließ, mit eigenen Augen sehen.« Sie liefen, so schnell sie konnten, ins Dorf und fanden Maria und Josef und das Kind in der Futterkrippe. Da erzählten die Hirten allen, was geschehen war und was der Engel ihnen über dieses Kind gesagt hatte. Alle Leute, die den Bericht der Hirten hörten, waren voller Staunen. Maria aber bewahrte alle diese Dinge in ihrem Herzen und dachte oft darüber nach. Die Hirten kehrten zu ihren Herden auf den Feldern zurück; sie priesen und lobten Gott für das, was der Engel ihnen gesagt hatte und was sie gesehen hatten. Alles war so, wie es ihnen angekündigt worden war.

Beschneidung und Namensgebung

Als das Kind acht Tage später beschnitten wurde, gab man ihm den Namen Jesus – so wie der Engel ihn schon genannt hatte, bevor Maria schwanger wurde.

Jesus wird im Tempel Gott geweiht

Dann kam die Zeit des Reinigungsopfers, das im Gesetz Moses nach der Geburt eines Kindes vorgeschrieben ist. Maria und Josef gingen mit ihm nach Jerusalem, um ihn dem Herrn zu weihen. Denn im Gesetz des Herrn steht: *»Alle erstgeborenen Söhne* *müssen dem Herrn geweiht werden«* (2. Mose 13,2). Sie brachten das Reinigungsopfer dar, wie es das Gesetz vorschrieb: *»Ein Paar Turteltauben oder zwei junge Tauben«* (3. Mose 12,8).

Die Begegnung mit Simeon

In Jerusalem lebte ein Mann namens Simeon. Er war gerecht und gottesfürchtig. Simeon war vom Heiligen Geist erfüllt und wartete sehnsüchtig auf die Ankunft des Christus, der Israel Trost und Rettung bringen sollte. Der Heilige Geist hatte ihm offenbart, dass er nicht sterben würde, bevor er den vom Herrn gesandten Christus gesehen hätte. An diesem Tag führte der Heilige Geist ihn in den Tempel. Als Maria und Josef kamen, um das Kind dem Herrn zu weihen, wie es im Gesetz vorgeschrieben ist, war Simeon dort. Er nahm das Kind auf seine Arme und lobte Gott und sagte:

> Herr, nun kann ich in Frieden sterben!
> Wie du es mir versprochen hast,
> habe ich den Retter gesehen,
> den du allen Menschen geschenkt hast.
> Er ist ein Licht,
> das den Völkern Gott offenbaren wird,
> und er ist die Herrlichkeit deines Volkes Israel!

Josef und Maria staunten, als sie hörten, was Simeon über Jesus sagte. Simeon aber segnete sie und sagte zu Maria: »Dieses Kind wird von vielen in Israel abgelehnt werden, und das wird ihren Untergang bedeuten.

Für viele andere Menschen aber wird er die höchste Freude sein. Auf diese Weise wird an den Tag kommen, was viele im Innersten bewegt. Doch auch durch deine Seele wird ein Schwert dringen.«

Die Prophetin Hanna

Im Tempel befand sich auch Hanna, eine Prophetin. Sie war eine Tochter Phanuëls aus dem Stamm Asser und schon sehr alt. Hanna war Witwe. Ihr Mann war nach nur sieben Jahren Ehe gestorben. Jetzt war sie vierundachtzig Jahre alt und verließ den Tempel nie mehr, sondern diente Gott dort Tag und Nacht mit Fasten und Beten. Als Simeon mit Maria und Josef sprach, ging sie vorbei und begann, Gott zu loben. Allen, die auf die verheißene Erlösung Israels warteten, erzählte sie von Jesus.

Als Maria und Josef alles erfüllt hatten, was nach dem Gesetz des Herrn vorgeschrieben ist, kehrten sie nach Hause zurück.

Der Besuch der Sterndeuter

Jesus wurde in der Stadt Bethlehem in Judäa während der Herrschaft von König Herodes geboren. In dieser Zeit kamen einige Sterndeuter aus einem Land im Osten nach Jerusalem und fragten überall: »Wo ist der neugeborene König der Juden? Wir haben seinen Stern aufgehen sehen und sind gekommen, um ihn anzubeten.«

Ihre Frage versetzte Herodes in große Unruhe, und alle Einwohner Jerusalems mit ihm. Er berief eine Versammlung der obersten Priester und Schriftgelehrten ein. »Wo soll denn der Christus nach Aussage der Propheten zur Welt kommen?«, fragte er sie. »In Bethlehem«, sagten sie, »denn der Prophet hat geschrieben: ›*O Bethlehem in Judäa, du bist alles andere als ein unbedeutendes Dorf, denn ein Herrscher wird aus dir hervorgehen, der wie ein Hirte mein Volk Israel führen wird*‹ (Micha 5,1).«

Daraufhin sandte Herodes eine geheime Botschaft an die Sterndeuter und bat sie zu sich. Bei dieser Zusammenkunft erfuhr er den genauen Zeitpunkt, an dem sie den Stern zum ersten Mal gesehen hatten. Er sagte zu ihnen: »Geht nach Bethlehem und sucht das Kind. Wenn ihr es gefunden habt, kommt wieder her und erzählt es mir, damit ich auch hingehen kann, um es anzubeten!«

Nach diesem Gespräch machten die Sterndeuter sich auf den Weg. Wieder erschien ihnen der Stern und führte sie nach Bethlehem. Er zog ihnen voran und blieb über dem Ort stehen, wo das Kind war. Als sie den Stern sahen, war ihre Freude groß. Sie gingen in das Haus und fanden das Kind mit seiner Mutter Maria, sanken vor ihm auf die Knie und beteten es an. Dann öffneten sie ihre Truhen mit Kostbarkeiten und beschenkten es mit Gold, Weihrauch und Myrrhe.

Als es Zeit war, wieder aufzubrechen, zogen sie jedoch auf einem anderen Weg in ihre Heimat zurück, denn Gott hatte sie in einem Traum davor gewarnt, zu Herodes zurückzukehren.

Die Flucht nach Ägypten

Nachdem die Sterndeuter gegangen waren, erschien Josef im Traum ein Engel des Herrn. »Steh auf und flieh mit dem Kind und seiner Mutter nach Ägypten«, sagte der Engel. »Bleib dort, bis ich dir sage, dass ihr zurückkehren könnt, denn Herodes will das Kind umbringen.« Noch in derselben Nacht machte sich Josef mit dem Kind und dessen Mutter Maria auf den Weg nach Ägypten. Dort blieben sie bis zum Tod des Herodes. Auf diese Weise erfüllte sich, was der Herr durch den Propheten gesagt hatte: *»Ich habe meinen Sohn aus Ägypten gerufen«* (Hosea 11,1).

Der Kindermord von Bethlehem

Herodes war außer sich vor Zorn, als er erfuhr, dass die Sterndeuter ihn hintergangen hatten. Er schickte Soldaten aus, die in Bethlehem und der ganzen Umgebung alle Jungen im Alter von zwei Jahren und jünger umbringen sollten. Denn die weisen Männer hatten ihm erzählt, dass sie den Stern vor etwa zwei Jahren zum ersten Mal gesehen hatten. Durch diese grausige Tat des Herodes erfüllte sich die Prophezeiung Jeremias: *»Ein Schrei der Angst ertönt in der Stadt Rama – das Klagen und Trauern nimmt kein Ende. Rahel weint um ihre Kinder und lässt sich nicht trösten – denn sie sind tot«* (Jeremia 31,15).

Rückkehr nach Nazareth – Die Kindheit von Jesus

Als Herodes gestorben war, erschien Josef wieder ein Engel des Herrn im Traum. Er sagte zu ihm: »Steh auf und bring das Kind und seine Mutter zurück ins Land Israel, denn die, die das Kind umbringen wollten, sind tot.« Daraufhin kehrte Josef mit Jesus und Maria nach Israel zurück.

Als er aber erfuhr, dass Archelaus, der Sohn des Herodes, der neue Herrscher war, bekam er Angst. Und wieder erhielt er im Traum Gottes Anweisung: Er sollte nach Galiläa gehen. Die Familie zog in die Stadt Nazareth, um sich dort niederzulassen. Damit erfüllte sich, was die Propheten vorausgesagt hatten: »Man wird ihn den Nazarener nennen.«[2]

Dort wuchs Jesus heran und wurde groß und kräftig. Er war mit Weisheit erfüllt, und Gottes besondere Gnade ruhte auf ihm.

Der zwölfjährige Jesus im Tempel

Jedes Jahr zum Passahfest zogen seine Eltern nach Jerusalem hinauf. Als Jesus zwölf Jahre alt war, nahmen

---

2 Nazareth galt wie das ganze Land Galiläa als unbedeutend, und seine Bewohner wurden verachtet (vergleiche Johannes 1,45-46; 7,41.52). Die Bezeichnung »Nazarener« erinnert daher wohl an die alttestamentlichen Hinweise auf die Niedrigkeit und allgemeine Ablehnung des Messias (Psalm 22,7-9; 69,8-10.20-22; Jesaja 11,1; 49,7; 53,2-3.8); der Ausdruck selbst kommt im Alten Testament nicht vor.

sie auch wieder am Fest teil. Nach den Feierlichkeiten machten sie sich auf den Heimweg nach Nazareth, doch Jesus blieb in Jerusalem zurück. Zuerst vermissten seine Eltern ihn nicht, weil sie annahmen, dass er sich bei Freunden unter den anderen Reisenden befand. Doch als er am Abend immer noch nicht erschien, begannen sie, bei ihren Verwandten und Freunden nach ihm zu fragen. Da sie ihn nirgends finden konnten, kehrten sie nach Jerusalem zurück, um dort nach ihm zu suchen. Nach drei Tagen endlich entdeckten sie ihn. Er saß im Tempel inmitten der Lehrer, hörte ihnen zu und stellte Fragen. Alle, die ihn hörten, staunten über sein Verständnis und seine klugen Antworten.

Seine Eltern wussten nicht, was sie davon halten sollten. »Kind!«, sagte seine Mutter zu ihm. »Wie konntest du uns das antun? Dein Vater und ich waren in schrecklicher Sorge. Wir haben dich überall gesucht.« »Warum habt ihr mich gesucht?«, fragte er. »Ihr hättet doch wissen müssen, dass ich im Haus meines Vaters bin.« Doch sie verstanden nicht, was er damit meinte.

Daraufhin kehrte er mit ihnen nach Nazareth zurück und war ihnen ein gehorsamer Sohn. Seine Mutter bewahrte all diese Dinge in ihrem Herzen.

Die Jugendzeit von Jesus

So wuchs Jesus heran und gewann an Weisheit. Gott liebte ihn, und alle, die ihn kannten, schätzten ihn sehr.

Vorbereitung zum Dienst

Johannes der Täufer, der Wegbereiter von Jesus

So beginnt die gute Botschaft von Jesus Christus, dem Sohn Gottes.

Es war im fünfzehnten Regierungsjahr des römischen Kaisers Tiberius. Pilatus war Statthalter in Judäa; Herodes Antipas herrschte über Galiläa, sein Bruder Philippus regierte in Ituräa und Trachonitis, und Lysanias war Herrscher in Abilene. Hannas und Kaiphas waren Hohe Priester.

In dieser Zeit erhielt Johannes, der Sohn des Zacharias, draußen in der Wildnis eine Botschaft von Gott. Gott sandte Johannes, um allen Menschen von dem Licht zu erzählen, damit durch ihn alle daran glauben. Johannes selbst war nicht das Licht; er war nur ein Zeuge für das Licht. Der, der das wahre Licht ist, das alle Menschen erleuchtet, sollte erst noch in die Welt kommen.

Johannes der Täufer fing an, in der Wüste von Judäa zu predigen. Er zog in der Gegend des Jordan von Ort zu Ort und predigte den Menschen: Sie sollten sich taufen lassen als Zeichen dafür, dass sie sich von ihren Sünden abgekehrt und Gott zugewandt hatten, um Vergebung zu erhalten. Er predigte: »Kehrt um und wendet euch Gott zu, denn das Himmelreich ist nahe.«

Schon Jesaja hatte auf Johannes hingewiesen, als er verkündete: *»Siehe, ich sende meinen Boten vor dir her. Er wird dir den Weg bereiten. Er ist eine Stimme,* *die in der Wüste ruft: Schafft Raum für das Kommen des Herrn! Ebnet ihm den Weg! Die Täler sollen aufgeschüttet, die Berge und Hügel eingeebnet werden! Das Krumme soll gerade und das Raue glatt werden! Dann werden alle Menschen Gottes Heil sehen«* (Jesaja 40,3-5).

Johannes trug Kleider aus gewebtem Kamelhaar und einen Lederriemen um die Hüften; er ernährte sich von Heuschrecken und wildem Honig. Aus Jerusalem, aus allen Teilen Judäas und aus dem ganzen Jordanland strömten die Menschen hinaus in die Wüste, um ihn predigen zu hören. Und wenn sie ihre Sünden bekannt hatten, taufte er sie im Jordan.

Als er aber sah, dass auch viele Pharisäer und Sadduzäer kamen, um sich von ihm taufen zu lassen, fuhr er sie an. »Ihr Schlangenbrut! Wer hat euch eingeredet, ihr könntet dem bevorstehenden Gericht Gottes entgehen? Beweist durch euren Lebenswandel, dass ihr euch wirklich von euren Sünden abgekehrt und Gott zugewandt habt. Es genügt nicht zu sagen: ›Wir sind die Nachkommen Abrahams. Uns kann nichts geschehen.‹ Das beweist gar nichts. Wenn Gott wollte, könnte er aus diesen Steinen Kinder Abrahams machen. Die Axt wird schon durch die Luft geschwungen, bereit, eure Wurzeln abzuhacken; denn jeder Baum, der keine guten Früchte bringt, wird umgehauen und ins Feuer geworfen.«

Die Menge fragte: »Und was sollen wir tun?« Johannes erwiderte: »Wenn ihr zwei Mäntel habt, gebt einen den Armen. Wenn ihr zu essen habt, teilt es mit denen, die hungrig sind.«

Auch Steuereinnehmer kamen zu ihm, um sich taufen zu lassen. Und auch sie fragten: »Meister, was sollen wir tun?« »Beweist, dass ihr ehrlich seid«, erwiderte er, »treibt nicht mehr Steuern ein, als die römische Regierung euch vorschreibt.«

»Und was sollen wir tun?«, fragten einige Soldaten. Johannes antwortete: »Seid keine Räuber und Erpresser. Gebt euch mit eurem Sold zufrieden.«

Alle warteten sehr auf das Kommen des Christus und wollten unbedingt wissen, ob Johannes der Christus sei. Auf diese Frage antwortete Johannes: »Ich taufe all diejenigen mit Wasser, die ihren Sünden den Rücken kehren und sich Gott zuwenden. Aber bald wird einer kommen, der stärker ist als ich; ich bin nicht einmal wert, sein Diener zu sein. Er ist größer als ich, denn er war da, lange bevor es mich gab. Er wird euch mit dem Heiligen Geist und mit Feuer taufen. Er wird mit seiner Schaufel die Spreu vom Weizen trennen, den Dreschplatz aufräumen und den Weizen in die Scheune bringen; die Spreu aber wird er im ewigen Feuer verbrennen.«

Und noch viele solche Warnungen sprach Johannes aus, als er dem Volk die Botschaft Gottes verkündete.

Die Taufe von Jesus

Als Johannes wieder einmal viele Menschen taufte, ließ sich auch Jesus von Nazareth taufen. Er kam aus Galiläa an den Jordan.

Doch Johannes weigerte sich. »Eigentlich müsste ich mich von dir taufen lassen«, sagte er, »warum kommst du zu mir?« Jesus erwiderte: »Es muss sein.

Wir müssen alles so halten, wie es von Gott aus sein soll.« Da taufte ihn Johannes.

Als Jesus aus dem Wasser stieg und betete, sah er, wie der Himmel sich öffnete und der Heilige Geist in Gestalt einer Taube auf ihn herabkam. Und aus dem Himmel sprach eine Stimme: »Du bist mein geliebter Sohn, an dir habe ich große Freude.«

Jesus war etwa dreißig Jahre alt, als er öffentlich zu wirken begann.

Die Versuchung von Jesus

Vom Heiligen Geist erfüllt, verließ Jesus den Jordan. Der Heilige Geist drängte ihn, in die Wüste zu gehen, weil er dort vom Teufel auf die Probe gestellt werden sollte. Während dieser ganzen Zeit – vierzig Tage und vierzig Nächte – aß er nichts, sodass er schließlich sehr hungrig war.

Da trat der Teufel zu ihm und sagte: »Wenn du der Sohn Gottes bist, dann verwandle diese Steine in Brot.« Doch Jesus erwiderte: »Nein! Die Schrift sagt: ›*Der Mensch braucht mehr als nur Brot zum Leben. Er lebt auch von jedem Wort, das aus dem Mund Gottes kommt*‹ (5. Mose 8,3).«

Darauf versetzte der Teufel ihn nach Jerusalem auf den höchsten Punkt des Tempels und sagte: »Wenn du der Sohn Gottes bist, spring hier hinunter! Denn in der Schrift steht: ›*Er befiehlt seinen Engeln, dich zu beschützen und zu bewahren. Sie werden dich auf ihren Händen tragen, damit deine Füße niemals stolpern*‹ (Psalm 91,11-12).«

Jesus erwiderte: »Die Schrift sagt aber auch: *›Fordere den Herrn, deinen Gott, nicht heraus‹* (5. Mose 6,16).«

Als Nächstes führte der Teufel ihn auf die Höhe und zeigte ihm in einem Augenblick alle Länder der Welt mit ihren Reichtümern. Und er sagte zu ihm: »Ich will dir Macht über diese Länder und all ihre Reichtümer geben, denn ich verfüge über sie und kann sie geben, wem ich will. Das alles werde ich dir schenken, wenn du vor mir niederkniest und mich anbetest.« »Scher dich fort von hier, Satan«, sagte Jesus zu ihm. »Denn die Schrift sagt: *›Du sollst den Herrn, deinen Gott, anbeten und nur ihm allein dienen‹* (5. Mose 6,13).«

Als der Teufel aufgehört hatte, Jesus zu versuchen, verließ er ihn für einige Zeit. Jesus lebte mitten unter den wilden Tieren, und Engel kamen und sorgten für ihn.

Johannes der Täufer über sich selbst

Die führenden Männer des jüdischen Volkes schickten Priester und Leviten aus Jerusalem zu Johannes, um ihn zu fragen: »Wer bist du eigentlich?« Johannes schwieg nicht, sondern bekannte klar und deutlich: »Ich bin nicht der Christus.« »Wer bist du dann?«, fragten sie. »Bist du Elia?« »Nein«, erwiderte er. »Bist du der Prophet?« »Nein.« »Wer bist du dann? Sag es uns, damit wir die Antwort denen überbringen können, die uns geschickt haben. Was sagst du selbst, wer du bist?« Johannes antwortete mit den Worten des Propheten Jesaja: *»Ich bin eine Stimme, die in* *der Wüste ruft: Ebnet den Weg für das Kommen des Herrn!«* (Jesaja 40,3).

Darauf fragten ihn die Abgesandten der Pharisäer: »Wenn du weder der Christus noch Elia oder der Prophet bist, mit welchem Recht taufst du dann?« Johannes antwortete ihnen: »Ich taufe nur mit Wasser, doch hier mitten unter euch steht einer, den ihr noch nicht kennt. Er wird aber schon bald nach mir kommen. Ich bin nicht einmal wert, sein Diener zu sein.«

Diese Begebenheit ereignete sich in Betanien, einem Dorf am Ostufer des Jordan, wo Johannes taufte.

Johannes der Täufer über Jesus Christus

Am nächsten Tag, als Johannes Jesus auf sich zukommen sah, sagte er: »Seht her! Da ist das Lamm Gottes, das die Sünde der Welt wegnimmt! Er ist es, von dem ich sagte: ›Bald nach mir kommt ein Mann, der größer ist als ich, denn er war da, lange bevor es mich gab.‹ Ich kannte ihn nicht. Aber um Israel die Augen für ihn zu öffnen, bin ich gekommen und habe mit Wasser getauft.«

Und er fuhr fort: »Ich sah den Heiligen Geist wie eine Taube vom Himmel herabkommen und sich auf ihm niederlassen. Ich kannte ihn nicht, doch Gott, der mir den Auftrag gegeben hat, mit Wasser zu taufen, sagte zu mir: ›Der, auf den du den Heiligen Geist herabkommen und sich niederlassen siehst, ist der, den du suchst. Er ist es, der mit dem Heiligen Geist tauft.‹ Das habe ich nun gesehen und deshalb bezeuge ich, dass dieser Mann der Sohn Gottes ist.«

Die ersten Jünger von Jesus

Am nächsten Tag stand Johannes an der gleichen Stelle und zwei seiner Jünger waren bei ihm. Als Jesus vorüberging, blickte Johannes ihn an und rief aus: »Seht hin! Dieser ist das Lamm Gottes!« Da wandten sich seine beiden Jünger um und folgten Jesus. Jesus schaute sich um und sah, dass sie ihm folgten. »Was wollt ihr?«, fragte er sie. Sie antworteten: »Rabbi« (das bedeutet: Meister), »wo wohnst du?« »Kommt mit, dann werdet ihr es sehen«, sagte er. Es war etwa vier Uhr nachmittags, als sie mit ihm dorthin gingen, und sie blieben für den Rest des Tages dort.

Andreas, der Bruder von Simon Petrus, war einer der beiden Männer, die Jesus gefolgt waren, weil sie gehört hatten, was Johannes über ihn sagte. Sofort suchte er seinen Bruder Simon auf und erzählte ihm: »Wir haben den Messias gefunden« (das bedeutet: den Christus). Dann nahm Andreas Simon mit zu Jesus. Jesus sah ihn aufmerksam an und sagte: »Du bist Simon, der Sohn des Johannes – doch du wirst Kephas genannt werden« (das bedeutet: Petrus).

Philippus und Nathanael

Als Jesus am nächsten Tag beschloss, nach Galiläa zu gehen, begegnete er Philippus und sagte zu ihm: »Komm mit und folge mir nach.« Philippus stammte aus Betsaida, der Heimatstadt von Andreas und Petrus. Philippus machte sich auf die Suche nach Nathanael und erzählte ihm: »Wir haben den gefunden, von dem Mose und die Propheten geschrieben haben! Es ist Jesus, der Sohn von Josef aus Nazareth.« »Aus Nazareth!«, rief Nathanael aus. »Kann denn aus Nazareth etwas Gutes kommen?« »Komm mit und überzeuge dich selbst«, sagte Philippus.

Als Jesus Nathanael auf sich zukommen sah, sagte er: »Da kommt ein aufrechter Mann – ein wahrer Sohn Israels.« »Woher kennst du mich?«, fragte Nathanael. Jesus antwortete: »Ich sah dich unter dem Feigenbaum, noch bevor Philippus dich rief.« Da antwortete Nathanael: »Rabbi, du bist der Sohn Gottes – du bist der König Israels!« Jesus entgegnete: »Glaubst du das jetzt nur, weil ich dir gesagt habe, dass ich dich unter dem Feigenbaum sah? Du wirst viel Größeres sehen.« Und er fuhr fort: »Ich versichere euch: Ihr werdet sehen, dass der Himmel offen steht und die Engel Gottes über dem Menschensohn hinauf- und herabsteigen.«

Die Hochzeit in Kana

Am übernächsten Tag war die Mutter von Jesus bei einer Hochzeitsfeier in Kana, einem Dorf in Galiläa. Auch Jesus und seine Jünger waren zu der Feier eingeladen.

Während des Festes ging der Wein aus, und die Mutter von Jesus machte ihn darauf aufmerksam. »Sie haben keinen Wein mehr«, sagte sie zu ihm. »Was hat das mit mir und dir zu tun?«, fragte Jesus. »Meine Zeit ist noch nicht gekommen.« Doch seine Mutter wies die Diener an: »Tut, was immer er euch befiehlt.«

Im Haus gab es sechs steinerne Wasserbehälter, die für die vorgeschriebenen Reinigungshandlungen der

Juden verwendet wurden und jeweils rund hundert Liter fassten. Jesus sprach zu den Dienern: »Füllt die Krüge mit Wasser.« Als sie die Krüge bis zum Rand gefüllt hatten, sagte er: »Schöpft daraus und bringt es dem Zeremonienmeister.« Sie folgten seiner Anweisung. Der Zeremonienmeister kostete von dem Wasser, das nun Wein war. Da er nicht wusste, woher der Wein kam – denn nur die Diener, die ihn geschöpft hatten, wussten es –, ließ er den Bräutigam holen. »Eigentlich schenkt ein Gastgeber den besseren Wein zuerst aus«, sagte er. »Später, wenn alle betrunken sind und es ihnen nichts mehr ausmacht, holt er den weniger guten. Du dagegen hast den besten Wein bis jetzt zurückbehalten!« Durch dieses Wunder in Kana in Galiläa zeigte Jesus zum ersten Mal seine Herrlichkeit. Und seine Jünger glaubten an ihn.

Nach der Hochzeit ging er nach Kapernaum, wo er einige Tage mit seiner Mutter, seinen Brüdern und seinen Jüngern verbrachte.

Der Tempel – Haus Gottes oder Marktplatz?

Das alljährliche Passahfest stand bevor, und Jesus ging nach Jerusalem. Im Hof des Tempels sah er Händler, die Rinder, Schafe und Tauben als Opfertiere zum Verkauf anboten; und er sah Geldwechsler hinter ihren Tischen sitzen. Da machte Jesus aus Stricken eine Peitsche und jagte sie alle aus dem Tempel. Er trieb die Schafe und Rinder hinaus, warf die Münzen der Geldwechsler auf den Boden und stieß ihre Tische um.

Dann ging er zu den Taubenverkäufern und befahl ihnen: »Schafft das alles fort. Macht aus dem Haus meines Vaters keinen Marktplatz!« Da erinnerten sich die Jünger an die Prophezeiung aus der Schrift: *»Die Leidenschaft für dein Haus brennt in mir«* (Psalm 69,10).

»Woher nimmst du das Recht, so etwas zu tun?«, fragten die Juden. »Wenn du diese Vollmacht von Gott hast, dann beweise es uns durch ein Wunder.« »Nun gut«, erwiderte Jesus. »Zerstört diesen Tempel, und in drei Tagen werde ich ihn wieder aufbauen.« »Was?«, riefen sie aus. »Es hat sechsundvierzig Jahre gedauert, diesen Tempel zu bauen, und du willst ihn in drei Tagen wieder aufbauen?« Doch Jesus hatte mit »diesem Tempel« seinen eigenen Körper gemeint. Später, als er von den Toten auferstanden war, erinnerten sich die Jünger an das, was Jesus gesagt hatte. Und sie glaubten der Schrift und den Worten von Jesus.

Jesus kennt die Menschen

Durch die Wunder, die Jesus während des Passahfestes in Jerusalem tat, glaubten viele Menschen an seinen Namen. Aber Jesus vertraute sich ihnen nicht an, denn er kannte sie und wusste, wie es in den Menschen wirklich aussieht. Ihm brauchte über die menschliche Natur niemand etwas zu sagen.

Jesus und Nikodemus: Die Notwendigkeit, von Neuem geboren zu werden

Eines Nachts kam ein Pharisäer mit Namen Nikodemus zu Jesus, der zu den führenden Juden zählte. »Meister«, sagte er, »wir alle wissen, dass Gott dich gesandt hat, um uns zu lehren. Die Wunder, die du tust, beweisen, dass Gott mit dir ist.«

Jesus erwiderte: »Ich versichere dir: Wenn jemand nicht von Neuem geboren wird, kann er das Reich Gottes nicht sehen.« »Was meinst du damit?«, rief Nikodemus aus. »Wie kann denn ein alter Mensch wieder in den Leib seiner Mutter zurückkehren und zum zweiten Mal geboren werden?«

Jesus erwiderte: »Ich sage dir: Niemand kommt in das Reich Gottes, der nicht aus Wasser und Geist geboren wird. Menschen können nur menschliches Leben hervorbringen, der Heilige Geist jedoch schenkt neues Leben von Gott her. Darum wundere dich nicht, wenn ich sage, dass ihr von Neuem geboren werden müsst. Der Wind weht, wo er will. Du hörst ihn zwar, aber du kannst nicht sagen, woher er kommt oder wohin er geht. So kannst du auch nicht erklären, wie die Menschen aus dem Geist geboren werden.«

»Aber wie geschieht so etwas?«, fragte Nikodemus. Jesus antwortete: »Du bist ein angesehener Lehrer Israels, und trotzdem weißt du das nicht? Ich versichere dir: Wir reden nur von dem, was wir wissen und gesehen haben, und erzählen es weiter. Doch ihr wollt unseren Worten nicht glauben. Aber wenn ihr mir nicht einmal glaubt, wenn ich euch von Dingen erzähle, die hier auf Erden geschehen, wie werdet ihr mir dann glauben können, wenn ich euch sage, was im Himmel geschieht? Es ist noch nie jemand in den Himmel hinaufgestiegen, bis auf den Menschensohn, der vom Himmel herab auf die Erde gekommen ist. Und wie Mose in der Wüste die Bronzeschlange auf einem Pfahl aufgerichtet hat, so muss auch der Menschensohn an einem Pfahl aufgerichtet werden, damit jeder, der glaubt, das ewige Leben hat.

Denn Gott hat die Welt so sehr geliebt, dass er seinen einzigen Sohn hingab, damit jeder, der an ihn glaubt, nicht verloren geht, sondern das ewige Leben hat. Gott sandte seinen Sohn nicht in die Welt, um sie zu verurteilen, sondern um sie durch seinen Sohn zu retten. Wer an ihn glaubt, wird nicht verurteilt. Wer aber nicht an ihn glaubt, ist schon verurteilt, weil er nicht an den Namen des einzigen Sohnes Gottes geglaubt hat. Und so vollzieht sich das Gericht: Das Licht ist vom Himmel in die Welt gekommen, aber sie liebten die Dunkelheit mehr als das Licht, weil ihre Taten böse waren. Sie hassen das Licht, weil sie im Dunkeln Böses tun. Sie bleiben dem Licht fern, weil sie Angst haben, dass ihre Taten aufgedeckt werden. Wer sich aber nach der Wahrheit ausrichtet, tritt ans Licht und jeder kann sehen, dass er in Verantwortung vor Gott handelt.«

Der Auftrag von Johannes dem Täufer und der Auftrag von Jesus

Danach verließen Jesus und seine Jünger Jerusalem. Sie blieben aber noch eine Zeit lang in Judäa und tauften dort.

Zu dieser Zeit taufte Johannes der Täufer in Änon, in der Nähe von Salim, weil es dort reichlich Wasser gab. Und viele Leute kamen zu ihm, um sich taufen zu lassen. Das war, bevor Johannes ins Gefängnis geworfen wurde.

Eines Tages fingen die Jünger des Johannes ein Streitgespräch mit einem Juden über die Reinigungsvorschriften an. Daraufhin kamen sie zu Johannes und sagten: »Meister, der Mann, dem du auf der anderen Seite des Jordan begegnet bist und auf den du hingewiesen hast – der tauft auch Menschen. Und anstatt zu uns kommen nun alle zu ihm.«

Johannes erwiderte: »Ein Mensch kann sich nichts nehmen, wenn es ihm nicht vom Himmel her gegeben wird. Ihr wisst selbst, dass ich euch ganz offen gesagt habe: ›Ich bin nicht der Christus. Ich bin von Gott beauftragt, ihm den Weg zu bereiten – mehr nicht.‹ Wo die Braut hingeht, da ist der Bräutigam. Und der Freund des Bräutigams, der dasteht und ihm zuhört, freut sich an der Stimme des Bräutigams. Darüber freue auch ich mich – und meine Freude ist nun vollkommen. Er muss immer größer werden und ich immer geringer.

Er ist von oben gekommen und ist größer als jeder andere. Ich bin von der Erde, und mein Verständnis beschränkt sich auf die irdischen Dinge. Davon kann ich sprechen. Er aber ist vom Himmel gekommen. Er sagt, was er gesehen und gehört hat, doch niemand glaubt, was er ihnen sagt! Wer ihm glaubt, bestätigt damit, dass Gott wahrhaftig ist. Denn er ist von Gott gesandt. Und er spricht Gottes Worte, denn Gott gibt ihm seinen Geist ohne jede Einschränkung. Der Vater liebt seinen Sohn und hat ihm Macht über alles gegeben. Und alle, die an den Sohn Gottes glauben, haben das ewige Leben. Doch die, die dem Sohn nicht gehorchen, werden das ewige Leben nie erfahren, sondern der Zorn Gottes liegt weiterhin auf ihnen.«

Jesus und die samaritische Frau: Das Wasser, das den Durst für immer löscht

Jesus hörte, was den Pharisäern berichtet wurde: »Jesus macht mehr Menschen zu Jüngern und tauft mehr als Johannes.« Allerdings taufte Jesus nicht selbst, sondern seine Jünger. Als Jesus außerdem hörte, dass Johannes verhaftet worden war, verließ er Judäa und ging, von der Kraft des Heiligen Geistes erfüllt, nach Galiläa zurück. Sein Weg führte ihn durch Samarien.

Er kam zu der samaritischen Stadt Sychar, in der Nähe des Feldes, das Jakob seinem Sohn Josef gegeben hatte. Dort befand sich der Jakobsbrunnen. Erschöpft von der langen Wanderung setzte Jesus sich um die Mittagszeit an den Brunnen. Kurz darauf kam eine Samariterin, um Wasser zu schöpfen. Jesus sagte zu ihr: »Bitte, gib mir zu trinken.« Er war zu diesem Zeitpunkt allein, denn seine Jünger waren ins Dorf gegangen, um etwas zu essen zu kaufen.

Die Frau war überrascht, denn sonst wollen die Juden nichts mit den Samaritern zu tun haben. Sie erwiderte: »Du bist ein Jude und ich bin eine Samariterin. Warum bittest du mich, dir zu trinken zu geben?« Jesus antwortete: »Wenn du wüsstest, welche Gabe Gott für dich bereithält und wer der ist, der zu dir sagt: ›Gib mir zu trinken‹, dann wärst du diejenige, die ihn bittet, und er würde dir lebendiges Wasser geben.«

»Aber, Herr, du hast weder ein Seil noch einen Eimer«, entgegnete sie, »und dieser Brunnen ist sehr tief. Woher willst du denn dieses lebendige Wasser nehmen? Bist du etwa größer als unser Vater Jakob, der uns diesen Brunnen hinterließ? Wie kannst du besseres Wasser versprechen, als er und seine Söhne und sein Vieh hatten?« Jesus erwiderte: »Wenn die Menschen dieses Wasser getrunken haben, werden sie schon nach kurzer Zeit wieder durstig. Wer aber von dem Wasser trinkt, das ich ihm geben werde, der wird niemals mehr Durst haben. Das Wasser, das ich ihm gebe, wird in ihm zu einer nie versiegenden Quelle, die unaufhörlich bis ins ewige Leben fließt.« »Bitte, Herr«, sagte die Frau, »gib mir von diesem Wasser! Dann werde ich nie wieder durstig und brauche nicht mehr herzukommen, um Wasser zu schöpfen.«

»Geh, rufe deinen Mann und komm mit ihm hierher«, sagte Jesus zu ihr. »Ich habe keinen Mann«, entgegnete die Frau. Jesus sagte: »Das stimmt! Du hast keinen Mann. Du hattest fünf Ehemänner, und mit dem Mann, mit dem du jetzt zusammenlebst, bist du nicht verheiratet. Das hast du richtig gesagt.«

»Herr«, sagte die Frau, »ich sehe, dass du ein Prophet bist. Sage mir doch, warum ihr Juden darauf besteht, dass Jerusalem der einzige Ort ist, um Gott anzubeten. Wir Samariter dagegen behaupten, dass es dieser Berg hier[3] ist, wo unsere Vorfahren gebetet

3 Gemeint ist der Berg Garizim (vergleiche 5. Mose 11,29; 27,12; Josua 8,33).

haben.« Jesus erwiderte: »Glaube mir, es kommt die Zeit, in der es keine Rolle mehr spielt, ob ihr den Vater hier oder in Jerusalem anbetet. Ihr Samariter wisst wenig über den, den ihr anbetet – wir Juden dagegen kennen ihn, denn die Erlösung kommt durch die Juden. Aber die Zeit kommt, ja sie ist schon da, in der die wahren Anbeter den Vater im Geist und in der Wahrheit anbeten. Der Vater sucht Menschen, die ihn so anbeten. Denn Gott ist Geist; deshalb müssen die, die ihn anbeten wollen, ihn im Geist und in der Wahrheit anbeten.«

Die Frau sagte: »Ich weiß, dass der Messias kommen wird – der, den man den Christus nennt. Wenn er kommt, wird er uns alle diese Dinge erklären.« Da sagte Jesus zu ihr: »Ich bin es, der mit dir spricht!«

In diesem Augenblick kehrten seine Jünger zurück. Sie waren erstaunt, ihn im Gespräch mit einer Frau zu sehen, aber keiner fragte ihn, warum er das tat oder worüber sie gesprochen hatten.

Die Frau ließ ihren Krug neben dem Brunnen stehen, lief ins Dorf zurück und erzählte allen: »Kommt mit und lernt einen Mann kennen, der mir alles ins Gesicht gesagt hat, was ich jemals getan habe! Könnte das vielleicht der Christus sein?« Da strömten die Leute aus dem Dorf herbei, um ihn zu sehen.

Inzwischen drängten die Jünger Jesus, etwas zu essen. »Nein«, sagte er, »ich lebe von einer Nahrung, von der ihr nichts wisst.« »Wer sie ihm wohl gebracht hat?«, fragten die Jünger einander. Da erklärte Jesus: »Meine Nahrung ist, dass ich den Willen Gottes tue, der mich gesandt hat, und sein Werk vollende. Meint ihr etwa, dass erst in vier Monaten zum Ende des Sommers die Zeit der Ernte beginnen wird? Schaut euch doch um! Überall reifen die Felder heran und sind schon jetzt bereit zur Ernte. Der Erntearbeiter erhält guten Lohn, und die Früchte, die er einsammelt, sind Menschen, die zum ewigen Leben geführt werden. Welche Freude erwartet beide zugleich: den, der pflanzt, und den, der erntet! Ihr kennt den Spruch: ›Der eine pflanzt und ein anderer erntet.‹ Das ist wahr. Ich habe euch ausgesandt zu ernten, was ihr vorher nicht selbst erarbeitet habt; andere hatten diese Arbeit schon getan, und ihr werdet nun die Ernte einbringen.«

Viele Samariter aus dem Dorf glaubten nun an Jesus, weil die Frau ihnen erzählt hatte: »Er hat mir alles ins Gesicht gesagt, was ich jemals getan habe!« Als sie dann mit Jesus zusammentrafen, baten sie ihn, bei ihnen zu bleiben. Deshalb blieb er noch zwei Tage und noch viel mehr Menschen hörten seine Botschaft und glaubten an ihn. Zu der Frau sagten sie: »Nun glauben wir, weil wir ihn selbst gehört haben, und nicht nur aufgrund deiner Worte. Jetzt wissen wir, dass er wirklich der Retter der Welt ist.«

Das Wirken von Jesus in Galiläa

Das erste öffentliche Wirken von Jesus in Galiläa

Nach diesen zwei Tagen setzte Jesus seine Reise nach Galiläa fort. Jesus hatte selbst einmal gesagt: »Ein Prophet wird überall geehrt, nur nicht in seiner eigenen Heimat.« Doch als er dort ankam, nahmen ihn die Galiläer herzlich auf. Denn sie waren beim Passahfest in Jerusalem gewesen und hatten gesehen, was er dort getan hatte.

Von da an begann Jesus die Botschaft Gottes zu predigen. »Jetzt ist die Zeit gekommen«, verkündete er. »Das Reich Gottes ist nahe! Kehrt euch ab von euren Sünden und glaubt an diese gute Botschaft!« Schnell wurde er in der ganzen Gegend bekannt. Er lehrte in ihren Synagogen und wurde von allen verehrt.

Jesus heilt den Sohn eines königlichen Beamten

Seine Reise durch Galiläa führte Jesus auch wieder in die Stadt Kana, wo er das Wasser in Wein verwandelt hatte. In Kapernaum lebte ein königlicher Beamter, dessen Sohn krank war. Als er hörte, dass Jesus aus Judäa gekommen war und durch Galiläa reiste, brach er nach Kana auf. Er suchte Jesus und bat ihn, mit ihm nach Kapernaum herabzukommen und seinen Sohn zu heilen, der im Sterben lag. Jesus sagte: »Wenn ihr nicht Zeichen und Wunder seht, glaubt ihr nicht an mich.« Doch der Beamte sagte zu ihm: »Herr, bitte komm zu mir herab nach Kapernaum, ehe mein kleiner Junge stirbt.« Da sagte Jesus zu ihm: »Geh zurück nach Hause! Dein Sohn lebt.« Der Mann glaubte dem Wort, das Jesus zu ihm gesagt hatte, und machte sich auf den Heimweg. Unterwegs kamen ihm einige seiner Knechte mit der Nachricht entgegen, dass sein Sohn lebte und gesund war. Er fragte sie, seit wann genau es dem Jungen wieder besser gehe, und sie erwiderten: »Gestern Mittag um ein Uhr verschwand das Fieber!« Da erkannte der Vater, dass es genau der Zeitpunkt gewesen war, an dem Jesus ihm gesagt hatte: »Dein Sohn lebt.« Und der Beamte und sein ganzes Haus glaubten an Jesus.

Das war das zweite Wunder von Jesus in Galiläa, nachdem er aus Judäa gekommen war.

Jesus in seiner Heimatstadt Nazareth

Als er nach Nazareth kam, wo er seine Kindheit verbracht hatte, ging er wie gewohnt am Sabbat in die Synagoge und stand auf, um aus der Schrift vorzulesen. Man reichte ihm die Schriftrolle des Propheten Jesaja, und als er sie aufrollte, fand er die Stelle, an der steht: *»Der Geist des Herrn ruht auf mir, denn er hat mich gesalbt, um den Armen die gute Botschaft zu verkünden.Er hat mich gesandt, Gefangenen zu verkünden, dass sie freigelassen werden, Blinden, dass sie sehen werden, Unterdrückten, dass sie befreit werden und dass die Zeit der Gnade des Herrn gekommen ist«* (Jesaja 61,1-2).

Er rollte die Schriftrolle zusammen, gab sie dem Synagogendiener zurück und setzte sich. Alle in der Synagoge sahen ihn an. Und er sagte: »Heute ist dieses Wort vor euren Augen und Ohren Wirklichkeit geworden!«

Alle Anwesenden äußerten sich anerkennend über ihn und wunderten sich zugleich über seine Worte. »Wie kann das sein?«, fragten sie. »Ist das nicht Josefs Sohn?«

Da sagte er: »Bestimmt werdet ihr mir das Sprichwort vorhalten: ›Arzt, hilf dir selbst‹ – und damit meinen: ›Warum tust du hier in deiner Heimatstadt keine Wunder wie in Kapernaum?‹ Wahrhaftig, kein Prophet gilt etwas in seiner Heimatstadt. Zur Zeit Elias gab es in Israel bestimmt viele hilfsbedürftige Witwen, als es dreieinhalb Jahre lang nicht regnete und Hunger im Land herrschte. Dennoch wurde Elia zu keiner von ihnen geschickt, sondern nur zu einer Witwe aus Sarepta – einer Fremden im Gebiet von Sidon. Oder denkt an den Propheten Elisa, der den Syrer Naaman heilte und nicht die vielen Aussätzigen in Israel.«

Als die Leute in der Synagoge das hörten, wurden sie zornig. Sie sprangen auf und trieben ihn hinaus an einen steilen Abhang des Berges, auf dem die Stadt erbaut war. Sie wollten ihn hinunterstürzen, doch er schritt mitten durch sie hindurch und ging fort.

Der neue Wohnort von Jesus: Kapernaum

Jesus blieb nicht in Nazareth, sondern ging nach Kapernaum am See Genezareth, im Gebiet von Sebulon und Naftali. Auf diese Weise erfüllte sich die Prophezeiung Jesajas: »*Im Lande Sebulon und Naftali, am See, jenseits des Jordan, in Galiläa, leben so viele Menschen, die Gott nicht kennen. Dort hat das Volk, das im Dunkel lebt, ein helles Licht gesehen. Und über den Menschen in einem vom Tode überschatteten Land ist ein strahlendes Licht aufgegangen*« (Jesaja 8,23–9,1).

Von Fischern zu Menschenfischern

Als Jesus eines Tages am See Genezareth predigte, drängten sich viele Menschen um ihn, die alle das Wort Gottes hören wollten. Er bemerkte zwei leere Boote am Ufer. Die Fischer hatten sie liegen lassen und reinigten gerade ihre Netze. Jesus stieg in eines der Boote und bat den Besitzer des Boots, Simon, vom Ufer abzustoßen. Dann lehrte er die Menge vom Boot aus.

Als er mit seiner Predigt fertig war, sagte er zu Simon: »Nun fahr weiter hinaus und wirf dort deine Netze aus, dann wirst du viele Fische fangen.« »Meister«, entgegnete Simon, »wir haben die ganze letzte Nacht hart gearbeitet und gar nichts gefangen. Aber wenn du es sagst, werde ich es noch einmal versuchen.« Diesmal waren ihre Netze so voll, dass sie zu reißen begannen! Sie riefen nach ihren Gefährten in dem anderen Boot, und bald darauf waren beide Boote so voller Fische, dass sie unterzugehen drohten.

Als Simon Petrus begriff, was da geschehen war, fiel er vor Jesus auf die Knie und sagte: »Herr, kümmere dich nicht weiter um mich – ich bin ein zu großer

Sünder, um bei dir zu sein.« Denn beim Anblick des überreichen Fangs hatte ihn Ehrfurcht erfasst, und den anderen ging es genauso. Auch Jakobus und Johannes, die Söhne des Zebedäus, waren voller Staunen. Jesus sagte zu Simon: »Hab keine Angst! Von jetzt an wirst du Menschen fischen!« Dann rief er Simon und dessen Bruder Andreas zu: »Kommt mit und folgt mir nach. Ich will euch zeigen, wie man Menschen fischt!« Auch Jakobus und Johannes forderte er auf, mit ihm zu kommen. Und sobald sie am Ufer angelegt hatten, ließen sie alles zurück und folgten Jesus nach.

Austreibung eines bösen Geistes in der Synagoge von Kapernaum

Am Sabbat ging Jesus in die Synagoge von Kapernaum und lehrte dort die Menschen. Sie waren von seiner Lehre überwältigt, denn er sprach – anders als die Schriftgelehrten – mit Vollmacht. In der Synagoge war ein Mann, der von einem bösen Geist besessen war, einem Dämon. Dieser Mann fing an zu schreien: »Was willst du von uns, Jesus von Nazareth? Bist du gekommen, um uns zu vernichten? Ich weiß, wer du bist – der Heilige Gottes, den er gesandt hat.« »Sei still!«, gebot Jesus dem Dämon. »Fahre aus dem Mann aus!« Der Dämon warf den Mann vor den Augen der Menge zu Boden, schüttelte ihn hin und her, schrie auf und verließ ihn, ohne ihn weiter zu verletzen.

Staunen erfasste die Zuschauer, und sie redeten untereinander darüber. »Was ist das für eine neue Lehre, die so viel Vollmacht und Kraft hat?«, fragten sie einander aufgeregt. »Selbst böse Geister gehorchen ihm und weichen, wenn er es befiehlt!« Und die Nachricht von dem, was Jesus getan hatte, verbreitete sich rasch in ganz Galiläa.

Weiteres Wirken von Jesus in Kapernaum

Nachdem Jesus und seine Jünger die Synagoge verlassen hatten, gingen sie zum Haus von Simon und Andreas; auch Jakobus und Johannes kamen mit. Simons Schwiegermutter war krank und lag mit hohem Fieber im Bett. Sofort erzählten sie Jesus von ihr. Er stellte sich neben ihr Bett und befahl dem Fieber zu weichen. Dabei nahm er ihre Hand und half ihr, sich aufzusetzen. Augenblicklich fiel das Fieber. Sofort stand sie auf und machte ihnen etwas zu essen.

Am Abend nach Sonnenuntergang brachte man alle Kranken und von Dämonen besessenen Menschen zu Jesus. Vor dem Haus versammelte sich eine große Menschenmenge, Leute aus ganz Kapernaum waren gekommen. Jesus heilte viele Menschen, die an den verschiedensten Krankheiten litten, wobei er ihnen die Hände auflegte. Auf seinen Befehl fuhren die Dämonen aus den Besessenen aus und schrien dabei: »Du bist der Sohn Gottes.« Doch weil sie wussten, dass er der Christus war, verbot er ihnen zu reden.

Indem auf sein Wort hin alle Geister verschwanden und er alle Kranken heilte, erfüllte sich das Wort Gottes, das der Prophet Jesaja gesprochen hatte: *»Er nahm unsere Leiden auf sich und ertrug unsere Krankheiten«* (Jesaja 53,4).

Die Botschaft von Jesus soll alle erreichen

Am nächsten Morgen ging Jesus allein an einen einsamen Ort, um zu beten. Später suchten ihn Simon und die anderen. Als sie ihn gefunden hatten, sagten sie zu ihm: »Alle fragen nach dir.« Doch er entgegnete: »Wir müssen auch in die anderen Städte gehen, damit ich auch dort predige; denn dazu bin ich gekommen.«

Die Menschen suchten ihn überall. Als sie ihn schließlich fanden, baten sie ihn, sie nicht zu verlassen. Er aber erwiderte: »Ich muss die Botschaft vom Reich Gottes auch an anderen Orten verkünden, denn dazu bin ich gesandt worden.«

Und so zog er durch das ganze Gebiet von Galiläa und sprach in den Synagogen. Überall verkündigte er die Botschaft vom Reich Gottes, heilte die Menschen von ihren Krankheiten und Gebrechen und trieb bei vielen Dämonen aus.

Heilung eines Aussätzigen

In einem der Dörfer begegnete Jesus einem Aussätzigen, dessen Krankheit schon weit fortgeschritten war. Als der Mann Jesus sah, warf er sich mit dem Gesicht vor ihm in den Staub und flehte ihn an, ihn zu heilen. »Herr«, sagte er, »wenn du willst, kannst du mich gesund machen.« Jesus hatte Mitleid mit ihm und berührte ihn. »Ich will es tun«, sagte er. »Sei gesund!« Im selben Augenblick verschwand der Aussatz und der Mann war geheilt. Daraufhin schickte Jesus ihn sofort weg und befahl ihm: »Geh zum Priester und lass dich von ihm untersuchen. Sprich unterwegs mit niemandem. Nimm das Opfer mit, das Mose für die Heilung von Aussatz vorgeschrieben hat. Das soll für alle ein Beweis deiner Heilung sein.«

Doch als der Mann wegging, fing er sofort an, überall zu erzählen, was ihm widerfahren war, sodass Jesus sich bald in keiner Stadt mehr öffentlich zeigen konnte und sich nur noch an abgeschiedenen Orten aufhielt. Aber auch dort strömten die Menschen herbei, um ihn predigen zu hören und von ihren Krankheiten geheilt zu werden. Jesus zog sich jedoch immer wieder zum Gebet in die Wüste zurück.

Heilung eines Gelähmten

Einige Tage später kehrte Jesus nach Kapernaum zurück, in die Stadt, in der er wohnte. Die Nachricht von seiner Ankunft verbreitete sich schnell in der ganzen Stadt. Es dauerte nicht lange, da war das Haus, in dem er wohnte, von Besuchern überfüllt, sodass kein Einziger mehr Platz hatte, nicht einmal draußen vor der Tür. Auch einige Pharisäer und Schriftgelehrte saßen dabei, als Jesus lehrte. Die Männer waren aus den Dörfern von ganz Galiläa und Judäa und sogar aus Jerusalem hergekommen. Und die heilende Kraft des Herrn ging von Jesus aus.

Während er ihnen Gottes Wort verkündete, kamen vier Männer, die einen Gelähmten auf einer Matte trugen. Sie versuchten, durch die Menge zu Jesus vorzudringen, doch es gelang ihnen nicht. Schließlich stiegen sie auf das Dach und deckten ein paar Ziegel über ihm ab. Dann ließen sie durch die Öffnung den Kranken auf seiner Matte mitten unter die Zuhörer hinunter, Jesus direkt vor die Füße. Als er ihren Glauben sah, sagte Jesus zu dem Gelähmten: »Nur Mut, mein Sohn! Deine Sünden sind dir vergeben.«

Doch einige Schriftgelehrte und Pharisäer, die dabeisaßen, dachten: »Wie kann er so etwas sagen? Das ist doch Gotteslästerung! Nur Gott allein kann Sünden vergeben!« Jesus wusste, was in ihnen vorging, und sagte: »Warum habt ihr in euren Herzen so böse Gedanken? Ist es leichter, zu dem Gelähmten zu sagen: ›Deine Sünden sind dir vergeben‹ oder: ›Steh auf, nimm deine Matte und geh‹? Ich werde euch beweisen, dass der Menschensohn auf der Erde die Vollmacht besitzt, Sünden zu vergeben.« Und er wandte sich dem Gelähmten zu und sagte zu ihm: »Steh auf, nimm deine Matte und geh nach Hause, denn du bist geheilt!«

Da sprang der Mann vor den Augen aller Anwesenden auf die Füße, hob seine Matte auf und ging nach Hause und lobte Gott aus vollem Herzen. Ehrfürchtiges Staunen erfasste die Zuschauer. Sie priesen Gott, dass er ihnen einen Mann mit so großer Vollmacht gesandt hatte, und sagten immer wieder: »So etwas Unglaubliches wie heute haben wir noch nie gesehen.«

Die Berufung des Zolleinnehmers Levi (Matthäus)

Danach kehrte Jesus zurück ans Ufer des Sees und lehrte die Menschen, die sich um ihn versammelten.

Als er weiterging, sah er einen Steuereintreiber namens Levi, den Sohn des Alphäus, am Zollhaus sitzen. »Komm, folge mir nach«, sagte Jesus zu ihm. Da stand Levi auf, ließ alles liegen und folgte ihm nach.

Jesus hat Gemeinschaft mit Zolleinnehmern und Sündern

Kurz darauf lud Levi Jesus als Ehrengast zu einem Festessen in sein Haus ein. Viele mit Levi befreundete Steuereinnehmer und andere Menschen, die als Sünder galten, waren anwesend. Etliche von ihnen gehörten zu der Menge, die Jesus folgte. Als nun aber einige der Pharisäer und Schriftgelehrten sahen, dass Jesus mit diesen Leuten aß, machten sie den Jüngern von Jesus heftige Vorhaltungen. »Wie kommt ihr und euer Meister dazu, mit solchem Abschaum zu essen und zu trinken?«

Als Jesus es hörte, sagte er zu ihnen: »Die Gesunden brauchen keinen Arzt – wohl aber die Kranken.« Und er fügte hinzu: »Nun geht und denkt einmal darüber nach, was mit dem Wort in der Schrift gemeint ist: *›Ich will, dass ihr barmherzig seid; eure Opfer will ich nicht‹* (Hosea 6,6). Denn ich bin gekommen, um Sünder zur Umkehr von ihren Sünden zu rufen, und nicht, um meine Zeit mit denen zu verbringen, die sich schon für gut genug halten.«

Junger Wein gehört nicht in alte Schläuche

Die Jünger von Johannes und die Pharisäer fasteten regelmäßig. Eines Tages kamen die Jünger von Johannes zu Jesus und fragten ihn: »Wir fasten und beten häufig und die Jünger der Pharisäer genauso. Warum fasten dann deine Jünger nicht, sondern essen und trinken?« Jesus erwiderte: »Fasten und trauern denn die Hochzeitsgäste, während sie mit dem Bräutigam feiern? Natürlich nicht. Sie können nicht fasten, solange sie mit dem Bräutigam zusammen sind. Doch eines Tages wird er ihnen genommen werden, und dann werden sie fasten.

Und er gab ihnen folgendes Beispiel: »Niemand reißt ein Stück Stoff aus einem neuen Kleid, um damit ein altes zu flicken. Denn das neue Kleid wäre zerrissen und der Flicken würde nicht zu dem alten passen. Der Flicken läuft ein und reißt ein noch größeres Loch in den alten Stoff. Genauso wenig würde jemand neuen Wein in alte Schläuche füllen. Der neue Wein würde die alten Weinschläuche platzen lassen, der Wein würde verschüttet und die Schläuche wären verdorben. Neuer Wein gehört in neue Weinschläuche. Auf diese Weise bleibt der Wein erhalten und die Schläuche werden geschont. Aber keiner, der alten Wein trinkt, scheint neuen Wein zu wollen, denn er sagt: ›Der alte ist besser.‹«

Heilung eines Gelähmten

Danach ging Jesus zu einem der jüdischen Feste nach Jerusalem hinauf. Innerhalb der Stadtmauern, in der

Nähe des Schaftores, befindet sich ein Teich mit fünf Säulenhallen, der auf Hebräisch Bethesda genannt wird. Scharen von kranken Menschen – Blinde, Gelähmte oder Verkrüppelte – lagen in den Hallen.

Einer der Männer, die dort lagen, war seit achtunddreißig Jahren krank. Als Jesus ihn sah und erfuhr, wie lange er schon krank war, fragte er ihn: »Willst du gesund werden?« »Herr, ich kann nicht«, sagte der Kranke, »denn ich habe niemanden, der mich in den Teich trägt, wenn sich das Wasser bewegt. Während ich noch versuche hinzugelangen, steigt immer schon ein anderer vor mir hinein.« Jesus sagt zu ihm: »Steh auf, nimm deine Matte und geh!« Im selben Augenblick war der Mann geheilt! Er rollte die Matte zusammen und begann umherzugehen.

Doch dies geschah an einem Sabbat, und das wollten die führenden Männer des jüdischen Volkes nicht dulden. Sie sagten zu dem Mann, der geheilt worden war: »Du darfst am Sabbat nicht arbeiten! Es ist gegen das Gesetz, diese Matte herumzutragen!« Er entgegnete: »Der Mann, der mich geheilt hat, sagte zu mir: ›Nimm deine Matte und geh!‹« »Wer ist dieser Mann, der das zu dir gesagt hat?«, fragten sie. Der geheilte Mann wusste es aber nicht, denn Jesus war in der Menge verschwunden.

Später traf Jesus den Mann im Tempel wieder und sagte zu ihm: »Du bist jetzt gesund. Nun höre auf zu sündigen, damit dir nicht noch etwas Schlimmeres widerfährt.« Danach suchte der Mann die führenden Juden wieder auf und berichtete ihnen, dass es Jesus war, der ihn geheilt hatte.

Von da an verfolgten die führenden Juden Jesus,

weil er dies an einem Sabbat getan hatte. Doch Jesus entgegnete ihnen: »Mein Vater hat bis heute nicht aufgehört zu wirken und deshalb wirke ich auch.« Danach versuchten sie erst recht, ihn zu töten, hatte er doch nicht nur den Sabbat aufgehoben, sondern auch Gott als seinen Vater bezeichnet und sich damit Gott gleichgestellt.

Die Vollmacht von Jesus als Gottes Sohn

Daraufhin erwiderte Jesus: »Ich versichere euch: Der Sohn kann nichts aus sich heraus tun. Er tut nur, was er den Vater tun sieht. Was immer der Vater tut, das tut auch der Sohn. Denn der Vater liebt den Sohn und zeigt ihm alles, was er selbst tut; und der Sohn wird noch weit Größeres tun. Ihr werdet staunen über das, was er tun wird. Er wird von den Toten auferwecken und lebendig machen, wen er will, genau wie der Vater. Und der Vater richtet niemanden, sondern das Gericht hat er ganz in die Hände seines Sohnes gegeben, damit alle den Sohn ebenso ehren, wie sie den Vater ehren. Doch wer den Sohn nicht ehrt, ehrt auch den Vater nicht, der ihn gesandt hat.

Ich versichere euch: Wer meine Botschaft hört und an Gott glaubt, der mich gesandt hat, der hat das ewige Leben. Er wird nicht für seine Sünden verurteilt werden, sondern ist bereits den Schritt vom Tod ins Leben gegangen. Und ich versichere euch: Die Zeit kommt, ja sie ist bereits da, in der die Toten die Stimme des Sohnes Gottes hören werden. Und wer sie hört, wird leben. Der Vater hat Leben aus sich selbst heraus, und er hat auch seinem Sohn die Vollmacht gegeben, aus sich selbst heraus Leben zu haben. Und er verlieh ihm die Vollmacht, die ganze Menschheit zu richten, weil er der Menschensohn ist.

Wundert euch nicht! Die Zeit wird kommen, in der die Toten in ihren Gräbern die Stimme des Sohnes Gottes hören und auferstehen werden. Diejenigen, die Gutes getan haben, werden zum ewigen Leben auferstehen, und diejenigen, die Schlechtes getan haben, werden zum Gericht auferstehen.

Doch ich tue nichts, ohne den Vater zu fragen, sondern richte, wie er mir rät. Und mein Urteil ist vollkommen gerecht, weil es nicht meinem, sondern dem Willen des Vaters entspricht, der mich gesandt hat; ich richte nicht aus mir selbst heraus.

Die Glaubwürdigkeit der Aussagen von Jesus über sich selbst

Wenn ich als Zeuge für mich selbst auftreten würde, wäre mein Zeugnis nicht glaubwürdig. Doch es gibt noch einen anderen Zeugen für mich, und ich weiß, dass alles, was er über mich sagt, wahr ist.

Ihr habt Boten zu Johannes dem Täufer geschickt, um ihn zu hören, und er hat die Wahrheit gesagt. Das beste Zeugnis für mich stammt jedoch nicht von einem Menschen; ich habe euch nur an das Zeugnis von Johannes erinnert, damit ihr gerettet werdet. Johannes leuchtete eine Weile als helles Licht und ihr habt euch eine Zeit lang an seinem Licht erfreut.

Doch ich habe ein größeres Zeugnis als das von

Johannes: meine Taten. Sie sind mir vom Vater gegeben, damit ich sie ausführe und vollende, und sie bezeugen, dass der Vater mich gesandt hat. Aber auch der Vater selbst hat für mich Zeugnis abgelegt. Ihr habt seine Stimme nie gehört, ihr habt ihn nie von Angesicht zu Angesicht gesehen, und ihr tragt seine Botschaft nicht in euren Herzen, weil ihr mir – dem, den er gesandt hat – nicht glaubt. Ihr forscht in der Schrift, weil ihr glaubt, dass sie euch das ewige Leben geben kann. Doch die Schrift verweist auf mich! Dennoch weigert ihr euch, zu mir zu kommen, damit ich euch das ewige Leben schenken kann.

Eure Zustimmung oder Ablehnung kümmert mich nicht, weil ich weiß, dass ihr Gottes Liebe nicht in euch habt. Ich bin im Namen meines Vaters gekommen, aber ihr wollt mich nicht akzeptieren, obwohl ihr andere, die nur in ihrem eigenen Namen auftreten, bereitwillig akzeptieren werdet. Kein Wunder, dass ihr nicht glauben könnt! Denn ihr seid stets bereit, euch gegenseitig zu ehren, die Ehre aber, die nur von Gott kommen kann, bedeutet euch nichts.

Meint nicht, dass ich es bin, der euch beim Vater anklagen wird. Mose wird euch anklagen! Ja, Mose, auf den ihr eure Hoffnungen gesetzt habt. Wenn ihr Mose geglaubt hättet, dann hättet ihr mir geglaubt, denn er hat über mich geschrieben. Und wenn ihr schon nicht glaubt, was er aufgeschrieben hat, wie werdet ihr da glauben, was ich sage?«

Jesus ist Herr über den Sabbat

An einem Sabbat ging Jesus durch die Kornfelder. Seine Jünger hatten Hunger und fingen an, Weizenähren abzureißen. Sie zerrieben sie mit den Händen und aßen die Körner. Einige Pharisäer sahen es und empörten sich: »Das dürfen sie nicht! Es ist gegen das Gesetz, am Sabbat zu arbeiten und Getreide zu ernten.« Jesus erwiderte ihnen: »Habt ihr nie in der Schrift gelesen, was David tat, als er und seine Begleiter hungrig waren? Er ging in das Haus Gottes (zu der Zeit, als Abjatar Hoher Priester war), aß von den Broten, die den Priestern vorbehalten sind, und gab auch seinen Freunden davon zu essen. Auch das verstieß gegen das Gesetz. Und habt ihr noch nie im Gesetz von Mose gelesen, dass die Dienst habenden Priester am Sabbat im Tempel arbeiten dürfen? Das sage ich euch: Hier ist einer, der größer ist als der Tempel! Ihr hättet nicht Unschuldige verurteilt, wenn ihr den Sinn des Schriftwortes verstanden hättet: *›Ich will, dass ihr barmherzig seid; eure Opfer will ich nicht‹* (Hosea 6,6).«

Und er fuhr fort: »Der Sabbat wurde zum Wohl des Menschen gemacht und nicht der Mensch für den Sabbat. Und deshalb ist der Menschensohn auch Herr über den Sabbat!«

Jesus heilt am Sabbat

An einem anderen Sabbat befand sich ein Mann mit einer verkrüppelten Hand in der Synagoge, während Jesus lehrte. Die Schriftgelehrten und Pharisäer passten genau auf, ob Jesus den Mann am Sabbat heilen würde, denn sie suchten nach einem Vorwand, Anklage gegen ihn zu erheben. Doch Jesus wusste sehr wohl, was sie dachten. Er sagte zu dem Mann mit der verkrüppelten Hand: »Komm her und stell dich hier in die Mitte.« Da stand der Mann auf. Dann sagte Jesus zu ihnen: »Ich habe eine Frage an euch. Entspricht es dem Gesetz, am Sabbat Gutes zu tun, oder ist der Sabbat ein Tag, um Schaden zuzufügen? Ist er ein Tag, um Leben zu retten oder zu vernichten?« Doch sie schwiegen.

»Wenn ihr nur ein einziges Schaf hättet«, fuhr Jesus fort, »und es fiele am Sabbat in einen Brunnen, würdet ihr nicht alles daransetzen, es herauszuziehen? Ganz bestimmt. Wie viel mehr ist ein Mensch wert als ein Schaf! Daher ist es erlaubt, am Sabbat Gutes zu tun!«

Zornig und erschüttert über ihre Hartherzigkeit sah er sie an. Dann forderte er den Mann auf: »Streck deine Hand aus.« Der Mann streckte seine Hand aus, und sie wurde wieder so gesund wie die andere Hand.

Darüber gerieten die Gegner von Jesus außer sich vor Zorn und sie begannen, Pläne zu schmieden, was sie gegen ihn unternehmen könnten. Die Pharisäer zogen sich zurück und trafen sich heimlich mit den Anhängern des Herodes, um zu planen, wie sie Jesus töten könnten.

Jesus, der Diener Gottes

Jesus erkannte, was sie vorhatten. Deshalb zog er sich mit seinen Jüngern an den See zurück. Viele Menschen folgten ihm und er heilte alle Kranken unter ihnen.

Die Neuigkeiten über ihn verbreiteten sich weit über die Grenzen Galiläas. Bald strömten die Kranken sogar aus Syrien herbei, um sich von ihm gesund machen zu lassen. Und ganz gleich, welche Krankheit und welche Beschwerden sie quälten, ob sie von Dämonen besessen, Epileptiker oder Gelähmte waren – er heilte sie. Große Menschenmassen umlagerten ihn, wohin er auch ging – es waren Leute aus Galiläa, aus den Zehn Städten, aus Judäa, Jerusalem, Idumäa, aus dem Gebiet östlich des Jordans und sogar aus den fernen Städten Tyrus und Sidon. Jesus beauftragte seine Jünger, ein Boot bereitzuhalten, falls die Menge der Menschen ihn zu erdrücken drohte. Weil Jesus so viele Menschen heilte, drängten sich viele Kranke um ihn und versuchten, ihn zu berühren.

Er verbot ihnen aber zu sagen, wer er war. Und alle, die von bösen Geistern besessen waren, fielen vor ihm nieder und schrien: »Du bist der Sohn Gottes!« Aber Jesus verbot ihnen streng zu sagen, wer er war. Damit erfüllte sich die Prophezeiung Jesajas über Jesus: *»Dies ist mein Diener, den ich auserwählt habe. Ich liebe ihn und habe meine Freude an ihm. Ich werde meinen Geist auf ihn legen, und er wird den Völkern Gerechtigkeit verkünden. Er wird weder kämpfen noch schreien; er wird seine Stimme nicht in der Öffentlichkeit erheben. Er wird das geknickte Rohr nicht zerbrechen und den glimmenden Docht nicht auslöschen. Durch seine Treue wird er die vollkommene Gerechtigkeit durchsetzen. Und auf seinem Namen wird die Hoffnung der ganzen Welt ruhen«* (Jesaja 42,1-4).

Erwählung der zwölf Apostel
Die Bergpredigt

Die zwölf Apostel

Nicht lange danach stieg Jesus auf einen Berg, um zu beten. Er betete die ganze Nacht hindurch zu Gott. Bei Tagesanbruch rief er die zu sich, die er bei sich haben wollte. Er wählte zwölf von ihnen aus, die ihn ständig begleiten sollten, und nannte sie Apostel. Er wollte sie aussenden, damit sie predigen und mit Vollmacht Dämonen austreiben.

Und das sind die Namen der zwölf, die er wählte:

Der Erste war Simon
(dem er den Namen Petrus gab),
dann kamen Andreas (der Bruder von Petrus),
Jakobus und Johannes (die Söhne des Zebedäus;
ihnen gab er den Beinamen »Donnersöhne«),
Philippus,
Bartholomäus,
Thomas,
Matthäus (der Steuereintreiber),
Jakobus (der Sohn des Alphäus),
Thaddäus (Judas, der Sohn des Jakobus),
Simon (der Zelot)
und Judas Iskariot (der ihn später verriet).

Jesus lehrt und heilt

Als Jesus und die Jünger wieder von dem Berg herunterkamen, befanden sie sich in einer weiten Ebene, umringt von den Anhängern von Jesus und vielen anderen Menschen. Es waren Leute aus ganz Judäa und Jerusalem und von weit her aus den nördlichen Küstengebieten von Tyrus und Sidon. Sie waren gekommen, um ihn predigen zu hören und geheilt zu werden, und Jesus trieb viele böse Geister aus. Alle wollten ihn berühren, weil eine heilende Kraft von ihm ausging, und alle wurden geheilt.

Wer glücklich zu preisen ist und wer nicht

Jesus setzte sich hin und wandte sich an seine Jünger, um sie zu unterrichten.

Und das lehrte er sie:

»Gott segnet die, die erkennen,
dass sie ihn brauchen,
denn ihnen wird das Himmelreich geschenkt.
Gott segnet die, die traurig sind,
denn sie werden getröstet werden.
Gott segnet die Freundlichen und Bescheidenen,
denn ihnen wird die ganze Erde gehören.
Gott segnet die, die nach Gerechtigkeit hungern,
denn sie werden sie im Überfluss erhalten.
Gott segnet die Barmherzigen,
denn sie werden Barmherzigkeit erfahren.
Gott segnet die, die ein reines Herz haben,
denn sie werden Gott sehen.

Gott segnet die, die sich um Frieden bemühen,
denn sie werden Kinder Gottes genannt werden.
Gott segnet die, die ihr Leben
Gott ganz zur Verfügung stellen,
denn das Himmelreich wird ihnen gehören.

Gott segnet euch, die ihr arm seid,
denn euch wird das Reich Gottes geschenkt.
Gott segnet euch, die ihr jetzt hungert,
denn ihr werdet satt werden.
Gott segnet euch, die ihr jetzt weint,
denn die Zeit wird kommen,
in der ihr vor Freude lachen werdet.

Gott segnet euch, die ihr gehasst und ausgeschlossen und verspottet werdet, weil ihr zum Menschensohn gehört. Gott segnet euch, wenn ihr verfolgt werdet und wenn Lügen über euch verbreitet werden, weil ihr mir nachfolgt.

Wenn das geschieht, dann freut euch, springt vor Freude! Jubelt! Denn im Himmel erwartet euch eine große Belohnung. Und denkt daran, auch die Propheten sind einst verfolgt worden.

Welche Not erwartet euch, die ihr reich seid,
denn ihr habt euren Trost jetzt schon erhalten.
Welche Not erwartet euch, die ihr jetzt satt seid,
denn ein nagender Hunger steht euch bevor.
Welche Not erwartet euch,
die ihr unbekümmert lacht,
denn euer Lachen wird sich in Traurigkeit
und Weinen verwandeln.

Welche Not erwartet euch, die ihr von der Menge gerühmt werdet, denn ihre Vorfahren haben auch den falschen Propheten zugejubelt.«

Salz der Erde und Licht der Welt

»Ihr seid das Salz der Erde. Doch wozu ist Salz noch gut, wenn es seinen Geschmack verloren hat? Kann man es etwa wieder brauchbar machen? Es wird weggeworfen und zertreten, wie etwas, das nichts wert ist.

Ihr seid das Licht der Welt – wie eine Stadt auf einem Berg, die in der Nacht hell erstrahlt, damit alle es sehen können. Versteckt euer Licht nicht unter einem umgestülpten Gefäß! Stellt es lieber auf einen Lampenständer und lasst es für alle leuchten. Und genauso lasst eure guten Taten leuchten vor den Menschen, damit alle sie sehen können und euren Vater im Himmel dafür rühmen.«

Die Erfüllung des Gesetzes

»Versteht nicht falsch, warum ich gekommen bin. Ich bin nicht gekommen, um das Gesetz oder die Schriften der Propheten abzuschaffen. Im Gegenteil, ich bin gekommen, um sie zu erfüllen. Ich versichere euch: Solange der Himmel und die Erde bestehen, wird selbst die kleinste Einzelheit von Gottes Gesetz gültig bleiben, so lange, bis ihr Zweck erfüllt ist. Wenn ihr also das kleinste Gebot brecht und andere dazu ermuntert, dasselbe zu tun, werdet ihr auch die Geringsten im Himmelreich sein. Dagegen wird jeder, der die Gesetze Gottes befolgt und sie anderen erklärt, im Himmelreich groß sein. Aber ich warne euch – nur wenn ihr Gott gehorsamer seid, als es die Schriftgelehrten und Pharisäer sind, dürft ihr ins Himmelreich hinein.«

Erfüllung des Gebotes nicht zu töten

»Ihr habt gehört, dass es im Gesetz von Mose heißt: ›*Du sollst nicht töten. Wer einen Mord begeht, wird verurteilt*‹ (2. Mose 20,13). Ich aber sage: Schon der, der nur zornig auf jemanden ist, wird verurteilt! Wer zu seinem Freund sagt: ›Du Dummkopf!‹, den erwartet das Gericht. Und wer jemanden verflucht, dem droht das Feuer der Hölle.

Wenn ihr also vor dem Altar im Tempel steht, um zu opfern, und es fällt euch mit einem Mal ein, dass jemand etwas gegen euch hat, dann lasst euer Opfer vor dem Altar liegen, geht zu dem Betreffenden und versöhnt euch mit ihm. Erst dann kommt zurück und bringt Gott euer Opfer dar.

Einigt euch rasch mit eurem Gegner, bevor es zu spät ist und ihr vor Gericht gestellt, einem Gerichtsdiener übergeben und ins Gefängnis geworfen werdet. Ich versichere euch: Ihr kommt erst wieder frei, wenn ihr eure Schuld bis auf den letzten Pfennig bezahlt habt.«

Erfüllung des Gebotes, nicht die Ehe zu brechen

»Ihr habt gehört, dass es im Gesetz von Mose heißt: ›*Du sollst nicht die Ehe brechen*‹ (2. Mose 20,14; 5. Mose 5,18). Ich aber sage: Wer eine Frau auch nur mit einem Blick voller Begierde ansieht, hat im Herzen schon mit ihr die Ehe gebrochen.

Wenn dich also dein Auge – auch wenn es dein gutes Auge ist – zur Begierde verführt, reiß es heraus und wirf es weg! Besser, du verlierst einen Körperteil, als dass dein ganzer Körper in die Hölle geworfen wird. Und wenn dich deine Hand – auch wenn es deine kräftigere Hand ist – zum Bösen verführt, hack sie ab und wirf sie weg! Besser, du verlierst einen Körperteil, als dass dein ganzer Körper in die Hölle geworfen wird.«

Auch Ehescheidung ist Ehebruch

»Ihr habt gehört, dass es im Gesetz von Mose heißt: ›*Ein Mann darf sich von seiner Frau scheiden lassen, wenn er ihr einen Scheidungsbrief ausstellt*‹ (5. Mose 24,1). Ich aber sage: Wenn ein Mann sich von seiner Frau scheiden lässt – es sei denn, sie war untreu –, macht er sie zur Ehebrecherin.[4] Und wer eine geschiedene Frau heiratet, begeht ebenfalls Ehebruch.«

---

4 Dadurch, dass sie einen anderen Mann heiratet. Die sozialen Umstände ließen einer entlassenen Frau kaum eine andere Möglichkeit, als wieder zu heiraten.

Erfüllung des Gebotes, den Eid zu halten

»Ihr habt auch gehört, dass es im Gesetz von Mose heißt: ›*Du sollst einen Schwur nicht brechen; du sollst die Versprechen, die du vor dem Herrn abgelegt hast, halten*‹ (4. Mose 30,3). Ich aber sage: Schwört überhaupt nicht! Wenn ihr sagt: ›Beim Himmel!‹, dann ist das ein heiliger Schwur, denn der Himmel ist Gottes Thron. Und wenn ihr sagt: ›Bei der Erde!‹, dann ist auch das ein heiliger Schwur, denn die Erde ist seine Fußbank. Und schwört auch nicht: ›Bei Jerusalem!‹, denn Jerusalem ist die Stadt des großen Königs. Schwört nicht einmal: ›Bei meinem Kopf!‹, denn ihr könnt kein einziges Haar auf eurem Kopf weiß oder schwarz machen. Sagt einfach ›Ja‹ oder ›Nein‹. Jedes Wort darüber hinaus ist vom Bösen.«

Erfüllung des Gesetzes, das die Vergeltung regelt

»Ihr habt gehört, dass es im Gesetz von Mose heißt: ›*Wer jemand am Auge verletzt, soll selbst am Auge verletzt werden. Und wer anderen einen Zahn ausschlägt, soll selbst einen Zahn dafür einbüßen*‹ (2. Mose 21,24). Ich aber sage: Wehrt euch nicht, wenn euch jemand Böses tut! Wer euch auf die rechte Wange schlägt, dem haltet auch die andere hin. Wenn ihr vor Gericht erscheinen müsst und euer Hemd wird euch abgenommen, gebt euren Mantel noch dazu. Wenn jemand euren Mantel will, bietet ihm auch euer Hemd an. Wenn jemand von euch verlangt, eine Meile weit mit ihm zu gehen, dann geht zwei Meilen mit ihm. Wer euch bittet, dem gebt, was ihr habt. Kehrt denen nicht den Rücken, die etwas von euch borgen wollen. Und wenn euch etwas weggenommen wird, versucht nicht, es wiederzubekommen. Behandelt andere so, wie ihr von ihnen behandelt werden möchtet.«

Erfüllung des Gebotes der Nächstenliebe

»Ihr habt gehört, dass es im Gesetz von Mose heißt: ›*Liebe deinen Nächsten*‹ (3. Mose 19,18) und hasse deinen Feind. Ich aber sage: Liebt eure Feinde! Tut denen Gutes, die euch hassen. Betet für das Glück derer, die euch verfluchen. Betet für die, die euch verletzen und verfolgen! So handelt ihr wie wahre Kinder eures Vaters im Himmel. Denn er lässt die Sonne für Böse und Gute aufgehen und sendet Regen für die Gerechten wie für die Ungerechten.

Glaubt ihr, ihr hättet dafür Anerkennung verdient, dass ihr die liebt, die euch auch lieben? Was ist daran Besonderes? Das tun sogar die bestechlichen Steuereintreiber. Und wenn ihr nur denen Gutes erweist, die euch Gutes tun, was ist daran so anerkennenswert? Selbst Sünder verhalten sich so! Wenn ihr nur zu euren Freunden freundlich seid, wodurch unterscheidet ihr euch dann von den anderen Menschen? Das tun sogar die, die Gott nicht kennen. Oder wenn ihr nur denen Geld leiht, die es euch zurückzahlen können, was ist daran außergewöhnlich? Selbst Sünder leihen ihresgleichen Geld in der Hoffnung, die volle Summe zurückzuerhalten. Liebt eure Feinde! Erweist ihnen Gutes! Leiht ihnen Geld! Und macht euch keine Sorgen, weil sie es euch vielleicht nicht wiedergeben werden. Dann wird euer Lohn im Himmel groß sein und ihr handelt wirklich wie Kinder des Allerhöchsten, denn er erweist auch den Undankbaren und den Bösen Gutes. Ihr sollt gütig sein, wie euer Vater gütig ist. Ja, ihr sollt vollkommen sein, so wie euer Vater im Himmel vollkommen ist.«

Wahre und falsche Frömmigkeit …

»Nehmt euch in Acht! Wenn ihr Gutes tut, dann tut es nicht öffentlich, nur damit ihr bewundert werdet. In diesem Fall dürft ihr nicht erwarten, von eurem Vater im Himmel belohnt zu werden.«

… beim Geben

»Wenn du einem Bedürftigen etwas gibst, posaune es nicht heraus, wie es die Heuchler tun, die in den Synagogen und auf den Straßen mit ihren Wohltaten angeben, nur um die Aufmerksamkeit auf sich zu ziehen! Ich versichere euch: Das ist der einzige Lohn, den sie jemals dafür erhalten werden. Wenn du jemandem etwas gibst, dann sag deiner linken Hand nicht, was deine rechte tut. Gib in aller Stille, und dein Vater, der alle Geheimnisse kennt, wird dich dafür belohnen.«

… beim Beten

»Und nun zum Beten. Wenn ihr betet, seid nicht wie die Heuchler, die mit Vorliebe in aller Öffentlichkeit an den Straßenecken und in den Synagogen beten, wo jeder sie sehen kann. Ich versichere euch: Das ist der einzige Lohn, den sie jemals erhalten werden. Wenn du betest, geh an einen Ort, wo du allein bist, schließ die Tür hinter dir und bete in der Stille zu deinem Vater. Dann wird dich dein Vater, der alle Geheimnisse kennt, belohnen.

Plappert nicht vor euch hin, wenn ihr betet, wie es die Menschen tun, die Gott nicht kennen. Sie glauben, dass ihre Gebete erhört werden, wenn sie die Worte nur oft genug wiederholen. Seid nicht wie sie, denn euer Vater weiß genau, was ihr braucht, noch bevor ihr ihn darum bittet!

So sollt ihr beten:

Unser Vater im Himmel,
dein Name werde geehrt.
Dein Reich komme bald.
Dein Wille erfülle sich hier auf der Erde
genauso wie im Himmel.
Schenk uns heute unser tägliches Brot
und vergib uns unsere Schuld,
wie auch wir denen vergeben haben,
die an uns schuldig geworden sind.
Lass nicht zu, dass wir der Versuchung nachgeben,
sondern erlöse uns von dem Bösen.

Wenn ihr denen vergebt, die euch Böses angetan haben, wird euer himmlischer Vater euch auch vergeben. Wenn ihr euch aber weigert, anderen zu vergeben, wird euer Vater euch auch nicht vergeben.«

… beim Fasten

»Wenn ihr fastet, so tut es nicht öffentlich wie die Heuchler, die blass und nachlässig gekleidet herumgehen, damit die Leute sie für ihr Fasten bewundern. Ich versichere euch: Das ist der einzige Lohn, den sie jemals dafür erhalten werden. Wenn du fastest, dann kämme deine Haare und wasche dir das Gesicht. Dann wird niemand auf den Gedanken kommen, dass du fastest, außer deinem Vater, der weiß, was du in aller Stille tust. Und dein Vater, der alle Geheimnisse kennt, wird dich dafür belohnen.«

Zweierlei Reichtum

»Sammelt keine Reichtümer hier auf der Erde an, wo Motten oder Rost sie zerfressen oder Diebe einbrechen und sie stehlen können. Sammelt eure Reichtümer im Himmel, wo sie weder von Motten noch von Rost zerfressen werden und vor Dieben sicher sind. Denn wo dein Reichtum ist, da ist auch dein Herz.«

Licht und Dunkelheit – Das Gleichnis vom Auge

»Dein Auge ist das Fenster deines Körpers. Ein klares Auge lässt das Licht bis in deine Seele dringen.

Ein schlechtes Auge dagegen sperrt das Licht aus und stürzt dich in Dunkelheit. Wenn schon das, was du für Licht hältst, in dir Dunkelheit ist, wie dunkel wird dann erst die Dunkelheit sein!«

Gott oder das Geld

»Niemand kann zwei Herren dienen. Immer wird er den einen hassen und den anderen lieben oder dem einen treu ergeben sein und den anderen verabscheuen. Ihr könnt nicht gleichzeitig Gott und dem Geld dienen.«

Das Reich Gottes und irdische Sorgen

»Darum sage ich euch: Sorgt euch nicht um euer tägliches Leben – darum, ob ihr genug zu essen, zu trinken und anzuziehen habt. Besteht das Leben nicht aus mehr als nur aus Essen und Kleidung? Schaut die Vögel an. Sie müssen weder säen noch ernten noch Vorräte ansammeln, denn euer himmlischer Vater sorgt für sie. Und ihr seid ihm doch viel wichtiger als sie. Können all eure Sorgen euer Leben auch nur um einen einzigen Augenblick verlängern? Nein. Und warum sorgt ihr euch um eure Kleider? Schaut die Lilien an und wie sie wachsen. Sie arbeiten nicht und nähen sich keine Kleider. Trotzdem war selbst König Salomo in seiner ganzen Pracht nicht so herrlich gekleidet wie sie. Wenn sich Gott so wunderbar um die Blumen kümmert, die heute aufblühen und schon morgen wieder verwelkt sind, wie viel mehr kümmert er sich dann um euch? Euer Glaube ist so klein! Hört auf, euch Sorgen zu machen um euer Essen und Trinken oder um eure Kleidung. Warum wollt ihr leben wie die Menschen, die Gott nicht kennen und diese Dinge so wichtig nehmen? Euer himmlischer Vater kennt eure Bedürfnisse. Wenn ihr für ihn lebt und das Reich Gottes zu eurem wichtigsten Anliegen macht, wird er euch jeden Tag geben, was ihr braucht. Deshalb sorgt euch nicht um morgen, denn jeder Tag bringt seine eigenen Belastungen. Die Sorgen von heute sind für heute genug.«

Warnung vor selbstgerechtem Urteilen …

»Hört auf, andere zu verurteilen, und ihr werdet auch nicht verurteilt werden. Hört auf, andere zu tadeln, oder es wird euch ebenso ergehen. Denn andere werden euch so behandeln, wie ihr sie behandelt. Wenn ihr anderen vergebt, wird euch auch vergeben werden. Wenn ihr gebt, werdet ihr erhalten. Was ihr verschenkt, wird zusammengepresst und gerüttelt, in einem vollen, ja überreichlichen Maß zu euch zurückfließen. Nach dem Maß, mit dem ihr gebt, werdet ihr zurückbekommen.«

Und er nannte ihnen folgendes Beispiel: »Was nützt es, wenn ein Blinder den anderen führt? Er wird in eine Grube fallen und den anderen mitreißen. Ein Schüler ist nicht besser als sein Lehrer. Aber der Schüler, der hart arbeitet, kann werden wie sein Lehrer.

Was hältst du dich mit dem Splitter im Auge deines Freundes auf, wenn du einen Balken im eigenen Auge hast? Wie kommst du auf den Gedanken zu sagen: ›Freund, lass mich dir helfen, diesen Splitter aus deinem Auge zu ziehen‹, wenn du nicht über den Balken in deinem eigenen Auge hinausschauen kannst? Du Heuchler! Entferne zuerst einmal den Balken aus deinem eigenen Auge; dann wirst du vielleicht gut genug sehen, um den Splitter aus dem Auge deines Freundes zu ziehen.«

… aber kein Verzicht auf notwendige Beurteilung

»Gebt das, was heilig ist, nicht Menschen, denen nichts heilig ist. Werft keine Perlen vor die Säue! Sie zertrampeln die Perlen, drehen sich um und stürzen sich auf euch.«

Bitten und Erhalten

»Bittet, und ihr werdet erhalten. Sucht, und ihr werdet finden. Klopft an, und die Tür wird euch geöffnet werden. Denn wer bittet, wird erhalten. Wer sucht, wird finden. Und die Tür wird jedem geöffnet, der anklopft. Ihr Eltern – wenn euch eure Kinder um ein Stück Brot bitten, gebt ihr ihnen dann stattdessen einen Stein? Oder wenn sie euch um einen Fisch bitten, gebt ihr ihnen eine Schlange? Natürlich nicht! Wenn ihr, die ihr Sünder seid, wisst, wie man seinen Kindern Gutes tut, wie viel mehr wird euer Vater im Himmel denen, die ihn darum bitten, Gutes tun.«

Eine goldene Regel für den Umgang mit Menschen

»Geht so mit anderen um, wie die anderen mit euch umgehen sollen. In diesem Satz sind das Gesetz und die Propheten zusammengefasst.«

Der breite und der schmale Weg

»Ihr könnt das Reich Gottes nur durch das enge Tor betreten. Die Straße zur Hölle ist breit und ihre Tür steht für die vielen weit offen, die sich für den bequemen Weg entscheiden. Das Tor zum Leben dagegen ist eng und der Weg dorthin ist schmal, deshalb finden ihn nur wenige.«

Warnung vor falschen Propheten

»Nehmt euch vor falschen Propheten in Acht. Sie kommen daher wie harmlose Schafe, aber in Wirklichkeit sind sie gefährliche Wölfe, die euch in Stücke reißen wollen. Ihr erkennt sie an ihrem Verhalten, so wie ihr einen Baum an seinen Früchten erkennt. An Dornbüschen wachsen keine Trauben und an Disteln keine Feigen. Ein gesunder Baum trägt gute Früchte, ein kranker Baum dagegen schlechte. An einem guten Baum wachsen keine schlechten Früchte, ebenso wenig wie ein kranker Baum gesunde Früchte hervorbringt. Deshalb wird jeder Baum, der keine guten Früchte bringt, umgehauen und ins

Feuer geworfen. Ihr seht, man erkennt sie an ihren Früchten.

Ein guter Mensch bringt aus einem guten Herzen gute Taten hervor, und ein böser Mensch bringt aus einem bösen Herzen böse Taten hervor. Was immer in deinem Herzen ist, das bestimmt auch dein Reden.«

Warnung vor Selbsttäuschung

»Warum nennt ihr mich also ›Herr‹, wenn ihr nicht tut, was ich sage? Nicht alle Menschen, die sich fromm gebärden, glauben an Gott. Auch wenn sie ›Herr‹ zu mir sagen, heißt das noch lange nicht, dass sie ins Himmelreich kommen. Entscheidend ist, ob sie meinem Vater im Himmel gehorchen. Am Tag des Gerichts werden viele zu mir kommen und sagen: ›Herr, Herr, wir haben in deinem Namen prophezeit und in deinem Namen Dämonen ausgetrieben und viele Wunder vollbracht.‹ Doch ich werde ihnen antworten: ›Ich habe euch nie gekannt. Fort mit euch. Was ihr getan habt, habt ihr gegen das Gesetz getan.‹«

Auf Fels oder auf Sand gebaut

»Wer zu mir kommt, auf mich hört und danach handelt, ist klug und handelt wie ein Mann, der ein Haus mit festem Fundament auf massiven Fels baut. Auch wenn der Regen in Sturzbächen vom Himmel rauscht, das Wasser über die Ufer tritt und die Stürme an diesem Haus rütteln, wird es nicht einstürzen, weil es auf

Fels gebaut ist. Die Überschwemmung kommt und die Wellen schlagen gegen das Haus, aber es steht fest, weil es solide gebaut wurde.

Doch wer auf mich hört und nicht danach handelt, ist ein Dummkopf; er ist wie ein Mann, der ein Haus ohne Fundament auf Sand baut. Wenn der Regen und das Hochwasser kommen und die Stürme an diesem Haus rütteln, wird es mit Getöse einstürzen und es bleibt nichts als ein Trümmerhaufen.«

Die Wirkung der Rede von Jesus

Als Jesus seine Rede beendet hatte, waren die Menschen überwältigt von seiner Lehre, denn er sprach mit Vollmacht – anders als die Schriftgelehrten.

Weiteres Wirken von Jesus in Galiläa
Verschiedene Gleichnisse

Der Hauptmann von Kapernaum

Viele Menschen folgten Jesus, als er den Berg hinuntergestiegen war und nach Kapernaum ging. Dort lebte ein römischer Hauptmann, der einen Diener hatte, den er sehr schätzte. Nun war dieser Diener schwer erkrankt und lag im Sterben. Als der Hauptmann von Jesus hörte, schickte er einige angesehene Männer aus dem jüdischen Volk zu ihm und bat ihn, zu kommen und seinen Sklaven zu heilen. »Herr«, ließ er Jesus ausrichten, »mein junger Diener liegt im Bett, er ist gelähmt und hat große Schmerzen.« Die Männer baten Jesus inständig, mitzukommen und dem Hauptmann zu helfen. »Wenn jemand deine Hilfe verdient, dann er«, sagten sie, »denn er liebt die Juden und hat uns sogar die Synagoge gebaut.«

Jesus antwortete: »Ich werde kommen und den Diener heilen.« Und er ging mit ihnen. Doch kurz bevor sie das Haus erreichten, schickte der Hauptmann ihm ein paar Freunde entgegen und ließ ihm ausrichten: »Herr, mach dir nicht die Mühe, in mein Haus zu kommen, denn eine solche Ehre verdiene ich nicht. Ich bin nicht einmal würdig genug, selbst zu dir zu kommen. Sprich einfach ein Wort, und mein Diener wird gesund werden. Ich weiß das, weil ich dem Befehl von Vorgesetzten unterstehe und auch selbst Soldaten befehlige. Ich brauche nur zu einem von ihnen zu sagen: ›Geh‹, dann geht er, oder: ›Komm‹, dann kommt er. Und wenn ich zu meinem Diener sage: ›Tu dies‹, dann tut er es.«

Als Jesus das hörte, war er tief beeindruckt. Er wandte sich zu der Menge und sagte: »Ich versichere euch: Einen solchen Glauben habe ich bisher in ganz Israel noch nicht erlebt! Und ich sage euch: Viele Menschen werden aus der ganzen Welt herbeiströmen und mit Abraham, Isaak und Jakob im Himmelreich zu Tisch sitzen. Viele Israeliten dagegen – für die das Reich Gottes eigentlich bestimmt war – werden in die tiefste Dunkelheit hinausgestoßen, wo sie weinen und mit den Zähnen knirschen werden.«

Dann sagte Jesus zu den Männern, die der Hauptmann zu ihm geschickt hatte: »Geht wieder nach Hause. Was euer Freund geglaubt hat, ist eingetroffen.« Als sie in das Haus des Hauptmanns zurückkehrten, fanden sie heraus, dass der Diener wieder gesund war; er war in derselben Stunde gesund geworden, als Jesus mit ihnen geredet hatte.

Auferweckung eines Toten in Nain

Bald darauf zog Jesus mit seinen Jüngern weiter zur Stadt Nain. Eine große Menschenmenge folgte ihnen. Als er sich der Stadt näherte, kam ihm ein Trauerzug entgegen. Der Tote war der einzige Sohn einer Witwe gewesen, und viele trauerten mit ihr. Als der Herr sie sah, empfand er großes Mitleid mit ihr. »Weine nicht!«, sagte er. Und er ging hinüber zur Bahre und berührte sie. Die Träger blieben stehen. »Ich sage dir«, sprach Jesus, »steh auf!« Da setzte sich der Verstorbene auf und fing an zu sprechen! So gab Jesus ihn seiner Mutter zurück.

Angst und Ehrfurcht erfassten die ganze Menge. Sie lobten Gott und sagten: »Ein mächtiger Prophet ist zu uns gekommen. Heute hat Gott sein Volk besucht.« Berichte über diese Tat verbreiteten sich in ganz Judäa und bis über die Grenzen des Landes hinaus.

Ist Jesus der Messias? Die Frage von Johannes und die Antwort von Jesus

Johannes der Täufer erfuhr im Gefängnis von seinen Jüngern alles, was Jesus tat. Er rief zwei seiner Jünger zu sich und schickte sie zum Herrn, um ihn zu fragen: »Bist du wirklich der, der kommen soll, oder sollen wir auf einen anderen warten?« Die beiden Jünger von Johannes fanden Jesus und sagten zu ihm: »Johannes der Täufer schickt uns, um zu fragen: ›Bist du wirklich der, der kommen soll, oder sollen wir auf einen anderen warten?‹« Während sie bei ihm waren, heilte er viele Menschen von ihren Krankheiten, trieb böse Geister aus und gab Blinden ihr Augenlicht zurück.

Er gab den Jüngern des Johannes zur Antwort: »Kehrt zu Johannes zurück und berichtet ihm, was ihr gesehen und gehört habt: Blinde sehen, Gelähmte gehen, Aussätzige werden geheilt, Taube hören, Tote werden auferweckt und den Armen wird die gute Botschaft verkündet. Und sagt ihm auch: ›Gott segnet die, die keinen Anstoß an mir nehmen.‹«

Jesus und Johannes der Täufer

Als sie gegangen waren, wandte Jesus sich an die Menge und sagte über Johannes: »Wer ist dieser Mann, den ihr unbedingt sehen wolltet? Kam er euch schwach vor wie ein Schilfrohr, das im Windhauch hin und her schwankt? Oder habt ihr einen Mann erwartet, der in kostbare Gewänder gehüllt ist? Nein, Leute mit kostbaren Kleidern und verschwenderischer Lebensart wohnen in Palästen, nicht in der Wüste. Oder habt ihr in ihm einen Propheten vermutet? Ja, das ist er, und er ist sogar noch mehr als das. Johannes ist der Mann, von dem die Schrift sagt: *»Ich sende meinen Boten vor dir her, er wird deine Ankunft vorbereiten«* (Maleachi 3,1).

Ich versichere euch: Von allen Menschen, die jemals gelebt haben, war keiner größer als Johannes der Täufer. Und doch ist noch der Geringste im Himmelreich größer als er! Seit Johannes der Täufer predigt und tauft, ist das Himmelreich mit Macht näher gerückt, und es gibt genügend Menschen, die versuchen, gewaltsam hineinzudrängen. Denn alle Propheten und das Gesetz haben diese Zeit angekündigt, bis Johannes kam. Und wenn ihr bereit seid, meinen Worten zu glauben: Er ist Elia, von dem die Propheten sagten, dass er kommen würde. Wer bereit ist zu hören, soll zuhören und begreifen!

Wie soll ich die Menschen dieser Generation beschreiben? Womit soll ich sie vergleichen? Sie sind wie Kinder, die auf der Straße spielen. Sie beklagen sich bei ihren Freunden: ›Wir haben lustige Lieder gespielt, und ihr wart nicht fröhlich. Dann haben wir Klagelieder gespielt, aber ihr wart nicht traurig.‹ Denn Johannes der Täufer trank keinen Wein und fastete oft, und von ihm sagt ihr: ›Er ist von einem Dämon besessen.‹ Der Menschensohn feiert und trinkt, und von ihm sagt ihr: ›Er ist ein Schlemmer und Säufer, und die schlimmsten Leute sind seine Freunde!‹ Doch die Weisheit erweist sich als richtig, und zwar durch das, was sie bewirkt, und im Leben derer, die sie befolgen.«

Als sie das hörten, gaben alle – auch die Steuereinnehmer – zu, dass Gott es gut mit ihnen meinte. Und sie ließen sich von Johannes taufen. Die Pharisäer und die Schriftgelehrten dagegen lehnten den Plan, den Gott für sie hatte, ab, denn sie ließen sich nicht von Johannes taufen.

Der Pharisäer und die Sünderin vor Jesus

Einer der Pharisäer lud Jesus zum Essen in sein Haus ein. Jesus nahm die Einladung an und setzte sich zu Tisch. Eine Frau aus dem Ort, die für ihren unmoralischen Lebenswandel bekannt war, erfuhr, dass er da war, und brachte ein Gefäß mit kostbarem Salböl. Sie kniete vor Jesus nieder und weinte. Ihre Tränen fielen auf seine Füße, und sie trocknete sie mit ihren Haaren. Dann küsste sie ihm wieder und wieder die Füße und salbte sie mit dem Öl.

Als der Gastgeber sah, was da vorging und wer die Frau war, sagte er sich: »Das beweist, dass Jesus kein Prophet ist. Wäre er wirklich von Gott gesandt, dann wüsste er, was für eine Frau ihn da berührt. Eine Sünderin!«

Jesus wusste, was er dachte, und sagte zu dem Pharisäer: »Simon, ich habe dir etwas zu sagen.« »Ja, Meister«, nickte Simon, »sprich nur.« Darauf erzählte Jesus: »Ein Mann lieh zwei Leuten Geld – dem einen fünfhundert Denare und dem anderen fünfzig. Als keiner der beiden ihm das Geld zurückzahlen konnte, erließ er ihnen ihre Schulden. Wer von den beiden liebte ihn danach wohl mehr?« Simon antwortete: »Ich nehme an, derjenige, dem er die größere Schuld erließ.« »Das stimmt«, sagte Jesus.

Dann wandte er sich der Frau zu und sagte zu Simon: »Schau dir die Frau an, die da kniet. Als ich dein Haus betrat, hast du mir kein Wasser angeboten, um mir den Staub von den Füßen zu waschen; sie hat meine Füße mit ihren Tränen gewaschen und mit ihrem Haar getrocknet. Du hast mir keinen Begrüßungskuss gegeben; sie hat mir unaufhörlich die Füße geküsst, seit ich hereingekommen bin. Du hast es versäumt, mir Gastfreundschaft zu erweisen und mir den Kopf mit Olivenöl zu salben; sie hat meine Füße mit kostbarem Salböl gesalbt. Ich sage dir, ihre Sünden – und es sind viele – sind ihr vergeben; deshalb hat sie mir viel Liebe erwiesen. Ein Mensch jedoch, dem nur wenig vergeben wurde, zeigt nur wenig Liebe.« Dann sagte Jesus zu der Frau: »Deine Sünden sind dir vergeben.«

Die anderen Männer am Tisch sagten zueinander: »Für wen hält sich dieser Mann, dass er Sünden vergibt?« Und Jesus sagte zu der Frau: »Dein Glaube hat dich gerettet; geh in Frieden.«

Frauen im Kreis der Jünger von Jesus

Nicht lange danach zog Jesus durch die nahe gelegenen Orte und Dörfer, um die Botschaft vom Reich Gottes zu verkünden. Er nahm seine zwölf Jünger mit, und einige Frauen, die er geheilt und von bösen Geistern befreit hatte. Dazu gehörten Maria Magdalena, aus der er sieben Dämonen ausgetrieben hatte, Johanna, die Frau von Chuza, dem Verwalter von Herodes, Susanna und viele andere, die Jesus und seine Jünger durch das, was sie hatten, unterstützten.

Jesus und seine Angehörigen

Als Jesus in das Haus zurückkehrte, in dem er wohnte, kamen wieder so viele Menschen zu ihm, dass er und seine Jünger nicht einmal Zeit fanden zu essen. Als seine Familie davon hörte, wollten sie ihn zu sich nach Hause holen. »Er hat den Verstand verloren«, meinten sie.

Jesus und Satan
Die Sünde gegen den Heiligen Geist

Ein Besessener, der blind und taub war, wurde zu Jesus gebracht. Jesus heilte ihn, sodass er wieder sehen und sprechen konnte. Die Menschen waren sehr verwundert. »Könnte es sein, dass dieser Jesus der Sohn Davids ist?«, fragten sie sich.

Als das jedoch den Pharisäern und Schriftgelehrten, die aus Jerusalem gekommen waren, zu Ohren kam, sagten sie: »Kein Wunder, dass er böse Geister austreiben kann. Er hat seine Macht von Satan, dem Herrscher über die Dämonen.«

Doch Jesus kannte ihre Gedanken. Er rief sie zu sich und erzählte ihnen folgendes Gleichnis: »Wie kann denn der Satan den Satan austreiben?«, fragte er. »Ein Königreich, das mit sich selbst im Krieg liegt, ist dem Untergang geweiht und wird fallen. Eine Stadt oder eine Hausgemeinschaft, in der man sich streitet, ist verloren. Wenn Satan Satan austreiben würde, würde er gegen sich selbst kämpfen. Wie kann er dann bestehen? Er würde niemals überleben. Wenn ich meine Macht vom Herrscher über alle Dämonen habe, was ist dann mit euren eigenen Leuten? Sie treiben doch auch böse Geister aus. Sie werden euch nach euren eigenen Worten richten. Wenn ich aber die Dämonen mit dem Geist Gottes austreibe, dann ist das Reich Gottes zu euch gekommen.

Niemand kann in das Haus eines starken Mannes eindringen und ihn ausrauben, ohne ihn zuvor zu fesseln. Erst dann kann man sein Haus ausplündern!

Wer mich nicht unterstützt, ist gegen mich, und wer nicht Seite an Seite mit mir arbeitet, arbeitet im Grunde gegen mich. Jede Sünde oder Gotteslästerung kann vergeben werden – bis auf die Lästerung gegen den Heiligen Geist. Dafür gibt es keine Vergebung – nicht in dieser Welt und auch nicht in der zukünftigen. Wer gegen den Menschensohn lästert, dem kann vergeben werden. Wer aber gegen den Heiligen Geist lästert, dem wird niemals vergeben werden. Diese

Sünde währt ewig.« Das sagte er zu ihnen, weil sie behaupteten, er habe einen bösen Geist.

»Einen Baum erkennt man an seinen Früchten«, fuhr Jesus fort. »Ist ein Baum gut, so wird er auch gute Früchte tragen. Ist ein Baum schlecht, so wird er schlechte Früchte tragen. Ihr Schlangenbrut! Wie können böse und hinterhältige Menschen wie ihr reden, was gut und richtig ist? Denn immer bestimmt ja euer Herz, was ihr sagt. Ein guter Mensch spricht gute Worte aus einem guten Herzen, und ein böser Mensch spricht böse Worte aus einem bösen Herzen. Ich sage euch: Am Tag des Gerichts müsst ihr euch für jedes böse Wort, das ihr sagt, verantworten. Was ihr heute sagt, entscheidet über euer Schicksal; entweder werdet ihr gerettet oder gerichtet.«

Das Zeichen des Propheten Jona

Eines Tages kamen einige Schriftgelehrte und Pharisäer zu Jesus und sagten: »Meister, bitte zeige uns ein Wunder, als Beweis dafür, dass du von Gott kommst.« Doch Jesus erwiderte: »Nur schlechte, treulose Menschen würden ein Wunder verlangen. Das einzige Zeichen, das ich ihnen geben will, ist das, was mit dem Propheten Jona geschah. So wie Jona drei Tage und drei Nächte im Bauch des großen Fisches verbracht hat, so wird der Menschensohn drei Tage und drei Nächte im Herzen der Erde sein.

Die Einwohner Ninives werden sich am Tag des Gerichts gegen euch erheben und euch verurteilen, denn sie haben Reue gezeigt, nachdem sie Jonas Predigt gehört hatten. Und nun ist einer bei euch, der weit größer ist als Jona – aber ihr weigert euch zu bereuen. Auch die Königin von Saba wird sich am Tag des Gerichts gegen euch erheben und euch verurteilen, denn sie kam aus einem fremden Land, um die Weisheiten König Salomos zu hören. Und nun ist einer bei euch, der weit größer ist als Salomo – und ihr wollt ihm nicht zuhören.«

Über die Rückkehr böser Geister

»Wenn ein böser Geist einen Menschen verlässt, geht er in die Wüste und sucht Ruhe, aber er findet keine. Da sagt er sich: ›Ich will lieber wieder in den Menschen fahren, aus dem ich gekommen bin.‹ Und er kehrt zurück und findet sein früheres Heim leer, gefegt und sauber vor. Danach findet der Dämon noch sieben weitere Dämonen, die noch schlimmer sind als er selbst, und sie alle ergreifen Besitz von dem Menschen und nisten sich in ihm ein. Genauso wird es euch ergehen.«

Die wahren Verwandten von Jesus

Während Jesus noch zu den Leuten redete, kamen seine Mutter und seine Brüder zu ihm und wollten ihn sprechen. Doch sie konnten wegen der vielen Menschen nicht zu ihm durchdringen. Sie blieben draußen stehen und schickten jemand zu ihm, um ihn zu rufen. Viele Menschen saßen dicht gedrängt um Jesus herum, als ihm ausgerichtet wurde: »Deine Mutter und deine Brüder sind draußen und möchten dich sehen.« Da erwiderte Jesus: »Wer ist meine Mutter? Wer sind meine Brüder?« Dann sah er die an, die rings um ihn herum saßen, zeigte auf seine Jünger und sagte: »Diese Leute sind meine Mutter und meine Brüder. Wer den Willen meines Vaters im Himmel erfüllt, wer die Botschaft Gottes hört und sich nach ihr richtet, ist mein Bruder und meine Schwester und meine Mutter.«

Das Gleichnis von der Saat, die auf viererlei Boden fällt

Später am gleichen Tag verließ Jesus das Haus und ging hinunter an den See, wo sich bald eine riesige Menschenmenge um ihn sammelte. Da stieg er in ein Boot, setzte sich und sprach von dort aus zu den Menschen, die ihm vom Ufer aus zuhörten. Er brachte den Menschen seine Lehre nahe, indem er ihnen viele Gleichnisse wie das folgende erzählte: »Hört zu! Ein Bauer ging aufs Feld, um zu säen. Als er die Saat auf seinem Feld ausstreute, fielen einige Samenkörner auf einen Weg, wo sie zertreten wurden, und die Vögel kamen und pickten sie auf. Andere Körner fielen auf eine dünne Erdschicht mit felsigem Untergrund. Die Saat ging schnell auf, aber schon bald vertrockneten die Pflänzchen unter der heißen Sonne, weil Feuchtigkeit fehlte und die Wurzeln in der dünnen Erdschicht keine Nahrung fanden. Andere Samenkörner fielen in die Dornen, die schnell wuchsen und die zarten Halme erstickten, sodass sie keine Ähren trugen. Einige

Samen aber fielen auf fruchtbaren Boden, und der Bauer erntete dreißig, sechzig, ja hundert Mal so viel, wie er gesät hatte.«

Nach diesen Worten rief er: »Wer hören will, der soll zuhören und begreifen!«

Warum Jesus Gleichnisse verwendet

Als Jesus später mit den zwölf Jüngern und den anderen, die sich um ihn versammelt hatten, allein war, fragten sie ihn, was das Gleichnis zu bedeuten habe. »Warum erzählst du immer Gleichnisse, wenn du zu den Leuten sprichst?«, wollten sie wissen. Da erklärte er ihnen: »Euch ist es erlaubt, die Geheimnisse vom Himmelreich zu verstehen. Allen anderen aber werden sie in Gleichnissen verborgen erzählt. Wer sich meinen Lehren öffnet, wird noch mehr begreifen, und er wird eine Fülle von Wissen haben. Aber wer nicht zuhört, dem wird sogar das genommen, was er hat. Ich erzähle diese Gleichnisse, weil die Menschen zwar sehen, was ich tue, es aber dennoch nicht richtig begreifen. Sie hören, was ich sage, aber sie verstehen es nicht richtig. Damit erfüllt sich die Prophezeiung Jesajas: ›*Du wirst meine Worte hören, sie aber nicht verstehen; du wirst sehen, was ich tue, aber du wirst nicht begreifen, was es bedeutet. Denn die Herzen dieser Menschen sind verhärtet, ihre Ohren können nicht hören und sie haben ihre Augen geschlossen. Ihre Augen sehen nicht, ihre Ohren hören nicht und ihr Herz versteht nicht, und sie kehren nicht zu mir um, damit ich sie heil mache und sie Vergebung empfangen*‹ (Jesaja 6,9-10).

Eure Augen aber sind gesegnet, weil sie sehen, und eure Ohren, weil sie hören können. Ich versichere euch: Viele Propheten und gottesfürchtige Menschen haben sich danach gesehnt, das zu sehen und zu hören, was ihr gesehen und gehört habt, aber sie konnten es nicht.«

Erklärung des Gleichnisses von der Saat

»Aber wenn auch ihr dieses Gleichnis nicht versteht«, fuhr er fort, »wie wollt ihr dann die anderen Gleichnisse verstehen, die ich noch erzählen werde? Das Gleichnis vom Bauern, der seine Saat ausstreute, hat folgende Bedeutung:

Die Saat ist Gottes Botschaft. Der Bauer, von dem ich sprach, ist derjenige, der anderen Menschen Gottes Botschaft bringt. Die Saat, die auf den harten Weg fällt, meint die Menschen, die die Botschaft vom Reich Gottes hören, sie aber nicht verstehen. Dann kommt der Teufel, reißt ihnen die Saat aus dem Herzen und verhindert, dass sie glauben und gerettet werden. Die dünne Erdschicht mit dem felsigen Untergrund ist ein Beispiel für die Menschen, die die Botschaft hören und mit Freude aufnehmen. Aber wie bei jungen Pflanzen in einem solchen Boden reichen ihre Wurzeln nicht sehr tief. Eine Weile glauben sie zwar, doch sobald sie Schwierigkeiten haben oder wegen ihres Glaubens verfolgt werden, geben sie wieder auf. Der mit Dornen bewachsene Boden verweist auf die Menschen, die die gute Botschaft hören und annehmen. Doch schon bald wird sie von Alltagssorgen, den Verlockungen des

Reichtums, den Zerstreuungen des Lebens und dem Verlangen nach schönen Dingen übertönt und erstickt, sodass keine Frucht daraus entstehen kann. Der gute Boden dagegen steht für verlässliche, aufrichtige Menschen, die Gottes Botschaft hören, sie annehmen und an ihr festhalten. Durch ihre Beständigkeit bringen sie reiche Frucht – dreißig-, sechzig-, ja hundertmal so viel, wie gesät wurde.«

Der Vergleich mit der Lampe

Dann sagte Jesus: »Niemand würde eine Lampe anzünden und dann etwas darüber stülpen oder sie unter ein Gefäß oder ein Bett stellen. Nein, Lampen werden da aufgestellt, wo jeder, der hereinkommt, sie sehen kann. Denn alles, was verborgen oder geheim ist, wird irgendwann ans Licht gebracht werden, sodass alle es sehen können. Wer hören will, soll zuhören und begreifen!

Und hört genau hin! Der Maßstab, mit dem ihr andere beurteilt, wird an euch angelegt werden – und es wird euch noch mehr gegeben werden. Dem, der für meine Lehre offen ist, wird immer tiefere Erkenntnis geschenkt werden. Dem aber, der nicht zuhören will, wird selbst das genommen werden, was er hat.«

Das Gleichnis vom Wachsen der Saat

Jesus fuhr fort: »Ich erzähle euch noch ein Gleichnis für das Reich Gottes: Ein Bauer streute Saatgut auf einem Feld aus und ging dann wieder an seine andere

Arbeit. Die Zeit verging, die Saat keimte und wuchs ohne das Zutun des Bauern heran, denn die Erde bringt das Getreide ganz von selbst hervor. Zuerst sprießt ein Halm, dann bilden sich die Ähren und zum Schluss reift das Korn heran. Und sobald das Korn reif ist, kommt der Bauer und erntet es mit der Sichel.«

Das Gleichnis vom Unkraut im Weizenfeld

Jesus erzählte noch ein anderes Gleichnis: »Das Himmelreich ist vergleichbar mit einem Bauern, der gutes Saatgut auf sein Feld säte. Doch in der Nacht, als alles schlief, kam sein Feind und säte Unkraut[5] zwischen den Weizen und ging wieder weg. Als das Korn zu wachsen begann und Ähren ausbildete, kam auch das Unkraut zum Vorschein. Da kamen die Arbeiter des Bauern und sagten: ›Herr, das Feld, auf dem du gutes Saatgut gesät hast, ist voller Unkraut!‹ ›Das hat mein Feind getan!‹, rief der Bauer aus. ›Sollen wir das Unkraut ausreißen?‹, fragten die Arbeiter. Er antwortete: ›Nein, wenn ihr das tut, schadet ihr dem Weizen. Lasst beides bis zur Zeit der Ernte wachsen. Dann will ich den Erntehelfern sagen, dass sie das Unkraut heraussammeln und verbrennen sollen. Den Weizen aber sollen sie in die Scheune bringen.‹«

5 Das griechische Wort *zizanion* bezeichnet wahrscheinlich den Lolch, eine schädliche Pflanze, die während des Wachstums ähnlich aussieht wie Weizen.

Das Gleichnis vom Senfkorn

Jesus benutzte noch ein anderes Beispiel: »Wie kann ich das Reich Gottes noch beschreiben?«, fragte er. »Womit könnte ich es vergleichen? Es ist wie ein winziges Senfkorn, das auf ein Feld gesät wird. Das Senfkorn ist das kleinste von allen Samenkörnern, aber es wächst doch zu einer der größten Pflanzen heran und wird so groß wie ein Baum, sodass die Vögel in seinen Ästen Schutz finden.«

Das Gleichnis vom Sauerteig

Auch das folgende Gleichnis erzählte Jesus: »Das Himmelreich ist wie Sauerteig, den eine Frau zum Brotbacken gebrauchte. Obwohl sie eine große Menge Mehl nahm, durchdrang der Sauerteig doch den ganzen Teig.«

Die Gleichnisse in der Verkündigung von Jesus

Jesus verwendete viele solcher Gleichnisse, um die Menschen so zu lehren, dass sie es begreifen konnten. In der Öffentlichkeit lehrte er ausschließlich durch Gleichnisse. So erfüllte sich die Prophezeiung: *»Ich werde zu euch in Gleichnissen sprechen. Ich werde die Geheimnisse erklären, die seit der Erschaffung der Welt verborgen waren«* (Psalm 78,2).

Wenn er aber später mit seinen Jüngern allein war, erklärte er ihnen ihre Bedeutung.

Erklärung des Gleichnisses vom Unkraut im Weizenfeld

Danach ging Jesus ins Haus und ließ die Menschenmenge draußen stehen. Seine Jünger baten ihn: »Erkläre uns das Gleichnis vom Unkraut auf dem Feld.«

Jesus sagte: »Der Bauer, der den guten Samen aussät, ist der Menschensohn. Das Feld ist die Welt, und der gute Same steht für die Kinder des Himmelreiches. Das Unkraut sind die Menschen, die zu Satan gehören. Der Feind, der das Unkraut zwischen den Weizen ausgesät hat, ist der Teufel. Die Ernte ist das Ende der Welt, und die Erntehelfer sind die Engel. Genauso, wie das Unkraut aussortiert und verbrannt wird, so wird es auch am Ende der Welt sein. Der Menschensohn wird seine Engel schicken, und sie werden aus seinem Reich alles entfernen, was zur Sünde verleitet, und alle Menschen, die Böses tun. Und sie werden sie in den Ofen werfen und verbrennen. Dort werden sie schreien und mit den Zähnen knirschen. Dann werden alle, die zu Gott gehören, im Reich ihres Vaters leuchten wie die Sonne.

Wer bereit ist zu hören, soll zuhören und verstehen!«

Die Gleichnisse vom Schatz im Feld und von der Perle

»Das Himmelreich ist wie ein Schatz, den ein Mann in einem Feld verborgen fand. In seiner Aufregung versteckte er ihn wieder und verkaufte alles, was er besaß, um genug Geld zu beschaffen, damit er das Feld kaufen konnte – und mit ihm den Schatz zu erwerben! Das Himmelreich ist auch vergleichbar mit einem Perlenhändler, der nach kostbaren Perlen Ausschau hielt. Als er eine Perle von großem Wert entdeckte, verkaufte er alles, was er besaß, und kaufte die Perle!«

Das Gleichnis vom Fischernetz

»Das Himmelreich kann man auch vergleichen mit einem Fischernetz, das ins Wasser geworfen wird und in dem viele verschiedene Fische gefangen werden. Wenn das Netz voll ist, wird es ans Land gezogen, und die Fischer sammeln die guten Fische heraus und legen sie in Kisten, und die schlechten werfen sie weg. Genauso wird es auch am Ende der Welt sein. Die Engel werden kommen und die gottlosen Menschen von den Gläubigen trennen. Die Gottlosen werden ins Feuer geworfen. Dort werden sie weinen und mit den Zähnen knirschen.«

Das Gleichnis vom Schriftgelehrten des Himmelreichs

»Versteht ihr das?«, fragte Jesus seine Jünger. »Ja«, antworteten sie. Dann fügte er noch hinzu: »Jeder Schriftgelehrte, der ein Jünger im Himmelreich geworden ist, ist wie ein Hausherr, der aus seinem reichen Vorrat Neues ebenso hervorholt wie Altes.«

Nachdem Jesus diese Gleichnisse erzählt hatte, verließ er diese Gegend.

Verschiedene Wunder und Reden von Jesus

Der Sturm auf dem See

Als Jesus sah, dass die Menschenmenge immer größer wurde, wies er seine Jünger an, ans andere Ufer des Sees hinüberzufahren. Jesus war schon im Boot. So entließen die Jünger die Menge, stiegen zu ihm ins Boot und fuhren los. Einige andere Boote fuhren mit ihnen. Unterwegs legte Jesus sich schlafen; er schlief hinten im Boot mit dem Kopf auf einem Kissen.

Bald darauf erhob sich ein heftiger Sturm, und hohe Wellen schlugen ins Boot, bis es fast ganz voll Wasser gelaufen war und sie ernsthaft in Gefahr gerieten. Schließlich weckten die Jünger Jesus. »Herr, rette uns!«, riefen sie aufgeregt. »Wir sinken! Meister, Meister, macht es dir denn gar nichts aus, dass wir umkommen?« Doch Jesus antwortete: »Warum habt ihr Angst? Ist euer Glaube denn so klein? Und er stand auf, bedrohte den Wind und befahl dem Wasser: »Schweig! Sei still!« Sogleich legte sich der Sturm, und es herrschte tiefe Stille. Und er fragte die Jünger: »Habt ihr immer noch keinen Glauben?« Voll Furcht sagten sie zueinander: »Wer ist dieser Mann, dass ihm sogar Wind und Wellen gehorchen?«

Heilung von zwei Besessenen

So kamen sie ins Gebiet der Gerasener (Gadarener) auf der anderen Seite vom See Genezareth.

Jesus war kaum aus dem Boot gestiegen, als ihm von den Grabhöhlen her zwei Männer entgegenliefen, die von Dämonen besessen waren. Sie waren so gefährlich, dass niemand es wagte, durch dieses Gebiet zu reisen. Der eine Mann fristete sein Dasein schon seit langer Zeit nackt und ohne Obdach in den Grabhöhlen. Er war selbst mit einer Kette von niemandem mehr zu halten. Schon seit Langem hatte der Dämon den Mann völlig in seiner Gewalt. Jedes Mal, wenn man den Mann in Fesseln legte – was oft geschah –, riss er sich los, streifte die Ketten von den Handgelenken und zerriss die Fußfesseln. Dann wurde er von dem bösen Geist in die Wildnis gehetzt. Niemand war stark genug, ihn zu bändigen. Tag und Nacht war er in den Grabhöhlen und wanderte durch die umliegenden Hügel, schrie und schlug sich selbst mit Steinen.

Der Mann entdeckte Jesus schon von Weitem. Er lief auf ihn zu, warf sich vor ihm auf den Boden, stieß einen schrecklichen Schrei aus und rief: »Was willst du von mir, Jesus, Sohn des höchsten Gottes? Du hast kein Recht, mich jetzt schon, vor dem von Gott festgesetzten Zeitpunkt, zu quälen! Ich flehe dich an, ich beschwöre dich bei Gott: Quäle mich nicht!« Denn Jesus hatte schon dem Geist befohlen: »Verlass diesen Mann, du böser Geist.«

Dann fragte Jesus: »Wie heißt du?« »Legion«, antwortete er – denn der Mann war von zahlreichen Dämonen besessen. Diese flehten Jesus an, sie nicht aus dieser Gegen fort und in den Abgrund zu schicken.

In einiger Entfernung weidete gerade eine große Schweineherde an einem Abhang und die Dämonen baten ihn: »Wenn du uns austreibst, dann schick uns in diese Schweineherde.« Jesus gestattete es ihnen und befahl: »So geht!« Da fuhren die Dämonen aus den Männern in die Schweine, und die ganze riesige Herde von zweitausend Tieren stürzte die steile Böschung hinunter in den See, wo alle Tiere ertranken.

Als die Hirten das sahen, flohen sie. Sie verbreiteten in der Stadt und in der ganzen Umgebung, was mit den Besessenen geschehen war. Da kamen die Menschen von überall herbeigelaufen, um es mit eigenen Augen zu sehen. Als sie den einen Mann, der von Dämonen besessen gewesen war, bekleidet und völlig bei Verstand friedlich zu Füßen von Jesus sitzen sahen, überkam sie Furcht. Diejenigen, die alles mit eigenen Augen gesehen hatten, erzählten ihnen, wie die Besessenen geheilt worden waren und was mit den Schweinen geschehen war. Da drängten die Menschen Jesus, zu gehen und sie in Ruhe zu lassen, so groß war ihre Angst.

Jesus stieg wieder in das Boot, um auf die andere Seite des Sees zurückzufahren. Der eine Mann, der von Dämonen besessen gewesen war, bat ihn, mit ihm gehen zu dürfen. Doch Jesus sagte zu ihm: »Nein. Geh nach Hause zu deiner Familie und erzähle ihnen von dem Wunderbaren, das Gott für dich getan hat, und wie gnädig er gewesen ist.« Da ging der Mann durch die ganze Stadt und wanderte dann durch das Gebiet der Zehn Städte. Er erzählte allen Menschen von dem, was Jesus für ihn getan hatte; und alle staunten über das, was er ihnen berichtete.

Heilung einer kranken Frau
Auferweckung eines Kindes

Als Jesus auf die andere Seite des Sees zurückkehrte, versammelte sich eine große Menge am Ufer um ihn. Die Menschen hatten schon auf Jesus gewartet und empfingen ihn begeistert. Einer der Vorsteher der örtlichen Synagoge, ein Mann namens Jaïrus, kam zu ihm, fiel vor ihm nieder und bat ihn, mit in sein Haus zu kommen. Sein einziges Kind, ein zwölfjähriges Mädchen, lag im Sterben. »Bitte, komm und lege ihr deine Hände auf«, sagte er verzweifelt, »mach sie gesund, damit sie am Leben bleibt.« Jesus ging mit ihm, gefolgt von einer dichten Menschenmenge.

In der Menge war auch eine Frau, die seit zwölf Jahren an Blutungen litt. Sie hatte in dieser Zeit bei vielen Ärzten Schlimmes durchgemacht. Ihr ganzes Vermögen hatte sie eingebüßt, um sie zu bezahlen, und war dennoch nicht geheilt worden. Es war sogar schlimmer geworden. Diese Frau hatte von Jesus gehört. Sie kämpfte sich durch die Menge, näherte sich ihm von hinten und berührte den Saum seines Gewandes. Denn sie sagte sich: »Wenn ich nur seine Kleider berühre, werde ich gesund.« Im selben Augenblick hörte die Blutung auf, und sie spürte, dass sie geheilt war!

Jesus merkte sofort, dass eine heilende Kraft von ihm ausgegangen war. Er wandte sich um und fragte: »Wer hat meine Kleider berührt?« Alle stritten ab, ihn berührt zu haben, und Petrus und die anderen Jünger sagten zu ihm: »Meister, so viele Menschen umdrängen dich von allen Seiten, wie kannst du da fragen: ›Wer hat mich berührt?‹« Doch Jesus sagte:

»Nein, jemand hat mich absichtlich berührt. Ich habe gespürt, dass eine heilende Kraft von mir ausging.« Er schaute weiter umher, um festzustellen, wer es gewesen war. Zitternd vor Angst trat die Frau auf ihn zu, denn sie wusste, was mit ihr geschehen war und dass Jesus etwas gemerkt hatte. Sie warf sich ihm zu Füßen und sagte ihm, was sie getan hatte. Alle hörten zu, als sie erklärte, warum sie ihn berührt hatte und dass sie augenblicklich gesund geworden war. »Meine Tochter, hab keine Angst!«, sagte Jesus zu ihr. »Dein Glaube hat dich gesund gemacht. Geh in Frieden. Du bist geheilt.«

Während Jesus noch mit ihr sprach, trafen Boten vom Haus des Jaïrus ein mit der Nachricht: »Deine Tochter ist tot. Du brauchst den Meister nicht mehr zu bemühen.« Doch Jesus ging über ihre Worte hinweg und sagte zu Jaïrus: »Hab keine Angst. Vertrau mir, und sie wird gerettet werden.«

Er wies die Menschen an zurückzubleiben und nahm nur Petrus, Jakobus und Johannes, den Bruder des Jakobus, mit. Als Jesus ins Haus des Vorstehers kam, sah er die aufgeregte Menge und die vielen weinenden und klagenden Menschen und hörte Trauermusik. Er sagte zu ihnen: »Warum sind alle so aufgeregt? Hört auf zu weinen! Geht hinaus! Das Kind ist nicht tot; es schläft nur.« Doch die Menge lachte ihn aus, denn sie wussten, dass sie gestorben war. Er schickte sie alle hinaus. Zusammen mit dem Vater und der Mutter des Mädchens und seinen drei Jüngern ging er in das Zimmer, in dem das Kind lag. Er nahm seine Hand und sagte zu ihm: »Mädchen, ich befehle dir, steh auf!« Im gleichen Augenblick kehrte das Leben in sie zurück, sie stand auf und ging umher. Und alle waren sehr darüber erstaunt. Ihre Eltern waren außer sich vor Freude. Doch Jesus befahl ihnen, niemandem zu erzählen, was geschehen war, und sagte, sie sollten ihr etwas zu essen geben. Die Nachricht von diesem Wunder verbreitete sich wie ein Lauffeuer in der ganzen Gegend.

Heilung von zwei Blinden

Nachdem Jesus das Haus des Mädchens verlassen hatte, liefen ihm zwei Blinde nach und riefen: »Sohn Davids, hab Erbarmen mit uns!« Sie folgten ihm bis in das Haus, wo er wohnte, und Jesus fragte sie: »Glaubt ihr, dass ich euch das Augenlicht wiedergeben kann?« »Ja, Herr«, antworteten sie. Da berührte er ihre Augen und sagte: »Weil ihr glaubt, wird es geschehen.« Und auf einmal konnten sie sehen! Jesus ermahnte sie eindringlich: »Erzählt niemandem davon.« Doch stattdessen erzählten sie in der ganzen Gegend von seinen wunderbaren Taten.

Heilung eines stummen Besessenen

Als sie fort waren, brachten einige Leute einen Mann zu Jesus, der nicht sprechen konnte, weil er von einem bösen Geist besessen war. Jesus trieb den Dämon aus, und sofort konnte der Mann wieder sprechen. Die Menschen waren voller Bewunderung für Jesus. »So etwas ist in Israel noch niemals geschehen!«, riefen sie. Die Pharisäer aber meinten: »Er kann nur deshalb Dämonen austreiben, weil er seine Macht vom Obersten der Dämonen bekommen hat.«

Jesus in seiner Heimatstadt

Am Sabbat ging Jesus mit seinen Jüngern in die Synagoge seiner Heimatstadt Nazareth. Als er dort lehrte, staunten viele der Zuhörer und fragten: »Woher hat er diese Weisheit und weshalb kann er solche Wunder tun? Er ist doch nur der Sohn eines Zimmermanns und selbst auch nur ein Zimmermann. Und wir kennen doch alle Maria, seine Mutter, und seine Brüder – Jakobus, Josef, Simon und Judas. Alle seine Schwestern leben hier unter uns. Was macht ihn zu so etwas Besonderem?« Und sie ärgerten sich über ihn und wollten nicht an ihn glauben.

Da sagte Jesus zu ihnen: »Ein Prophet wird überall verehrt, nur nicht in seiner eigenen Heimatstadt, von seinen Verwandten und von seiner eigenen Familie.« Weil sie nicht an ihn glaubten, konnte er keine Wunder bei ihnen tun und er legte nur einigen Kranken die Hände auf und heilte sie. Und er wunderte sich über ihren Unglauben.

Jesus hat Mitleid mit dem Volk

Jesus zog durch die Städte und Dörfer der Umgebung. Er lehrte in den Synagogen und verkündete die Botschaft vom Reich Gottes. Und überall, wo er hinkam, heilte er Menschen von ihren Krankheiten und Leiden. Er hatte tiefes Mitleid mit den vielen Menschen, die zu ihm kamen, denn sie hatten große Sorgen und wussten nicht, wen sie um Hilfe bitten konnten. Sie waren wie Schafe ohne Hirten. Deshalb sagte er zu seinen Jüngern: »Die Ernte ist groß, aber es sind nicht genügend Arbeiter da. Betet zum Herrn und bittet ihn, mehr Arbeiter zu schicken, um die Ernte einzubringen.«

Die Aussendung der zwölf Jünger

Jesus rief seine zwölf Jünger zu sich und gab ihnen die Vollmacht, Dämonen auszutreiben und alle Arten von Krankheiten und Leiden zu heilen. Er sandte sie jeweils zu zweit aus mit dem Auftrag, allen Menschen vom Kommen des Reiches Gottes zu erzählen und die Kranken gesund zu machen. Er gab ihnen folgende Anweisungen: »Geht nicht zu den Menschen, die Gott nicht kennen, oder zu den Samaritern. Geht nur zu den Menschen aus dem Volk Israel – sie sind Gottes verlorene Schafe. Geht und verkündet ihnen, dass das Himmelreich unmittelbar bevorsteht. Macht die Kranken gesund, erweckt die Toten zum Leben, heilt die Aussätzigen und treibt böse Geister aus. Teilt eure Gaben genauso großzügig aus, wie ihr sie geschenkt bekommen habt! Nehmt nichts mit, keine Nahrung und auch keine Tasche. Tragt kein Geld bei euch. Und nehmt auch keinen Ersatzmantel mit, keine Sandalen und auch keinen Wanderstab. Zögert nicht, Gastfreundschaft anzunehmen, denn wer arbeitet, verdient auch, dass man ihm zu essen gibt.«

Weiter sagte er zu ihnen: »Wenn ihr in eine Stadt oder in ein Dorf kommt, sucht nach einem würdigen Mann und bleibt bei ihm, bis ihr wieder weiterzieht. Wenn ihr in ein Haus eingeladen werdet, dann segnet dieses Haus. Wenn sich das Haus als würdig erweist, dann ruht euer Segen weiterhin darauf; andernfalls kehrt der Segen wieder zu euch zurück. Wenn ihr in einem Dorf nicht willkommen seid und man euch nicht zuhören will, dann geht fort und schüttelt den Staub von euren Füßen als Zeichen, dass ihr diesen Ort dem Gericht überlasst. Ich versichere euch: Die gottlosen Städte Sodom und Gomorra werden am Tag des Gerichts besser dastehen als ein solcher Ort.«

Gefahren und Anforderungen des Auftrags

»Seht, ich sende euch aus wie Schafe unter die Wölfe. Seid vorsichtig wie die Schlangen und sanft wie die Tauben.

Aber hütet euch vor den Menschen! Denn ihr werdet vor die Richter gezerrt und in den Synagogen geschlagen werden. Um meinetwillen müsst ihr Statthaltern und Königen Rede und Antwort stehen. Das wird euch Gelegenheit geben, ihnen von mir zu erzählen und so vor der Welt als Zeugen für mich aufzutreten. Wenn ihr verhaftet werdet, macht euch keine Sorgen, was ihr zu eurer Verteidigung sagen sollt, denn Gott wird euch zur rechten Zeit die rechten Worte in den Mund legen. Nicht ihr seid es, die dann reden – nein, der Geist eures Vaters wird durch euch reden. Der Bruder wird seinen Bruder verraten, Väter werden ihre Kinder verraten, und Kinder werden sich gegen ihre Eltern auflehnen und sie dem Tod ausliefern. Ja, alle werden euch hassen, weil ihr euch zu mir bekennt. Aber wer bis zum Ende durchhält, wird gerettet werden. Wenn ihr in einer Stadt verfolgt werdet, dann flieht in die nächste. Ich versichere euch: Der Menschensohn wird wiederkommen, noch bevor ihr in allen Städten Israels gewesen seid.

Ein Schüler steht nicht über seinem Lehrer. Ein Diener steht nicht über seinem Herrn. Der Schüler teilt das Schicksal seines Lehrers und der Diener das seines Herrn. Und wenn schon der Hausherr als Herr der Dämonen bezeichnet wird, wie viel mehr wird das denen geschehen, die zu seinem Haushalt gehören!

Doch fürchtet euch nicht vor denen, die euch bedrohen. Denn die Zeit kommt, in der die Wahrheit ans Licht kommt und alle Geheimnisse bekannt werden. Wenn der Tag anbricht, dann schreit hinaus, was ich euch heute in der Dunkelheit sage. Ruft von allen Dächern, was ich euch in die Ohren flüstere, damit jeder es hören kann! Habt keine Angst vor denen, die euch umbringen wollen. Sie können nur euren Körper töten; eure Seele ist für sie unerreichbar. Fürchtet allein Gott, der Leib und Seele in der Hölle vernichten kann. Nicht einmal ein Spatz, der doch kaum etwas wert ist, kann tot zu Boden fallen, ohne dass euer Vater es weiß. Selbst die Haare auf eurem Kopf sind alle gezählt. Deshalb habt keine Angst; ihr seid Gott kostbarer als ein ganzer Schwarm Spatzen.

Wer sich hier auf der Erde öffentlich zu mir bekennt, den werde ich auch vor meinem Vater im Himmel bekennen. Aber wer mich hier auf der Erde verleugnet, den werde ich auch vor meinem Vater im Himmel verleugnen.«

Bedingungen der Nachfolge

»Glaubt nicht, dass ich gekommen bin, um der Welt Frieden zu bringen! Nein, sondern das Schwert. Ich bin gekommen, um ›*den Sohn gegen seinen Vater aufzubringen, die Tochter gegen ihre Mutter und die Schwiegertochter gegen ihre Schwiegermutter. Eure erbittertsten Feinde werdet ihr in der eigenen Familie finden*‹ (Micha 7,6).

Wer Vater oder Mutter mehr liebt als mich, ist es nicht wert, zu mir zu gehören; und wer seinen Sohn oder seine Tochter mehr liebt als mich, der ist es nicht wert, zu mir zu gehören. Wer sich weigert, sein Kreuz auf sich zu nehmen und mir nachzufolgen, ist es nicht wert, zu mir zu gehören. Wer an seinem Leben hängt, wird es verlieren; aber wer es für mich aufgibt, wird es finden.«

Der Lohn derer, die den Boten von Jesus helfen

»Wer euch in sein Haus aufnimmt, der nimmt mich auf, und wer mich aufnimmt, nimmt den Vater auf, der mich gesandt hat. Wer einen Propheten aufnimmt als einen, der für Gott spricht, wird den gleichen Lohn erhalten wie der Prophet. Und wer gute und gottesfürchtige Menschen aufnimmt, weil sie an Gott glauben, wird den gleichen Lohn erhalten wie sie. Und wer dem geringsten meiner Nachfolger auch nur ein Glas kaltes Wasser reicht, darf sicher sein, dafür belohnt zu werden.«

Nachdem Jesus seinen zwölf Jüngern diese Anweisungen gegeben hatte, zog er weiter, um in den Städten des ganzen Landes zu lehren und zu predigen. So begannen sie durch die Dörfer in der Umgebung zu ziehen, verkündeten die gute Botschaft und forderten die Menschen auf, sich von ihren Sünden abzukehren. Sie trieben viele Dämonen aus und salbten viele Kranke mit Öl und heilten sie.

Herodes hört von Jesus

König Herodes Antipas erfuhr schon bald von den Wundern, die Jesus vollbrachte, weil die Leute überall von ihm sprachen. Er war beunruhigt und verunsichert zugleich, denn manche meinten: »Er muss Johannes der Täufer sein, der wieder lebendig geworden ist.« Andere sagten: »Es ist Elia oder ein anderer Prophet, der von den Toten auferstanden ist.« Wieder andere glaubten, er wäre ein Prophet wie die anderen großen Propheten der Vergangenheit.

»Ich selbst habe Johannes enthaupten lassen«, überlegte Herodes. »Wer ist dann dieser Mann, von dem ich all diese seltsamen Geschichten höre?«, und er wollte ihn gern kennenlernen. Schließlich sagte er zu seinen Ratgebern: »Das muss Johannes der Täufer sein, der von den Toten auferstanden ist! Darum kann er solche Wunder tun.«

Der Tod von Johannes dem Täufer

Denn Herodes hatte Soldaten ausgesandt und Johannes verhaften und einsperren lassen, um Herodias einen Gefallen zu tun. Sie war die Frau seines Bruders Philippus gewesen, aber Herodes hatte sie geheiratet. Johannes hatte Herodes immer wieder ins Gewissen geredet: »Du hattest nicht das Recht, die Frau deines Bruders zu heiraten.« Er hatte Herodes noch für viel anderes Unrecht, was er begangen hatte, offen zurechtgewiesen. Und die Schuld des Herodes wurde noch größer, als er Johannes ins Gefängnis werfen ließ.

Herodias hasste Johannes und hätte ihn am liebsten umgebracht, doch ohne die Zustimmung des Herodes war sie machtlos. Zwar hätte auch Herodes Johannes gern endgültig aus dem Weg geschafft, aber er hatte Angst vor einem Aufstand, weil die Bevölkerung Johannes für einen Propheten hielt. Außerdem achtete Herodes Johannes, den er als guten und heiligen Mann kannte, und er sorgte für seinen Schutz. Auch wenn ihn dessen Worte jedes Mal beunruhigten, hörte er ihm trotzdem gern zu.

Endlich bot sich für Herodias eine günstige Gelegenheit. Herodes gab an seinem Geburtstag ein großes Fest für seine Beamten, Offiziere und die führenden Bürger Galiläas. Seine Tochter, die ebenfalls Herodias hieß, kam herein und führte einen Tanz auf, der allen sehr gefiel. »Bitte mich um was immer du willst«, sagte der König zu dem Mädchen, »ich werde es dir schenken.« Und er schwor: »Ich gebe dir alles, was du willst, und wenn es die Hälfte meines Königreichs wäre!« Sie ging hinaus und fragte ihre Mutter: »Was soll ich mir wünschen?« Ihre Mutter sagte: »Bitte um den Kopf von Johannes dem Täufer!« Das Mädchen lief zum König zurück und sagte zu ihm: »Ich will den Kopf von Johannes dem Täufer, jetzt gleich, serviert auf einer Schale!« Da wurde der König sehr traurig, aber er wollte vor seinen Gästen seinen Schwur nicht brechen. Also schickte er einen Henker ins Gefängnis, der Johannes den Kopf abschlagen und ihm bringen sollte. Der Soldat enthauptete Johannes im Gefängnis, brachte seinen Kopf auf einer Schale herein und überreichte ihn dem Mädchen, und sie gab ihn ihrer Mutter.

Als die Jünger des Johannes hörten, was geschehen war, kamen sie, holten seinen Leichnam und legten ihn in ein Grab. Dann erzählten sie Jesus, was geschehen war.

Die Rückkehr der zwölf Apostel

Die Apostel, die Jesus ausgesendet hatte, kehrten zu ihm zurück und berichteten, was sie getan und gelehrt hatten. Darauf sagte Jesus: »Kommt, wir ziehen uns an einen einsamen Ort zurück, wo ihr euch ausruhen könnt.« Denn ständig waren so viele Menschen um sie, dass Jesus und seine Apostel nicht einmal Zeit fanden zu essen.

So fuhren sie mit dem Boot an einen ruhigen Ort, denn sie wollten alleine sein. Sie fuhren auf die andere Seite des galiläischen Meeres, das auch als See von Tiberias bekannt ist, um sich in die Nähe der Stadt Betsaida zurückzuziehen. Aber die Leute bemerkten ihre Abfahrt und fanden heraus, wohin sie gehen wollten. Sie liefen aus den umliegenden Städten am Ufer entlang voraus, weil sie seine Wunder gesehen hatten, mit denen er die Kranken heilte, und waren bereits da, als sie anlegten.

Jesus gibt einer großen Menschenmenge zu essen

Als Jesus aus dem Boot stieg, erwartete ihn eine riesige Menschenmenge. Er wandte sich ihnen zu und hatte Mitleid mit ihnen, denn sie waren wie Schafe ohne Hirten. Deshalb nahm er sich Zeit, sie vieles zu lehren. Er erzählte ihnen vom Reich Gottes und heilte die Kranken unter ihnen.

Jesus stieg in die Berge hinauf und lagerte dort mit seinen Jüngern. Es war kurz vor dem jährlichen Passahfest, das die Juden feiern.

Am späten Nachmittag kamen die zwölf Jünger zu ihm und sagten: »Dies ist eine einsame Gegend und es wird langsam spät. Schick die Leute fort in die nahe gelegenen Dörfer und Höfe, dann können sie etwas zu essen kaufen und eine Unterkunft für die Nacht finden.« Doch Jesus antwortete: »Das ist nicht nötig – gebt ihr ihnen zu essen.« »Unmöglich!«, protestierten sie. Er wandte sich an Philippus und fragte: »Philippus, wo können wir so viel Brot kaufen, dass all diese Menschen zu essen bekommen?« Er stellte Philippus jedoch nur auf die Probe, denn er wusste schon, was er tun würde. Philippus antwortete: »Es würde ein kleines Vermögen kosten, sie mit Nahrung zu versorgen!«

»Wie viele Brote habt ihr?«, fragte Jesus. »Geht und stellt es fest.« Andreas, der Bruder von Simon Petrus, meldete sich zu Wort: »Hier ist ein kleiner Junge mit fünf Gerstenbroten und zwei Fischen. Doch was nützt uns das bei so vielen Menschen?« »Bringt sie her!«, befahl Jesus: Dann forderte er die Menge auf, sich in Gruppen ins grüne Gras zu setzen. Da ließen sich alle auf den grasbewachsenen Hängen nieder.

Sie setzten sich zu je fünfzig oder hundert zusammen. Jesus nahm die fünf Brote und zwei Fische, blickte zum Himmel auf und bat um Gottes Segen für das Essen. Dann brach er das Brot in Stücke und gab jedem der Jünger davon, und diese verteilten es an die Menschen. Ebenso machte er es mit den Fischen. Alle aßen, so viel sie wollten.

»Sammelt die Reste wieder ein«, wies Jesus seine Jünger an, »damit nichts umkommt.« Am Anfang waren es nur fünf Gerstenbrote und zwei Fische gewesen, doch nach dem Essen wurden zwölf Körbe mit Resten gefüllt. Etwa fünftausend Menschen hatten zu essen bekommen, Frauen und Kinder nicht mitgerechnet!

Als die Leute dieses Wunder sahen, riefen sie aus: »Dieser ist wirklich der Prophet, den wir erwartet haben. Er ist es, der in die Welt kommen soll.«

Jesus geht auf dem Wasser

Jesus merkte, dass sie im Begriff waren, ihn mit Gewalt aufzuhalten und zum König zu machen. Deshalb befahl er seinen Jüngern, nach Betsaida vorauszufahren und dann ans andere Ufer überzusetzen, während er inzwischen die Menschen nach Hause entließ. Dann ging er allein auf einen Berg, um zu beten.

Die Jünger in Betsaida stiegen wieder ins Boot, um über den See weiter nach Kapernaum zu fahren. Denn es wurde schon dunkel und Jesus war noch immer nicht zu ihnen gekommen. In der Nacht befanden sich die Jünger in ihrem Boot mitten auf dem See, und Jesus war allein an Land. Weit weg vom Ufer gerieten die Jünger in Seenot, denn ein starker Wind war aufgekommen, und sie hatten gegen hohe Wellen anzukämpfen. Jesus sah, dass sie in ernster Gefahr waren.

Gegen drei Uhr morgens kam er zu ihnen. Sie waren etwa fünf Kilometer weit gekommen, als sie plötzlich Jesus übers Wasser auf ihr Boot zukommen sahen. Er wollte an ihnen vorübergehen. Als ihn die Jünger sahen, schrien sie entsetzt auf, denn sie hielten ihn für einen Geist. Doch Jesus sprach sie sogleich an: »Es ist gut«, sagte er. »Ich bin es! Habt keine Angst.«

Da rief Petrus ihm zu: »Herr, wenn du es wirklich bist, befiehl mir, auf dem Wasser zu dir zu kommen.« »Dann komm«, sagte Jesus. Und Petrus stieg aus dem Boot und ging über das Wasser, Jesus entgegen. Als er sich aber umsah und die hohen Wellen erblickte, bekam er Angst und begann zu versinken. »Herr, rette mich!«, schrie er. Sofort streckte Jesus ihm die Hand hin und hielt ihn fest. »Du hast nicht viel Glauben«, sagte Jesus. »Warum hast du gezweifelt?« Als sie schließlich zurück ins Boot stiegen, legte sich der Wind. Die Jünger staunten über das, was vor ihren Augen geschah. Sie hatten immer noch nicht begriffen, was das Wunder der Brotvermehrung bedeutete, denn ihre Herzen waren verhärtet, und sie glaubten nicht. Dann aber beteten ihn die Jünger an. »Du bist wirklich der Sohn Gottes!«, riefen sie. Und schon war das Boot am Ufer angekommen!

Heilungen in Genezareth

Sie gingen in Genezareth an Land. Sofort erkannten die Menschen Jesus und verbreiteten dies in der ganzen Umgebung. Schon bald liefen sie und holten die Kranken aus der ganzen Gegend und trugen sie auf Matten zu ihm. Überall, wo er hinkam – in Dörfern, Städten und draußen auf den Gehöften –, brachten sie die Kranken auf die Marktplätze und baten ihn, sie nur den Saum seines Gewandes berühren zu lassen. Und alle, die ihn berührten, wurden gesund.

Die Menschenmenge sucht Jesus

Am nächsten Tag versammelten sich die Menschen wieder auf der anderen Seite des Sees und warteten auf Jesus. Sie wussten, dass er mit seinen Jüngern zusammen herübergekommen war, die Jünger dann jedoch allein im Boot fortgefahren waren und ihn zurückgelassen hatten. Mehrere Boote aus Tiberias legten in der Nähe der Stelle an, wo sie nach einem Dankgebet des Herrn das Brot gegessen hatten. Als die Menge sah, dass weder Jesus noch die Jünger da waren, stiegen sie in die Boote und fuhren nach Kapernaum hinüber, um ihn zu suchen.

Jesus Christus – das Brot des Lebens

Als sie dort ankamen und ihn fanden, fragten sie: »Rabbi, wie bist du hierhergekommen?« Jesus erwiderte: »Ich sage euch: Ihr wollt bei mir sein, weil ich euch satt gemacht habe, und nicht weil ihr das Wunder gesehen habt. Ihr solltet euch um vergängliche Dinge wie Nahrung nicht solche Sorgen machen. Sucht stattdessen, was euch in das ewige Leben führt, das der Menschensohn euch schenken kann. Denn dazu hat Gott, der Vater, ihn gesandt.«

Sie erwiderten: »Was sollen wir denn nach dem Willen Gottes tun?« Jesus erklärte: »Dies ist der Wille Gottes, dass ihr an den glaubt, den er gesandt hat.«

Sie entgegneten: »Wenn du willst, dass wir an dich glauben, dann zeige uns ein Wunder. Was wirst du für uns tun? Immerhin haben unsere Vorfahren auf ihrer Wüstenwanderung Manna gegessen! In der Schrift heißt es: *›Mose gab ihnen Brot vom Himmel zu essen‹* (2. Mose 16,4; Psalm 78,24).« Jesus sagte: »Ich versichere euch: Nicht Mose hat euch das Brot vom Himmel gegeben, sondern mein Vater gibt euch das wahre Brot vom Himmel. Das Brot, das Gott gibt, ist der, der vom Himmel herabkommt und der Welt das Leben gibt.«

»Herr«, sagten sie, »gib uns dieses Brot an jedem Tag unseres Lebens.« Jesus erwiderte: »Ich bin das Brot des Lebens. Wer zu mir kommt, wird nie wieder hungern. Wer an mich glaubt, wird nie wieder Durst haben. Doch ihr habt nicht an mich geglaubt, obwohl ihr mich gesehen habt. Alle aber, die der Vater mir gegeben hat, werden zu mir kommen, und ich werde sie nicht zurückweisen oder hinausstoßen. Denn ich bin vom Himmel herabgekommen, um den Willen Gottes zu tun, der mich gesandt hat, und nicht, um zu tun, was ich selbst will. Und es ist der Wille Gottes, dass ich von allen, die er mir gegeben hat, auch nicht einen verliere, sondern sie am letzten Tag zum ewigen Leben auferwecke. Denn mein Vater will, dass alle, die seinen Sohn sehen und an ihn glauben, das ewige Leben haben – und dass ich sie am letzten Tag auferwecke.«

Da fingen die Leute an aufzubegehren, weil er gesagt hatte: »Ich bin das Brot, das vom Himmel herabgekommen ist.« Sie sagten: »Das ist doch Jesus, der Sohn Josefs. Wir kennen seinen Vater und seine Mutter. Wie kann er jetzt sagen: ›Ich bin vom Himmel herabgekommen‹?«

Aber Jesus erwiderte: »Empört euch nicht über das, was ich gesagt habe. Niemand kann zu mir kommen, wenn der Vater, der mich gesandt hat, ihn nicht zu mir zieht; und am letzten Tag werde ich ihn von den Toten auferwecken. In den Propheten steht geschrieben: ›*Sie werden alle von Gott unterwiesen sein*‹ (Jesaja 54,13). Wer aber den Vater hört und von ihm lernt, der kommt zu mir. Nicht, dass irgendjemand den Vater je gesehen hat. Nur der eine, der von Gott kommt, hat den Vater gesehen. Ich versichere euch: Wer an mich glaubt, hat schon das ewige Leben. Ja, ich bin das Brot des Lebens! Eure Vorfahren aßen Manna in der Wüste, doch sie sind alle gestorben. Dieses aber ist das Brot, das vom Himmel herabkommt. Wer davon isst, wird nicht sterben. Ich bin das lebendige Brot, das vom Himmel herabgekommen ist. Wer dieses Brot isst, wird ewig leben; dieses Brot ist mein Fleisch, ich gebe es, damit die Welt leben kann.«

Da fingen die Leute an zu streiten. »Wie kann dieser Mann uns sein Fleisch zu essen geben?«, fragten sie. Deshalb sagte Jesus noch einmal: »Ich sage euch: Wenn ihr das Fleisch des Menschensohnes nicht esst und sein Blut nicht trinkt, könnt ihr das ewige Leben nicht in euch haben. Wer aber mein Fleisch isst und mein Blut trinkt, hat das ewige Leben, und ich werde ihn am letzten Tag auferwecken. Denn mein Fleisch ist die wahre Nahrung und mein Blut der wahre Trank. Wer mein Fleisch isst und mein Blut trinkt, bleibt in mir und ich in ihm. Ich lebe durch die Macht des lebendigen Vaters, der mich gesandt hat, und ebenso werden alle, die an mir teilhaben, durch mich leben. Dies ist das Brot, das vom Himmel herabkommt. Wer dieses Brot isst, wird ewig leben und nicht sterben wie eure Vorfahren, die das Manna aßen.«

Dies alles sagte er, als er in der Synagoge von Kapernaum lehrte.

Viele Jünger wenden sich von Jesus ab

Daraufhin sagten selbst einige seiner Jünger: »Das ist ungeheuerlich. Wie kann man das glauben?« Jesus wusste, dass seine Jünger sich über seine Worte aufregten; deshalb sagte er zu ihnen: »Nehmt ihr daran Anstoß? Was werdet ihr dann erst denken, wenn ihr den Menschensohn wieder in den Himmel zurückkehren seht? Es ist der Geist, der lebendig macht. Das Fleisch hat keine Macht. Die Worte aber, die ich euch gesagt habe, sind Geist und Leben. Doch einige von euch glauben mir nicht.« Denn Jesus wusste von Anfang an, wer die waren, die nicht glaubten, und er wusste auch, wer ihn verraten würde. Er fuhr fort: »Deshalb habe ich gesagt: Niemand kann zu mir kommen, wenn der Vater ihn nicht zu mir zieht.«

Von da an wandten sich viele seiner Jünger von ihm ab und folgten ihm nicht mehr nach.

Das Bekenntnis des Petrus

Da fragte Jesus die Zwölf: »Werdet ihr auch weggehen?« Simon Petrus antwortete: »Herr, zu wem sollten wir gehen? Nur du hast Worte, die ewiges Leben schenken. Wir glauben und haben erkannt, dass du der Heilige Gottes bist.« Da sagte Jesus: »Ich habe euch zwölf auserwählt, aber einer von euch ist ein Teufel.« Er sprach von Judas, dem Sohn des Simon Iskariot, einem der zwölf, der ihn später verriet.

Menschliche Vorschriften und Gottes Gebot

Jesus blieb noch eine Weile in Galiläa und zog von Dorf zu Dorf. Er mied Judäa, denn dort schmiedeten die führenden Männer des jüdischen Volkes Mordpläne gegen ihn.

Eines Tages kamen einige Pharisäer und Schriftgelehrte aus Jerusalem zu Jesus. Sie sahen, dass einige seiner Jünger den jüdischen Brauch, sich vor dem Essen die Hände zu waschen, nicht befolgten. Die Juden, besonders die Pharisäer, essen nicht, bevor sie sich nicht Wasser über die Hände gegossen haben, wie ihre überlieferten Satzungen es vorschreiben. Auch essen sie nichts von dem, was sie auf dem Markt gekauft haben, bevor sie nicht ihre Hände in Wasser getaucht haben. Das ist nur eine von zahlreichen Satzungen, an denen sie festhalten – wie zum Beispiel an dem Brauch, Becher, Krüge und Kupferkessel auszuspülen. Deshalb fragten nun die Pharisäer und Schriftgelehrten Jesus: »Warum befolgen deine Jünger unsere überlieferten Vorschriften[6] nicht? Denn sie essen mit ungewaschenen Händen.«

Jesus erwiderte: »Und warum verstoßt ihr mit euren Überlieferungen gegen Gottes Gebote?« Und er fuhr fort: »Geschickt setzt ihr Gottes Gebote außer Kraft, um an euren eigenen Vorschriften festzuhalten. Mose gab euch das Gebot von Gott: ›*Ehre deinen Vater und deine Mutter*‹ (2. Mose 20,12; 5. Mose 5,16), und ›*Wer Vater oder Mutter verflucht, soll mit dem Tod bestraft werden*‹ (2. Mose 21,17; 3. Mose 20,9). Ihr dagegen behauptet, es sei durchaus richtig, wenn jemand zu seinen Eltern sagt: ›Es tut mir leid, ich kann euch nicht helfen. Ich habe gelobt, Gott alles zu geben, was ich euch hätte geben können.‹ Ihr lasst zu, dass er seine eigenen Eltern, die Not leiden, vernachlässigt. So setzt ihr durch eure eigene Überlieferung das Gebot Gottes außer Kraft. Und das ist nur ein Beispiel von

6 Mündlich überlieferte Vorschriften der großen jüdischen Gesetzeslehrer regelten das Leben des gesetzestreuen Menschen zur Zeit von Jesus. Sie gingen über das alttestamentliche Gesetz hinaus, galten aber neben diesem als verbindliche Norm.

vielen. Ihr Heuchler! Jesaja hat euch gemeint, als er sagte: ›*Diese Menschen ehren mich mit ihren Worten, aber nicht mit ihrem Herzen. Ihre Anbetung ist nutzlos, denn sie ersetzen die Gebote Gottes durch ihre eigenen Lehren*‹ (Jesaja 29,13). Ihr missachtet die Gebote Gottes und setzt an ihre Stelle eure eigenen Vorschriften.«

Danach rief Jesus die Menschen zu sich. »Hört alle genau zu«, sagte er, »und versucht es zu verstehen. Der Mensch wird nicht durch das unrein, was er isst; er wird unrein durch das, was er sagt und tut.«

Als Jesus sich von der Menge zurückzog und in ein Haus ging, kamen die Jünger zu ihm und fragten ihn: »Weißt du, dass du mit deinen Worten die Pharisäer gegen dich aufgebracht hast?« Jesus antwortete: »Jede Pflanze, die nicht von meinem Vater im Himmel gepflanzt worden ist, wird ausgerissen. Beachtet sie deshalb gar nicht. Sie sind nur blinde Blindenführer, und wenn ein Blinder einen anderen führt, werden beide in den Graben fallen.«

Da sagte Petrus: »Erkläre uns doch, was du damit meinst, dass man nicht durch das unrein wird, was man isst.« »Versteht ihr es denn auch nicht?«, fragte Jesus sie. »Begreift ihr nicht, dass nichts, was der Mensch isst, ihn verunreinigen kann? Die Nahrung kommt nicht mit seinem Herzen in Berührung, sondern geht nur durch den Magen und wird dann wieder ausgeschieden.« Damit erklärte Jesus alle Speisen für erlaubt. Und er fuhr fort: »Böse Worte aber kommen aus einem bösen Herzen und machen den Menschen, aus dessen Mund sie kommen, unrein. Denn von innen, aus dem Herzen eines Menschen, kommen böse

Gedanken wie Unzucht, Diebstahl, Mord, Ehebruch, Habgier, Bosheit, Hinterlist, Vergnügungssucht, Neid, Lüge, Verleumdung, Stolz und Unvernunft. Alle diese üblen Dinge kommen von innen heraus; sie sind es, die den Menschen unrein machen. Wer aber mit ungewaschenen Händen isst, wird davon nicht unrein!«

Das Wirken von Jesus über die Grenzen von Galiläa hinaus

Der Glaube einer Nichtjüdin

Jesus verließ Galiläa und zog nach Norden in das Gebiet von Tyrus und Sidon. Er versuchte zu verbergen, dass er sich dort aufhielt, aber es gelang ihm nicht. Die Nachricht von seiner Ankunft verbreitete sich schnell. Sofort kam eine Frau zu ihm, die dort lebte und deren kleine Tochter von einem bösen Geist besessen war. Sie hatte von Jesus gehört. Sie war eine Griechin, die aus Syrophönizien stammte, also ein kanaanäische Frau. »Hab Mitleid mit mir, o Herr, Sohn Davids!«, rief sie. »Meine Tochter hat einen bösen Geist in sich, der ihr schlimme Qualen bereitet.« Jesus antwortete ihr nicht – er sagte kein Wort. Doch seine Jünger drängten ihn, ihre Bitte zu erfüllen. »Sie belästigt uns sonst weiter mit ihrer Bettelei«, sagten sie. Da sagte er zu der Frau: »Ich bin gesandt worden, um dem Volk Israel zu helfen – Gottes verlorenen Schafen – und nicht denen, die keine Juden sind.« Sie lief jedoch hinter ihm her, warf sich vor ihm nieder und rief wieder: »Herr, hilf mir doch!« Sie bat ihn inständig, ihr Kind von dem Dämon zu befreien. Jesus sagte zu ihr: »Ich muss zuerst meiner eigenen Familie, den Juden, helfen. Es ist nicht recht, den Kindern das Essen wegzunehmen und es den Hunden vorzuwerfen.« »Das ist wahr, Herr«, antwortete sie, »aber selbst Hunde dürfen die Krümel fressen, die vom Tisch ihres Herrn fallen.« »Damit hast du recht!«, sagte er. »Frau, dein Glaube ist groß.

Deine Bitte soll erfüllt werden. Nun geh nach Hause. Der böse Geist ist aus deiner Tochter ausgefahren.« Und im gleichen Augenblick war ihre Tochter gesund. Als die Frau nach Hause kam, lag ihre kleine Tochter ruhig im Bett, und der Dämon war fort.

Jesus heilt viele Kranke

Jesus verließ Tyrus und ging nach Sidon; dann kehrte er zurück an den See von Galiläa und in das Gebiet der Zehn Städte. Er stieg auf einen Berg und setzte sich. Eine große Menschenmenge kam zu ihm und brachte ihm Gelähmte, Blinde, Krüppel, Stumme und viele Menschen mit anderen Gebrechen. Sie legten sie vor ihn hin, und er heilte sie alle. Die Menschen kamen nicht aus dem Staunen heraus. Stumme konnten wieder sprechen, Krüppel wurden wieder gesund, Gelähmte konnten wieder gehen und Blinde wieder sehen! Und alle lobten den Gott Israels.

Heilung eines Taubstummen

Ein Mann, der taub war und kaum sprechen konnte, wurde zu ihm gebracht. Die Leute baten Jesus, dem Mann die Hände aufzulegen und ihn zu heilen. Jesus führte ihn an einen ruhigen Ort, fort von der Menge. Er legte seine Finger in die Ohren des Mannes. Dann benetzte er die Fingerspitzen mit seinem Speichel und berührte damit die Zunge des Mannes. Schließlich blickte er zum Himmel auf, seufzte und befahl: »Öffne dich.« Und im selben Augenblick konnte der Mann hören und normal sprechen!

Jesus ermahnte die Menge, niemandem davon zu erzählen. Doch je mehr er es ihnen verbot, desto rascher verbreiteten sie die Nachricht, weil sie vor Staunen völlig außer sich waren. Wieder und wieder sagten sie: »Es ist alles wunderbar, was er tut. Er heilt sogar die Tauben und Stummen.«

Jesus gibt noch einmal einer großen Menschenmenge zu essen

In diesen Tagen hatte sich erneut eine große Menschenmenge versammelt. Da die Menschen nichts zu essen hatten, rief Jesus seine Jünger zu sich und sagte zu ihnen: »Die Menschen tun mir leid. Sie waren drei Tage hier bei mir, und nun haben sie nichts mehr zu essen. Wenn ich sie ohne Essen heimschicke, könnten sie unterwegs zusammenbrechen, denn einige von ihnen sind von weit her gekommen.« »Wie sollen wir denn hier in dieser einsamen Gegend genug zu essen für sie finden?«, fragten seine Jünger. »Wie viele Brote habt ihr?«, fragte er sie. »Sieben«, antworteten sie, »und ein paar kleine Fische.« Da forderte Jesus die Menschen auf, sich auf die Erde zu setzen. Dann nahm er die sieben Brote, dankte Gott dafür, brach sie in Stücke und gab sie seinen Jüngern, damit sie das Brot an die Menge austeilten. Auch die Fische segnete Jesus und ließ sie durch seine Jünger verteilen. Alle aßen, bis sie satt waren, und als am Ende die Reste eingesammelt wurden, waren sogar sieben große Körbe voll übrig! An diesem Tage wurden viertausend Menschen satt, Frauen und Kinder nicht mitgerechnet.

Danach entließ Jesus die Leute wieder nach Hause. Er selbst stieg mit seinen Jüngern in ein Boot und fuhr hinüber in die Gegend von Magadan (Dalmanuta).

Zeichenforderung der Pharisäer und Sadduzäer

Als die Pharisäer und Sadduzäer hörten, dass Jesus in der Gegend war, kamen sie, um ihn zur Rede zu stellen. Sie wollten prüfen, ob er von Gott kam. Dazu baten sie ihn um ein Zeichen vom Himmel. Als Jesus das hörte, seufzte er und sagte: »Warum verlangt ihr unentwegt Zeichen? Abendrot verheißt gutes Wetter für den nächsten Tag, Morgenrot bedeutet für den ganzen Tag schlechtes Wetter. Das Wetter könnt ihr anhand der Zeichen am Himmel gut deuten, aber die ganz offensichtlichen Zeichen der Zeit begreift ihr nicht! Nur böse, treulose Menschen verlangen nach einem Wunder. Ich versichere euch: Niemals wird dieser Generation ein Zeichen gegeben werden, nur das Zeichen des Propheten Jona.« Damit ließ er sie stehen, stieg wieder ins Boot und fuhr über den See zum anderen Ufer.

Der Sauerteig der Pharisäer und Sadduzäer und der Sauerteig des Herodes

Später bemerkten die Jünger, dass sie vergessen hatten, Brot mitzunehmen. Ihr gesamter Proviant bestand nur aus einem einzigen Brot. Während sie über den See fuhren, warnte Jesus sie: »Nehmt euch in Acht vor dem Sauerteig der Pharisäer und Sadduzäer und vor dem Sauerteig des Herodes.« Sie meinten, er hätte das gesagt, weil sie kein Brot mitgenommen hatten. Jesus wusste, was sie dachten; deshalb sagte er: »Euer Glaube ist so klein! Warum macht ihr euch Sorgen darüber, dass ihr nichts zu essen habt? Werdet ihr denn nie lernen oder begreifen? Sind eure Herzen zu verhärtet, um das zu verstehen? ›Ihr habt doch Augen – könnt ihr nicht sehen? Ihr habt doch Ohren – könnt ihr nicht hören?‹ (Jeremia 5,21). Erinnert ihr euch denn nicht? Was ist mit den fünftausend Männern, die ich mit fünf Broten satt gemacht habe? Wie viele Körbe voller Reste habt ihr anschließend gesammelt?« »Zwölf«, sagten sie. »Und als ich den Hunger der viertausend Menschen mit sieben Broten gestillt habe, wie viele Körbe mit Resten habt ihr da eingesammelt?« »Sieben«, antworteten sie. Da fragte er sie: »Begreift ihr denn immer noch nicht? Wie könnt ihr nur auf den Gedanken kommen, dass ich vom Essen gesprochen habe? Ich sage es noch einmal: ›Nehmt euch in Acht vor dem Sauerteig der Pharisäer und der Sadduzäer.‹« Da begriffen sie endlich, dass er nicht von Sauerteig oder Brot gesprochen, sondern die falschen Lehren der Pharisäer und Sadduzäer gemeint hatte.

Heilung eines Blinden bei Betsaida

In Betsaida brachten einige Leute einen Blinden zu Jesus und baten ihn, den Mann zu berühren und zu heilen. Jesus nahm den Blinden an der Hand und führte ihn aus dem Dorf hinaus. Dann spuckte er dem Mann auf die Augen, legte ihm die Hände auf und fragte: »Siehst du etwas?« Der Mann sah sich um. »Ja«, sagte er. »Ich sehe Menschen, aber nicht sehr deutlich. Sie sehen aus wie umhergehende Bäume.« Da legte Jesus seine Hände wieder auf die Augen des Mannes. Und als sich der Mann erneut umschaute, war er völlig geheilt und konnte alles deutlich erkennen. Jesus schickte ihn nach Hause und sagte: »Geh auf dem Weg nach Hause nicht durch das Dorf.«

Das Bekenntnis des Petrus

Jesus und seine Jünger verließen Galiläa und zogen hinauf in die Dörfer um Cäsarea Philippi. Unterwegs, als Jesus mit ihnen allein war, fragte er sie: »Für wen halten die Leute den Menschensohn?« »Einige halten dich für Johannes den Täufer«, erwiderten sie, »andere für Elia, und wieder andere halten dich für Jeremia; sie behaupten, du seist einer der alten Propheten, der von den Toten auferstanden ist.« Daraufhin fragte er sie: »Und was meint ihr, wer ich bin?« Simon Petrus antwortete: »Du bist der von Gott gesandte Christus, der Sohn des lebendigen Gottes.«

Da erwiderte Jesus: »Du bist gesegnet, Simon, Sohn des Johannes. Denn das hat dir mein Vater im Himmel offenbart. Von einem Menschen konntest du das nicht haben. Von nun an sollst du Petrus heißen. Auf diesen Felsen will ich meine Gemeinde bauen, und alle Mächte der Hölle können ihr nichts anhaben. Ich werde dir die Schlüssel zum Himmelreich geben. Was du auf der Erde bindest, wird auch im Himmel gebunden sein, und was du auf der Erde öffnest, wird auch im Himmel offen sein.« Danach wies er sie streng an, niemandem zu sagen, dass er der Christus sei.

Jesus kündigt zum ersten Mal sein Leiden und Sterben und seine Auferstehung an

Dann sprach Jesus mit seinen Jüngern zum ersten Mal darüber, dass er nach Jerusalem gehen und viel Schlimmes erleiden müsse. »Der Menschensohn wird von den führenden Männern des jüdischen Volkes, den obersten Priestern und den Schriftgelehrten verurteilt werden«, sagte er. »Sie werden ihn töten, doch drei Tage später[7] wird er von den Toten auferstehen.«

Als er jedoch so offen mit seinen Jüngern darüber sprach, nahm Petrus ihn beiseite und bedrängte ihn: »Das darf nicht sein, Herr«, sagte er. »Das darf auf keinen Fall geschehen!« Jesus wandte sich um, sah seine Jünger an und wies Petrus scharf zurecht: »Geh weg von mir, Satan! Du willst mich in die Falle locken. Du siehst die Dinge nur mit den Augen der Menschen und nicht, wie Gott sie sieht.«

7 Bei dieser »inklusiven« Zählweise wird der Tag, an dem Jesus stirbt, mitgerechnet. Nach der bei uns üblichen Zählung handelt es sich um den zweiten Tag danach.

Anforderungen der Nachfolge

Dann rief Jesus seine Jünger und die Menge zu sich. »Wenn einer von euch mit mir gehen will«, sagte er, »muss er sich selbst verleugnen, jeden Tag aufs Neue sein Kreuz auf sich nehmen und mir nachfolgen. Denn wer versucht, sein Leben zu bewahren, wird es verlieren. Wer aber sein Leben um meinetwillen und um der guten Botschaft willen verliert, wird es retten. Was nützt es, die ganze Welt zu gewinnen, aber dabei an der eigenen Seele Schaden zu nehmen oder sie zu verlieren? Gibt es etwas Kostbareres als die Seele? Wenn sich ein Mensch in dieser treulosen und sündigen Zeit für mich oder meine Botschaft schämt, für den wird sich auch der Menschensohn schämen, wenn er in seiner Herrlichkeit und in der Herrlichkeit seines Vaters und der heiligen Engel wiederkommt und die Menschen nach ihrem Tun richtet.

Und er fuhr fort: »Und ich versichere euch: Einige von denen, die jetzt hier stehen, werden nicht sterben, ehe sie das Reich Gottes in seiner Macht kommen sehen; sie werden nicht sterben, bevor sie den Menschensohn in seinem Reich kommen sehen.«

Drei Jünger werden Zeugen der Verherrlichung von Jesus

Sechs Tage später nahm Jesus Petrus und die beiden Brüder Jakobus und Johannes mit auf einen hohen Berg, um zu beten. Außer ihnen war niemand dort. Während er betete, veränderte sich vor ihren Augen das Aussehen von Jesus. Sein Gesicht leuchtete wie die Sonne und seine Kleider wurden strahlend weiß, weißer, als es auf Erden möglich war.

Dann erschienen zwei Männer, Mose und Elia, und begannen mit Jesus zu sprechen. Auch sie waren von herrlichem Glanz umgeben. Sie sprachen darüber, wie er bald in Jerusalem sterben würde, um damit seinen Auftrag zu erfüllen.

Petrus und die anderen Jünger waren sehr müde gewesen und eingeschlafen. Nun wachten sie auf und sahen den strahlenden Anblick von Jesus und den beiden Männern, die neben ihm standen. Als Mose und Elia sie verlassen wollten, rief Petrus aus: »Rabbi, wie wundervoll ist es hier! Wir wollen drei Hütten bauen – eine für dich, eine für Mose und eine für Elia.« Aber er wusste nicht, was er redete, denn er und die beiden anderen Jünger fürchteten sich sehr.

Doch noch während er das sagte, glitt eine helle Wolke über sie; und als die Wolke sie einhüllte, hatten sie große Angst. Aus der Wolke drang eine Stimme: »Dies ist mein geliebter Sohn, mein Auserwählter, an dem ich meine Freude habe. Auf ihn sollt ihr hören.« Die Jünger erschraken zu Tode und fielen mit dem Gesicht voran auf die Erde. Da kam Jesus zu ihnen und berührte sie. »Steht auf«, sagte er, »ihr braucht keine Angst zu haben«. Und als sie aufblickten und sich umschauten, waren Mose und Elia verschwunden, und nur Jesus war noch bei ihnen.

Jesus und Elia

Während sie den Berg hinabstiegen, wies er sie an, niemandem zu erzählen, was sie gesehen hatten, bis der Menschensohn von den Toten auferstanden sei. Sie behielten es für sich, sprachen aber untereinander noch oft darüber, was er wohl mit der Auferstehung von den Toten gemeint hatte.

Schließlich fragten sie Jesus: »Warum behaupten die Schriftgelehrten, dass Elia wiederkommen muss, bevor der Messias kommt?« Jesus erwiderte: »Das stimmt, zuerst kommt Elia, um alles vorzubereiten. Aber warum heißt es in der Schrift, dass der Menschensohn viel Leid und Verachtung erdulden muss? Doch ich sage euch, Elia ist schon gekommen. Doch niemand hat ihn erkannt, und sie haben mit ihm gemacht, was sie wollten, wie es in der Schrift prophezeit ist. Und bald wird auch der Menschensohn durch ihre Hand leiden.« Da wurde den Jüngern klar, dass er von Johannes dem Täufer gesprochen hatte.

Lange Zeit erzählten sie niemandem, was sie gesehen hatten.

Heilung eines besessenen Jungen

Am nächsten Tag, als sie wieder vom Berg herabgestiegen waren, fanden sie eine große Menge vor. Diese hatte sich um die übrigen Jünger versammelt, während einige Schriftgelehrte ein Streitgespräch mit ihnen führten. Die Menschen waren in großer Aufregung, als Jesus auf sie zukam. Dann liefen sie ihm entgegen, um ihn zu begrüßen. »Worüber streitet ihr euch?«, fragte er. Ein Mann aus der Menge trat zu Jesus und kniete vor ihm nieder. Er sagte: »Lehrer, ich habe meinen Sohn hergebracht, damit du ihn heilst. Er kann nicht sprechen, weil er von einem bösen Geist besessen ist, der ihn nicht reden lässt. Herr, hab Mitleid mit meinem Sohn, meinem einzigen Kind. Er hat schwere Anfälle und leidet fürchterlich. Der böse Geist ergreift immer wieder von ihm Besitz. Dann schreit er und stürzt zu Boden. Er windet sich, hat Schaum vor dem Mund, knirscht mit den Zähnen und wird ganz starr. Ständig schlägt und verletzt er ihn und lässt ihm keine Ruhe. Ich habe ihn zu deinen Jüngern gebracht und sie gebeten, den Dämon auszutreiben, aber sie konnten es nicht.«

Jesus sagte zu ihnen: »Ihr Ungläubigen! Wie lange muss ich noch bei euch sein, bis ihr endlich glaubt? Wie lange muss ich euch noch ertragen? Bringt den Jungen zu mir.« Sie brachten ihm das Kind. Als der böse Geist Jesus sah, schüttelte er den Jungen in heftigen Krämpfen. Er fiel zu Boden und krümmte und wälzte sich mit Schaum vor dem Mund. »Wie lange geht das schon so?«, fragte Jesus den Vater des Jungen. Er antwortete: »Seit er ganz klein ist. Der böse Geist wirft ihn oft ins Feuer oder ins Wasser, um ihn umzubringen. Hab Erbarmen mit uns und hilf uns. Tu etwas, wenn du kannst.« »Was soll das heißen, ›Wenn ich kann‹?«, fragte Jesus. »Alles ist möglich für den, der glaubt.« Der Vater rief: »Ich glaube! Aber hilf mir, dass ich nicht zweifle!«

Als Jesus sah, dass die Menge der Zuschauer ständig größer wurde, bedrohte er den bösen Geist: »Du tauber und stummer Geist, ich befehle dir, fahre aus diesem Kind aus und kehre nie wieder zurück!« Da schrie der Geist auf, packte den Jungen noch einmal, warf ihn hin und her und verließ ihn. Der Junge lag reglos da, sodass die Menge dachte, er sei tot. Doch Jesus nahm die Hand des Jungen und half ihm aufzustehen, und er stand auf und war gesund. Dann schickte er ihn zu seinem Vater zurück. Die Leute wurden von Angst und Ehrfurcht ergriffen, als sie dieses sichtbare Wirken der Macht Gottes sahen.

Als Jesus später mit seinen Jüngern allein im Haus war, fragten sie ihn: »Warum konnten wir diesen bösen Geist nicht austreiben?« »Weil euer Glaube so gering ist«, antwortete Jesus. »Diese Art kann nur durch Gebet ausgetrieben werden. Ich versichere euch: Wenn euer Glaube auch nur so groß wäre wie ein Senfkorn, könntet ihr zu diesem Berg sagen: ›Rücke dich von hier nach da‹, und er würde sich bewegen. Nichts wäre euch unmöglich.«

Jesus kündigt zum zweiten Mal sein Leiden und Sterben und seine Auferstehung an

Sie verließen diese Gegend und zogen durch Galiläa. Jesus wollte nicht, dass die Leute davon erfuhren, um mehr Zeit mit seinen Jüngern verbringen und sie unterweisen zu können. Er sagte zu ihnen: »Der Menschensohn wird verraten werden. Man wird ihn töten, aber drei Tage später wird er von den Toten auferstehen.« Doch sie begriffen nicht, was er damit meinte. Die Bedeutung seiner Worte blieb ihnen verborgen, sodass sie sie nicht verstehen konnten, und sie wagten nicht, ihn danach zu fragen. Da wurden die Jünger sehr traurig.

Die Tempelsteuer

Als sie nach Kapernaum kamen, traten die Einnehmer der Tempelsteuer auf Petrus zu und fragten ihn: »Zahlt euer Meister keine Tempelsteuer?« »Doch«, antwortete Petrus.

Dann ging er nach Hause, um es Jesus zu erzählen. Aber noch bevor er ansetzen konnte zu sprechen, fragte Jesus ihn: »Was meinst du, Petrus? Belegen Könige ihr eigenes Volk mit Steuern? Oder verlangen sie Abgaben von den Fremden, die sie besiegt und deren Länder sie erobert haben?« »Von den Fremden«, erwiderte Petrus.

»Nun«, sagte Jesus, »dann müssten die eigenen Bürger also eigentlich keine Steuern zahlen! Wir wollen sie jedoch nicht vor den Kopf stoßen. Geh hinunter zum See und wirf eine Angelschnur aus. Dem ersten Fisch, den du fängst, öffne das Maul. Du wirst darin eine Münze finden. Nimm diese Münze und bezahle damit für uns beide die Steuer.«

Frage nach der Rangordnung unter den Jüngern

In Kapernaum angekommen, fragten die Jünger Jesus: »Wer ist der Größte im Himmelreich?« Jesus wusste, was sie dachten, und er fragte sie: »Worüber habt ihr unterwegs gesprochen?« Sie schwiegen, denn sie hatten darüber geredet, wer von ihnen wohl der Größte sei. Da setzte er sich hin, rief die zwölf Jünger zu sich und sagte zu ihnen: »Wenn jemand der Erste sein will, muss er den letzten Platz einnehmen und allen dienen.« Dann stellte er ein kleines Kind in ihre Mitte, nahm es in die Arme und sagte zu ihnen: »Ich versichere euch: Wenn ihr nicht umkehrt und werdet wie die Kinder, werdet ihr nie ins Himmelreich kommen. Deshalb: Wer so gering wird wie dieses Kind, der ist der Größte im Himmelreich. Und wer ein solches Kind in meinem Namen aufnimmt, der nimmt mich auf, und wer mich aufnimmt, nimmt meinen Vater auf, der mich gesandt hat. Wer der Geringste unter euch ist, der ist der Größte.«

Wer nicht gegen uns ist, der ist für uns

Johannes sagte zu Jesus: »Lehrer, wir haben einen Mann gesehen, der in deinem Namen Dämonen austrieb. Wir haben versucht, ihn davon abzubringen, weil er nicht zu uns gehört.« »Hindert ihn nicht!«, sagte Jesus. »Wer in meinem Namen Wunder tut, wird nicht bald darauf schlecht von mir reden. Wer nicht gegen uns ist, ist für uns. Wenn jemand euch auch nur einen Becher Wasser gibt, weil ihr zu Christus gehört, wird er belohnt werden.«

Warnung vor Verführung

»Wer aber eines dieser Kinder, die mir vertrauen, vom rechten Glauben abbringt, für den wäre es besser, er würde mit einem schweren Mühlstein um den Hals ins Meer geworfen werden. Schreckliches erwartet die, die andere zur Sünde verführen. Die Versuchung, Böses zu tun, wird es immer geben, doch dem, der andere in diese Versuchung bringt, wird es schlimm ergehen.

Wenn deine Hand dich zum Bösen verführt, dann hack sie ab und wirf sie weg. Es ist besser, mit nur einer Hand in den Himmel einzugehen, als mit zwei Händen ins ewige Feuer der Hölle zu kommen. Wenn dein Fuß dich zum Bösen verführt, dann hack ihn ab und wirf ihn weg. Es ist besser, mit nur einem Fuß in den Himmel einzugehen, als mit zwei Füßen in die Hölle geworfen zu werden. Und wenn dein Auge dich zum Bösen verführt, reiß es aus und wirf es weg. Es ist besser, halb blind in das Reich Gottes einzugehen, als zwei Augen zu haben und in die Hölle geworfen zu werden, *›wo der Wurm nicht stirbt und das Feuer nicht erlischt‹* (Jesaja 66,24).

Denn jeder wird mit Feuer gesalzen werden.

Salz ist gut, um zu würzen. Aber wenn es seinen Geschmack verliert, wie soll man es wieder salzig machen? Ihr müsst die Eigenschaft des Salzes in euch tragen und in Frieden miteinander leben.«

Das Gleichnis vom verirrten Schaf

»Hütet euch davor, auf ein einziges dieser Kinder herabzusehen. Denn ich sage euch, dass ihre Engel im Himmel meinem himmlischen Vater stets besonders nahe sind.

Wenn ein Hirte hundert Schafe hat, und eines läuft weg und verirrt sich, was wird er wohl tun? Wird er nicht die neunundneunzig anderen stehen lassen und in die Berge gehen, um das verirrte Schaf zu suchen? Und wenn er es findet, wird er sich ganz sicher mehr darüber freuen als über die neunundneunzig, die nicht fortgelaufen sind. Genauso ist es nicht der Wille meines Vaters, dass auch nur eines von diesen Kindern verloren geht.«

Die Verantwortung für den Bruder

»Wenn dir ein Bruder Unrecht getan hat, geh zu ihm und weise ihn auf seinen Fehler hin. Wenn er auf dich hört und seine Schuld zugibt, hast du ihn zurückgewonnen. Wenn es dir nicht gelingt, nimm einen oder zwei andere und geht noch einmal gemeinsam zu ihm, sodass alles, was du sagst, von zwei oder drei Zeugen bestätigt werden kann. Wenn er auch dann nicht zuhören will, trage den Fall deiner Gemeinde vor. Wenn die Gemeinde dir recht gibt, aber der andere auch dieses Urteil nicht anerkennt, dann behandelt ihn wie einen, der Gott nicht kennt, oder wie einen bestechlichen Steuereinnehmer.

Ich sage euch: Was ihr auf der Erde verbietet, ist auch im Himmel verboten, und was ihr auf der Erde erlaubt, ist auch im Himmel erlaubt.

Und ich sage euch auch: Wenn zwei von euch hier auf der Erde darin eins werden, eine Bitte an Gott zu richten, dann wird mein Vater im Himmel diese Bitte erfüllen. Denn wo zwei oder drei zusammenkommen, die zu mir gehören, bin ich mitten unter ihnen.«

Uneingeschränkte Bereitschaft, dem Bruder zu vergeben

Dann kam Petrus zu ihm und fragte: »Herr, wie oft soll ich jemandem vergeben, der mir Unrecht tut? Sieben Mal?« »Nein!«, antwortete Jesus, »siebzig mal sieben Mal!«

Das Gleichnis vom Schuldner, der Barmherzigkeit erfährt, aber selbst nicht gewährt

»Deshalb kann man das Himmelreich mit einem König vergleichen, der beschlossen hatte, mit seinen Bediensteten, die von ihm Geld geliehen hatten, abzurechnen. Unter ihnen war auch einer, der ihm sehr viel Geld schuldete. Da er nicht bezahlen konnte, befahl der König das Folgende: Er, seine Frau, seine Kinder, und alles, was er besaß, sollten verkauft werden, um damit seine Schuld zu begleichen. Doch der Mann fiel vor ihm nieder und bat ihn: ›Herr, hab doch Geduld mit mir, ich werde auch alles bezahlen.‹ Da hatte der König Mitleid mit ihm, ließ ihn frei und erließ ihm seine Schulden.

Doch sobald der Mann frei war, ging er zu einem anderen Diener, der ihm eine kleine Summe schuldete, packte ihn am Kragen und verlangte, dass er auf der Stelle alles bezahlen sollte. Der Diener fiel vor ihm nieder und bat ihn um einen kurzen Aufschub: ›Hab doch Geduld mit mir, ich werde auch alles bezahlen.‹ Doch der Mann war nicht bereit zu warten. Er ließ ihn verhaften und einsperren, so lange, bis dieser seine ganze Schuld bezahlt hätte.

Als die anderen Diener das sahen, waren sie empört. Sie gingen zum König und erzählten ihm, was vorgefallen war. Da ließ der König den Mann rufen, dem er zuvor seine Schulden erlassen hatte, und sagte zu ihm: ›Du herzloser Diener! Ich habe dir deine großen Schulden erlassen, weil du mich darum gebeten hast. Müsstest du da nicht auch mit diesem Diener Mitleid haben, so wie ich Mitleid mit dir hatte?‹ Der König war so zornig, dass er den Mann ins Gefängnis werfen ließ, bis er seine Schulden bis auf den letzten Pfennig bezahlt hatte.

Genauso wird mein Vater im Himmel mit euch verfahren, wenn ihr euch weigert, euren Brüdern und Schwestern zu vergeben.«

Jesus auf dem Laubhüttenfest

Jesus lässt sich nicht zu vorzeitigem Handeln drängen

Die Zeit des Laubhüttenfestes rückte näher, und seine Brüder drängten ihn, zum Fest nach Judäa mitzugehen. »Geh doch nach Judäa, damit deine Jünger deine Wunder sehen können, die du tust!«, spotteten sie. »Wenn du dich so versteckst, wirst du nie bekannt werden! Falls du wirklich so wunderbare Dinge tun kannst, dann beweise es vor aller Welt!« Denn selbst seine Brüder glaubten nicht an ihn.

Jesus erwiderte: »Für mich ist der richtige Zeitpunkt noch nicht da; aber ihr könnt jederzeit gehen. Euch kann die Welt nicht hassen. Mich dagegen hasst sie, weil ich sage, dass ihre Taten böse sind. Geht ihr nur hinauf zum Fest. Ich bin noch nicht so weit, zu diesem Fest zu gehen, weil meine Zeit noch nicht gekommen ist.« Und Jesus blieb in Galiläa.

Ein samaritisches Dorf verweigert Jesus die Gastfreundschaft

Doch nachdem seine Brüder zum Fest aufgebrochen waren, folgte ihnen Jesus. Die Zeit seiner Rückkehr in den Himmel kam näher und Jesus machte sich auf den Weg nach Jerusalem.

Er schickte Boten voraus in ein Dorf in Samarien, um seine Ankunft vorzubereiten. Doch sie wurden abgewiesen. Weil Jesus auf dem Weg nach Jerusalem war, wollten sie ihn nicht aufnehmen. Als Jakobus und Johannes das hörten, sagten sie zu Jesus: »Herr, sollen wir Feuer vom Himmel regnen lassen und sie verbrennen?« Doch Jesus drehte sich um und wies sie zurecht. Dann zogen sie weiter in ein anderes Dorf.

Kosten der Nachfolge

Unterwegs sagte einer der Schriftgelehrten zu Jesus: »Meister, ich will dir nachfolgen, wohin du auch gehst!« Aber Jesus entgegnete ihm: »Füchse haben ihren Bau und Vögel haben ihre Nester, doch der Menschensohn hat keinen Ort, an dem er sich ausruhen kann.«

Zu einem anderen, einem seiner Jünger, sagte er: »Komm, folge mir nach.« Dieser jedoch antwortete: »Herr, lass mich zuerst noch nach Hause gehen und meinen Vater begraben.« Jesus erwiderte: »Lass die Menschen, die nicht nach Gott fragen, für ihre Toten sorgen. Deine Aufgabe ist es hinzugehen und das Kommen des Reiches Gottes zu verkündigen.«

Ein anderer sagte: »Ja, Herr, ich will mit dir gehen, aber lass mich zuerst noch von meiner Familie Abschied nehmen.« Doch Jesus sagte: »Wer eine Hand an den Pflug legt und dann zurückschaut, ist nicht geeignet für das Reich Gottes.«

Jesus auf dem Laubhüttenfest in Jerusalem

Jesus kam zum Laubhüttenfest nach Jerusalem, allerdings heimlich und ohne öffentliches Aufsehen zu erregen. Die führenden Männer des jüdischen Volkes ließen ihn suchen und fragten überall nach ihm. Die Menschen sprachen untereinander heimlich über ihn. Ein paar sagten: »Er ist ein guter Mensch«, andere meinten: »Er ist nichts als ein Betrüger, der die Leute verführt.« Aber keiner hatte den Mut, in aller Öffentlichkeit für ihn einzutreten, weil sie den Konflikt mit den führenden Juden scheuten.

Als das Fest zur Hälfte vorüber war, ging Jesus zum Tempel hinauf und begann zu lehren. Die Juden waren zutiefst erstaunt, als sie ihn hörten. »Woher weiß er das alles, er hat doch die Schrift nicht studiert wie wir?«, fragten sie. Da sagte Jesus zu ihnen: »Ich lehre nicht meine eigenen Gedanken, sondern die Gedanken Gottes, der mich gesandt hat. Wer den Willen Gottes tun will, wird erkennen, ob meine Lehre von Gott kommt oder ob ich aus mir selbst heraus rede. Wer nur seine eigenen Anschauungen vertritt, sucht Anerkennung für sich selbst. Wer aber den ehren will, der ihn gesandt hat, der ist glaubwürdig und ohne falsche Absichten. Keiner von euch gehorcht dem Gesetz, das Mose euch gab, ja ihr versucht sogar, mich zu töten! Mit welchem Recht?«

Die Menge erwiderte: »Du bist ja von einem Dämon besessen! Wer will dich töten?« Jesus erwiderte: »Eine einzige Tat habe ich am Sabbat getan,[8] an der ihr

8 Gemeint ist die auf S. 58-59 berichtete Heilung eines Gelähmten an einem Sabbat.

Anstoß nehmt. Aber auch ihr arbeitet am Sabbat, wenn ihr einen Menschen an diesem Tag beschneidet, weil Mose euch das Gesetz der Beschneidung gab.[9] Dabei ist der Brauch der Beschneidung älter als das mosaische Gesetz; er geht auf die Stammväter zurück. Denn wenn der vorgeschriebene Zeitpunkt für die Beschneidung eurer Söhne auf einen Sabbat fällt, dann vollzieht ihr die Beschneidung, um das mosaische Gesetz nicht zu brechen. Warum also empört ihr euch und verurteilt mich? Weil ich einen Menschen am Sabbat geheilt habe? Denkt darüber nach und richtet nicht nach dem äußeren Schein, sondern richtet gerecht!«

Jesus im Widerstreit der Meinungen

Einige Leute aus Jerusalem sagten zueinander: »Ist das nicht der Mann, den sie umbringen wollen? Da lehrt er hier in aller Öffentlichkeit, und sie schweigen dazu. Haben sie etwa erkannt, dass er wirklich der Christus ist? Aber wie könnte das sein? Wir wissen doch, woher dieser Mann stammt. Wenn der Christus kommt, wird er einfach da sein, ohne dass jemand weiß, woher er kommt.«

Während Jesus im Tempel lehrte, rief er: »Ja, ihr denkt, ihr kennt mich und wisst, woher ich komme. Doch ich komme nicht in meinem eigenen Auftrag,

---

9 Die Beschneidung, das Abtrennen der Vorhaut am männlichen Glied, wurde entsprechend den Anweisungen in 1. Mose 17,10-13 und 3. Mose 12,3 am achten Tag nach der Geburt vollzogen.

sondern im Namen dessen, der mich gesandt hat. Doch den kennt ihr nicht. Ich aber kenne ihn, denn ich komme von ihm, und er hat mich gesandt.«

Da wollten sie ihn verhaften lassen, aber niemand legte Hand an ihn, denn seine Zeit war noch nicht gekommen. Viele von den Menschen im Tempel glaubten an ihn. »Denn«, so sagten sie, »würde man von Christus mehr Wunder erwarten, als dieser Mann sie getan hat?«

Als die Pharisäer diese und ähnliche Äußerungen der Leute hörten, schickten sie und die obersten Priester Männer der Tempelwache aus, um Jesus verhaften zu lassen.

Doch Jesus sagte zu ihnen: »Ich werde nur noch kurze Zeit hier sein. Dann werde ich zu dem zurückkehren, der mich gesandt hat. Ihr werdet nach mir suchen, doch ihr werdet mich nicht finden. Und ihr werdet nicht dorthin kommen können, wo ich dann bin.«

Diese Aussage irritierte die Juden. »Wo will er hingehen, sodass wir ihn nicht finden können?«, fragten sie. »Will er etwa das Land verlassen und zu den Juden in anderen Ländern gehen, ja vielleicht sogar zu den Heiden? Was meint er mit den Worten: ›Ihr werdet nach mir suchen, doch ihr werdet mich nicht finden‹, oder ›Ihr werdet nicht dorthin kommen können, wo ich dann bin‹?«

Das Angebot von Jesus: Wasser des Lebens

Am letzten Tag, dem Höhepunkt des Festes, stellte Jesus sich hin und rief der Menge zu: »Wenn jemand

Durst hat, soll er zu mir kommen und trinken! Wer an mich glaubt, aus dessen Innerem werden Ströme lebendigen Wassers fließen, wie es in der Schrift heißt«. Mit dem »lebendigen Wasser« meinte er den Geist, der jedem zuteilwerden sollte, der an ihn glaubte. Aber der Geist war noch nicht gekommen, weil Jesus noch nicht verherrlicht worden war.

Ist Jesus der Messias? Meinungsverschiedenheiten im Volk – Uneinigkeit bei den führenden Männern

Als die Menge das hörte, meinten einige: »Bestimmt ist dieser Mann der Prophet.« Andere sagten: »Er ist der Christus.« Wieder andere wandten dagegen ein: »Das kann nicht sein! Oder kommt der Christus etwa aus Galiläa? In der Schrift steht, dass der Messias aus dem königlichen Geschlecht Davids geboren wird, und zwar in Bethlehem, dem Dorf, in dem David geboren wurde.« So war die Menge unterschiedlicher Meinung über ihn. Und einige wollten ihn verhaften lassen, aber niemand legte Hand an ihn.

Die Männer der Tempelwache, die ausgeschickt worden waren, um ihn zu verhaften, kehrten unverrichteter Dinge zu den obersten Priestern und Pharisäern zurück. »Warum habt ihr ihn nicht hergebracht?«, wollten diese wissen. »Noch nie haben wir einen Menschen so sprechen hören!«, antworteten die Männer. »Habt ihr euch etwa auch von ihm in die Irre führen lassen?«, spotteten die Pharisäer. »Glaubt auch nur ein Einziger der oberen Priester oder Pharisäer an ihn?

Aber nur dieses Volk, diese Menschen, die das Gesetz nicht kennen, diese Menschen, die verflucht sind!«

Da sagte Nikodemus, der selbst Pharisäer war und Jesus einmal aufgesucht hatte: »Entspricht es etwa unserem Gesetz, einen Mann zu verurteilen, ehe man ihn angehört und erkannt hat, ob er schuldig ist?« Sie erwiderten: »Stammst du etwa auch aus Galiläa? Forsche doch in der Schrift nach, dann wirst du es selbst sehen: Aus Galiläa kommt kein Prophet!«

Da trennten sie sich und jeder ging nach Hause. Jesus ging zum Ölberg.

Jesus und die Frau, die beim Ehebruch ertappt wurde: Freispruch statt Verurteilung

Schon früh am Morgen war er wieder im Tempel. Bald hatte sich eine Menschenmenge um ihn versammelt, und er setzte sich und unterwies sie.

Während er sprach, brachten die Gesetzeslehrer und Pharisäer eine Frau herein, die sie beim Ehebruch ertappt hatten. Sie stellten sie in die Mitte. »Meister«, sagten sie zu Jesus, »diese Frau ist auf frischer Tat beim Ehebruch ertappt worden. Nach dem Gesetz Moses muss sie gesteinigt werden. Was sagst du dazu?«

Damit wollten sie ihn zu einer Aussage verleiten, die sie gegen ihn verwenden konnten. Doch Jesus bückte sich und schrieb mit dem Finger in den Staub. Aber sie ließen nicht locker und verlangten eine Antwort. Schließlich richtete er sich auf und sagte: »Wer von euch ohne Sünde ist, der soll den ersten Stein auf sie werfen!« Damit bückte er sich wieder und schrieb weiter in den Staub. Als die Ankläger das hörten, machten sie sich einer nach dem anderen davon, die Ältesten zuerst. Schließlich war Jesus allein mit der Frau, die noch immer an der gleichen Stelle in der Mitte stand.

Da richtete Jesus sich wieder auf und sagte zu ihr: »Wo sind sie? Hat dich keiner von ihnen verurteilt?« »Niemand, Herr«, antwortete sie. »Dann verurteile ich dich auch nicht«, erklärte Jesus. »Geh und sündige nicht mehr.«

Jesus Christus – das Licht der Welt

Jesus sagte zu den Leuten: »Ich bin das Licht der Welt. Wer mir nachfolgt, braucht nicht im Dunkeln umherzuirren, denn er wird das Licht haben, das zum Leben führt.«

Die Pharisäer erwiderten: »Du bist dein eigener Zeuge. Deine Worte sind nicht glaubwürdig!« Jesus antwortete: »Was ich über mich gesagt habe, ist wahr, auch wenn ich damit für mich selbst spreche. Denn ich weiß, wo ich herkomme und wo ich hingehe, während ihr das nicht von mir wisst. Ihr verurteilt mich nach menschlichen Maßstäben, ich dagegen verurteile niemanden. Wenn ich euch aber verurteilen würde, wäre mein Urteil wahr, denn ich handle nicht allein – der Vater, der mich gesandt hat, ist mit mir. Euer eigenes Gesetz sagt: Wenn zwei Personen etwas übereinstimmend bezeugen, gilt ihre Aussage als Tatsache. Ich bin der eine Zeuge, und mein Vater, der mich gesandt hat, ist der andere.« »Wo ist denn dein Vater?«, fragten sie. Jesus antwortete: »Da ihr nicht wisst, wer ich bin, wisst ihr auch nicht, wer mein Vater ist. Würdet ihr mich kennen, dann würdet ihr auch meinen Vater kennen.«

Dies sagte er, als er in dem Bereich des Tempels lehrte, der als Schatzkammer bezeichnet wird. Aber er wurde nicht verhaftet, weil seine Zeit noch nicht gekommen war.

Woher Jesus kommt und wohin er geht

Jesus sagte noch einmal: »Ich werde fortgehen. Ihr werdet mich suchen und in eurer Sünde sterben. Ihr könnt nicht dorthin kommen, wo ich hingehe.«

Da fragten sich die Juden: »Will er etwa Selbstmord begehen? Was meint er mit den Worten: ›Ihr könnt nicht dorthin kommen, wo ich hingehe‹?« Er antwortete ihnen: »Ihr seid von unten; ich bin von oben. Ihr seid von dieser Welt; ich bin nicht von dieser Welt. Deshalb habe ich gesagt, dass ihr in eurer Sünde sterben werdet: Weil ihr nicht an mich als den glaubt, der ich bin, werdet ihr in eurer Sünde sterben.« »Wer bist du denn?«, fragten sie. Jesus erwiderte: »Ich bin der, als der ich mich immer bezeichnet habe. Ich hätte noch vieles über euch zu sagen und vieles zu verurteilen. Aber ich sage der Welt nur das, was ich von dem gehört habe, der mich gesandt hat, und er sagt die Wahrheit.«

Doch sie begriffen noch immer nicht, dass er mit ihnen über seinen Vater sprach. Also sagte Jesus: »Wenn ihr den Menschensohn am Kreuz erhöht habt, werdet ihr erkennen, dass ich es bin und dass ich nichts von mir selbst aus tue, sondern das sage, was der Vater mich gelehrt hat. Der, der mich gesandt hat, ist mit mir – er hat mich nicht verlassen. Denn ich tue immer, was ihm gefällt.« Als er das alles gesagt hatte, glaubten viele an ihn.

Wirklich frei – nur durch Jesus

Jesus sagte zu den Menschen, die nun an ihn glaubten: »Wenn ihr euch nach meinen Worten richtet, seid ihr wirklich meine Jünger. Ihr werdet die Wahrheit erkennen, und die Wahrheit wird euch frei machen.«

»Aber wir sind doch Nachkommen Abrahams«, sagten sie. »Wir sind nie Sklaven von irgendjemand gewesen. Warum redest du dann von ›frei machen‹? Was meinst du damit?« Jesus erwiderte: »Ich versichere euch: Jeder, der sündigt, ist ein Sklave der Sünde. Ein Sklave ist kein Familienmitglied; ein Sohn dagegen gehört für immer zur Familie. Nur dann, wenn der Sohn euch frei macht, seid ihr wirklich frei.«

Kinder Abrahams oder Kinder des Teufels?

»Ich weiß, dass ihr Nachkommen Abrahams seid. Und trotzdem wollt ihr mich töten, weil meine Botschaft in euren Herzen keinen Platz hat. Ich erzähle euch von dem, was ich bei meinem Vater gesehen habe. So folgt auch ihr dem Rat eures Vaters und tut, was ihr gehört habt.«

»Unser Vater ist Abraham«, erklärten sie. »Nein«, erwiderte Jesus, »denn wenn ihr Kinder Abrahams wärt, würdet ihr nach seinem Vorbild handeln. Ich habe euch die Wahrheit gesagt, die ich von Gott gehört habe, aber ihr versucht, mich zu töten. So etwas hätte Abraham nie getan. Nein, wenn ihr so handelt, gehorcht ihr eurem wirklichen Vater.«

Sie entgegneten: »Wir sind nicht unehelich geboren! Unser einziger Vater ist Gott.« Jesus sagte zu ihnen: »Wenn Gott euer Vater wäre, würdet ihr mich lieben, weil ich von Gott zu euch gekommen bin. Ich bin nicht hier, weil ich es selbst so wollte, sondern er hat mich gesandt. Warum versteht ihr nicht, was ich sage? Weil ihr gar nicht fähig seid, mein Wort zu hören. Ihr habt den Teufel zum Vater, und ihr tut mit Vorliebe die bösen Dinge, die er tut. Er war von Anbeginn an ein Mörder und hat die Wahrheit immer gehasst. In ihm ist keine Wahrheit. Wenn er lügt, entspricht das seinem Wesen, denn er ist ein Lügner und der Vater der Lüge. Wenn ich euch also die Wahrheit sage, ist es nur natürlich, dass ihr mir nicht glaubt! Wer von euch kann mir zu Recht eine Sünde vorwerfen? Und wenn ich euch aber die Wahrheit sage, warum glaubt ihr mir dann nicht? Wer Gott zum Vater hat, der hört Gottes Worte. Dass ihr nicht darauf hört, zeigt, dass ihr nicht Gottes Kinder seid.«

Jesus Christus – größer als Abraham

Die Leute entgegneten: »Du samaritischer Teufel! Haben wir nicht immer gesagt, dass du von einem Dämon besessen bist?« »Nein«, sagte Jesus, »ich habe keinen Dämon in mir. Ich gebe meinem Vater die Ehre – ihr aber beleidigt mich. Ich will mir nicht selbst die Ehre geben, mein Vater will das tun. Er wird der Richter sein. Ich versichere euch: Wenn jemand meinem Wort gehorcht, wird er niemals sterben!«

Die Leute sagten: »Jetzt wissen wir, dass du von einem Dämon besessen bist. Sogar Abraham und die Propheten sind gestorben, und da behauptest du, wer deinem Wort gehorcht, werde niemals sterben! Bist du vielleicht größer als unser Vater Abraham, der doch gestorben ist? Bist du etwa größer als die Propheten, die gestorben sind? Für wen hältst du dich?« Jesus antwortete: »Wenn ich mich nur selbst rühme, ist das ohne Bedeutung. Doch es ist mein Vater, der mich ehrt. Ihr behauptet: ›Er ist unser Gott‹, aber ihr kennt ihn ja nicht einmal. Ich dagegen kenne ihn. Wenn ich etwas anderes behaupten würde, dann wäre ich ein ebensolcher Lügner wie ihr! Aber es ist wahr – ich kenne ihn und gehorche ihm. Euer Vater Abraham freute sich auf mein Kommen. Er sah es voraus und war froh.«

Die Leute erwiderten: »Du bist nicht einmal fünfzig Jahre alt. Wie kannst du behaupten, du hättest Abraham gesehen?« Jesus antwortete: »Ich versichere euch: Ich war schon da, bevor Abraham auch nur geboren wurde!« Da hoben sie Steine auf, um ihn zu töten. Aber Jesus floh vor ihnen und verließ den Tempel.

Heilung eines Blindgeborenen am Sabbat

Unterwegs sah Jesus einen Mann, der von Geburt an blind war. »Meister«, fragten die Jünger ihn, »warum wurde dieser Mann blind geboren? Ist es wegen seiner eigenen Sünden oder wegen der Sünden seiner Eltern?« »Es lag nicht an seinen Sünden oder den Sünden seiner

Eltern«, antwortete Jesus. »Er wurde blind geboren, damit die Kraft Gottes an ihm sichtbar werde. Wir alle müssen die Aufgaben dessen, der mich gesandt hat, rasch erfüllen. Denn nicht mehr lange und die Nacht bricht herein, in der niemand mehr etwas tun kann. Doch solange ich noch in der Welt bin, bin ich das Licht der Welt.«

Dann spuckte er auf die Erde, vermischte den Lehm mit seinem Speichel zu einem Brei und strich ihn dem Blinden auf die Augen. Daraufhin sagte er zu ihm: »Geh und wasch dich im Teich Siloah.« Siloah bedeutet: Gesandter. Da ging der Mann und wusch sich und kam sehend zurück!

Seine Nachbarn und andere, die ihn als blinden Bettler kannten, fragten einander: »Ist das derselbe Mann – der Bettler?« Einige meinten, er sei es; andere sagten: »Nein, aber er sieht aus wie jener!« Der Bettler aber sagte immer nur: »Ich bin derselbe Mann!« Da fragten sie ihn: »Was ist geschehen? Wie wurden deine Augen geöffnet?« Und er erzählte: »Der Mann, den sie Jesus nennen, machte aus Lehm und Speichel einen Brei, den er mir auf die Augen strich, und dann sagte er: ›Geh zum Teich Siloah und wasche dich.‹ Ich ging und wusch mich, und nun kann ich sehen!« »Wo ist er jetzt?«, fragten sie. »Das weiß ich nicht«, erwiderte er.

Verhör und Verstoßung des Geheilten durch die Pharisäer

Daraufhin brachten sie den Mann, der blind gewesen war, zu den Pharisäern. Nun hatte Jesus den Mann an einem Sabbat geheilt. Die Pharisäer ließen sich von dem Mann alles erzählen. Er berichtete: »Er strich mir einen Brei auf die Augen, und als ich ihn abgewaschen hatte, konnte ich sehen!« Einige der Pharisäer meinten: »Dieser Mensch, Jesus, kommt nicht von Gott, denn er bricht das Gesetz und arbeitet am Sabbat.« Andere dagegen sagten: »Aber wie könnte ein gewöhnlicher Sünder solche Wunder tun?« So gingen ihre Meinungen über ihn weit auseinander.

Da befragten die Pharisäer den Mann, der blind gewesen war, noch einmal und wollten wissen: »Dieser Mann, der dir die Augen geöffnet hat – was meinst du, wer er ist?« Der Mann erwiderte: »Er muss ein Prophet sein.«

Die führenden Juden wollten nicht glauben, dass der Mann blind gewesen war. Deshalb ließen sie seine Eltern holen und fragten: »Ist das euer Sohn? Behauptet ihr, dass er von Geburt an blind gewesen ist? Wenn das stimmt, wie kommt es, dass er jetzt sehen kann?« Seine Eltern antworteten: »Wir wissen, dass dies unser Sohn ist und dass er blind geboren wurde, aber wir wissen nicht, warum er jetzt sehen kann oder wer ihn geheilt hat. Er ist alt genug, um für sich selbst zu sprechen. Fragt ihn doch selbst.« Das sagten sie aus Angst vor den führenden Juden, weil diese angekündigt hatten, jeden aus der Synagoge auszuschließen, der Jesus als Christus bezeichnete. Deshalb sagten die Eltern: »Er ist alt genug, um für sich selbst zu sprechen. Fragt ihn doch selbst.«

Da riefen sie den Mann, der blind geboren worden war, zum zweiten Mal herein und ermahnten ihn: »Gib Gott die Ehre und sage die Wahrheit, denn wir wissen, dass dieser Mann ein Sünder ist.« »Ich weiß nicht, ob er ein Sünder ist«, erwiderte der Mann. »Aber eins weiß ich: Ich war blind, und jetzt kann ich sehen!« »Aber was hat er mit dir gemacht?«, fragten sie. »Wie hat er dich von deiner Blindheit geheilt?« »Das habe ich euch doch bereits erzählt!«, rief der Mann aus. »Habt ihr denn nicht zugehört? Warum wollt ihr es noch einmal hören? Wollt ihr auch seine Jünger werden?« Da beschimpften sie ihn und sagten: »Du bist sein Jünger, wir aber sind Jünger Moses. Wir wissen, dass Gott zu Mose gesprochen hat, doch von diesem Mann wissen wir nicht einmal, woher er ist.«

»Seltsam!«, entgegnete der Mann. »Er hat meine Augen geheilt und ihr wisst nicht, woher er ist! Wir wissen, dass Gott Sünder nicht erhört, aber er erhört die, die ihn anbeten und seinen Willen tun. Solange die Welt besteht, hat noch niemand die Augen eines Blindgeborenen öffnen können. Wenn dieser Mann nicht von Gott käme, könnte er so etwas nicht tun.« Da hielten sie ihm vor: »Du bist ganz in Sünden geboren und willst uns belehren?« Und sie warfen ihn aus der Synagoge.

Das Bekenntnis des Blindgeborenen – die Blindheit derjenigen, die sich für sehend halten

Als Jesus hörte, was geschehen war, suchte er den Mann auf und sagte: »Glaubst du an den Menschensohn?« Der Mann erwiderte: »Sag mir, wer es ist, Herr, denn ich würde gern an ihn glauben.« »Du hast ihn gesehen«, sagte Jesus, »und jetzt spricht er mit dir!« »Ja, Herr!«, antwortete der Mann. »Ich glaube!« Und er fiel vor Jesus nieder und betete ihn an.

Da sagte Jesus zu ihm: »Zum Gericht bin ich in die Welt gekommen. Ich bin gekommen, die Blinden sehend zu machen, und denen, die sich für sehend halten, zeige ich, dass sie blind sind.« Die Pharisäer, die in der Nähe standen, hörten ihn und fragten: »Willst du damit sagen, dass etwa auch wir blind sind?« »Wenn ihr blind wärt, wärt ihr unschuldig«, erwiderte Jesus. »So aber bleibt ihr schuldig, weil ihr behauptet, sehen zu können.«

Das Bild vom Hirten und seinen Schafen

»Ich versichere euch: Wer sich über die Mauer in den Schafpferch[10] schleicht, statt durchs Tor hineinzugehen, ist ein Dieb und ein Räuber! Denn ein Hirte tritt durch das Tor ein. Der Torhüter öffnet ihm, und die Schafe hören seine Stimme und kommen zu ihm. Er ruft seine Schafe, die ihm gehören, beim Namen und führt sie hinaus. Wenn er seine Herde versammelt hat, geht er vor ihnen her, und die Schafe folgen ihm, weil sie seine Stimme kennen. Einem Fremden aber folgen sie nicht, sondern laufen vor ihm weg, weil sie seine Stimme nicht kennen.«

Die Zuhörer wussten nicht, was Jesus mit diesem Bild meinte.

10 Ein ummauerter offener Hof, in dem die Schafe die Nacht verbringen.

Jesus Christus – die Tür zu den Schafen

Deshalb erklärte er es ihnen. »Ich versichere euch: Ich bin das Tor zu den Schafen«, sagte er. »Alle, die vor mir kamen, waren Diebe und Räuber. Doch die Schafe hörten nicht auf sie.

Ja, ich bin das Tor. Wer durch mich hineingeht, wird gerettet werden. Wo er auch hinkommt, wird er grüne Weiden finden. Ein Dieb will rauben, morden und zerstören. Ich aber bin gekommen, um ihnen das Leben in ganzer Fülle zu schenken.«

Jesus Christus – der gute Hirte

»Ich bin der gute Hirte. Der gute Hirte opfert sein Leben für die Schafe. Ein Schäfer, der nur für Lohn arbeitet, läuft davon, wenn er einen Wolf kommen sieht. Er wird die Schafe im Stich lassen, weil sie ihm nicht gehören und er nicht ihr Hirte ist. Und so greift der Wolf sie an und zerstreut die Herde. Der bezahlte Arbeiter läuft davon, weil er nur angeworben wurde und die Schafe ihm nicht wirklich am Herzen liegen.

Ich bin der gute Hirte; ich kenne meine Schafe und sie kennen mich, so wie mein Vater mich kennt und ich den Vater. Ich gebe mein Leben für die Schafe.

Ich habe auch noch andere Schafe, die nicht in diesem Pferch sind. Auch sie muss ich herführen, und sie werden auf meine Stimme hören; und alle werden eine Herde mit einem Hirten sein.

Der Vater liebt mich, weil ich mein Leben hingebe, um es wiederzuerlangen. Niemand kann es mir nehmen. Ich gebe es freiwillig hin. Ich habe die Macht, es hinzugeben, und ich habe die Macht, es wieder zu nehmen. Denn mein Vater hat mir diesen Auftrag gegeben.«

Wegen dieser Worte waren die Menschen wieder geteilter Meinung über ihn. Manche meinten: »Er hat einen Dämon und ist verrückt. Warum hört ihr auf einen solchen Mann?« Andere dagegen sagten: »Das klingt nicht nach einem Mann, der von einem Dämon besessen ist! Oder kann ein Dämon etwa den Blinden die Augen öffnen?«

Weiteres Wirken von Jesus (in Judäa?)

Die Aussendung der zweiundsiebzig Jünger

Daraufhin wählte der Herr zweiundsiebzig andere Jünger aus und schickte sie zu zweit voraus in alle Städte und Dörfer, die er aufsuchen wollte. Er gab ihnen folgende Anweisungen: »Die Ernte ist groß, doch die Zahl der Arbeiter ist klein. Betet zum Herrn, der für die Ernte zuständig ist, und bittet ihn, mehr Arbeiter auf seine Felder zu schicken. Nun geht und denkt daran, dass ich euch wie Lämmer unter die Wölfe schicke. Nehmt kein Geld mit, auch kein Gepäck, ja nicht einmal ein zweites Paar Sandalen. Und haltet euch unterwegs nicht auf, um jemanden zu grüßen.

Wann immer ihr ein Haus betretet, segnet es. Wenn seine Bewohner des Segens würdig sind, wird er bei ihnen bleiben; wenn sie es nicht sind, wird der Segen zu euch zurückkehren. Wenn ihr in eine Stadt kommt, zieht nicht von Haus zu Haus. Bleibt an einem Ort und esst und trinkt, was man euch anbietet. Zögert nicht, Gastfreundschaft anzunehmen, denn wer arbeitet, hat auch Lohn verdient.

Wenn eine Stadt euch willkommen heißt, dann esst, was euch vorgesetzt wird, heilt die Kranken und sagt dabei: ›Das Reich Gottes ist nahe bei euch.‹ Doch wenn eine Stadt euch nicht willkommen heißen will, dann geht hinaus auf die Straße und sagt: ›Wir schütteln als Zeichen eures Verderbens den Staub eurer Stadt von unseren Füßen. Vergesst nicht, dass das Reich Gottes nahe ist!‹ Ich sage euch, selbst der Stadt Sodom wird es am Tag des Gerichts noch besser ergehen als einer solchen Stadt.«

Das Urteil von Jesus über die Städte von Galiläa

Danach begann Jesus die Städte anzuklagen, in denen er die meisten seiner Wunder vollbracht hatte. Ihre Einwohner hatten sich nicht von ihren Sünden abbringen lassen und lebten weiterhin ohne Gott. »Welche Schrecken erwarten euch, Chorazin und Betsaida! Denn wenn ich die Wunder, die ich bei euch getan habe, in den gottlosen Städten Tyrus und Sidon getan hätte, hätten ihre Einwohner schon längst ihre Schuld bekannt und sich zum Zeichen ihrer Reue in Säcke gehüllt und Asche auf ihre Häupter gestreut. Ich versichere euch: Am Tag des Gerichts werden Tyrus und Sidon besser dastehen als ihr! Und ihr Bewohner von Kapernaum, ob ihr wohl einst in den Himmel gehoben werdet? Ganz sicher nicht. Ihr werdet vielmehr hinunter ins Reich der Toten geworfen. Denn wenn ich die Wunder, die ich bei euch getan habe, in Sodom getan hätte, würde die Stadt heute noch stehen. Seid versichert: Sodom wird am Tag des Gerichts besser dastehen als ihr!«

Dann sagte er zu den Jüngern: »Wer eure Botschaft annimmt, nimmt auch mich an. Wer euch jedoch ablehnt, lehnt auch mich ab. Und wer mich ablehnt, lehnt Gott ab, der mich gesandt hat.«

Die Freude der Jünger und die Freude von Jesus

Als die zweiundsiebzig Jünger zurückkehrten, berichteten sie ihm voller Freude: »Herr, sogar die Dämonen gehorchen uns, wenn wir sie in deinem Namen austreiben!« »Ja«, erklärte er ihnen, »ich sah Satan wie einen Blitz vom Himmel fallen! Ich habe euch Vollmacht über den Feind gegeben; ihr könnt unter Schlangen und Skorpionen umhergehen und sie zertreten. Nichts und niemand wird euch etwas anhaben können. Aber freut euch nicht darüber, dass böse Geister euch gehorchen, sondern freut euch, dass eure Namen im Himmel aufgeschrieben sind.«

Dann wurde Jesus von der Freude des Heiligen Geistes erfüllt und sagte: »Vater, Herr des Himmels und der Erde, ich danke dir, dass du die Wahrheit vor denen verbirgst, die sich selbst für so klug und weise halten. Ich danke dir, dass du sie stattdessen denen enthüllst, die ein kindliches Gemüt haben. Ja, Vater, so wolltest du es. Mein Vater hat mir Vollmacht über alles gegeben. Niemand außer dem Vater kennt den Sohn wirklich, und niemand kennt den Vater außer dem Sohn und jenen, denen der Sohn den Vater offenbaren will.«

Als sie allein waren, wandte er sich an die Jünger und sagte: »Eure Augen sind gesegnet, weil sie sehen, was ihr seht. Ich sage euch: Propheten und Könige haben sich danach gesehnt, zu sehen und zu hören, was ihr gesehen und gehört habt, aber sie konnten es nicht.«

Die Einladung von Jesus

Dann sagte Jesus: »Kommt alle her zu mir, die ihr müde seid und schwere Lasten tragt, ich will euch Ruhe schenken. Nehmt mein Joch auf euch. Ich will euch lehren, denn ich bin demütig und freundlich, und eure Seele wird bei mir zur Ruhe kommen. Denn mein Joch passt euch genau, und die Last, die ich euch auflege, ist leicht.«

Das Liebesgebot und das Beispiel des barmherzigen Samariters

Ein Mann, der sich im Gesetz Moses besonders gut auskannte, stand eines Tages auf, um Jesus mit folgender Frage auf die Probe zu stellen: »Meister, was muss ich tun, um das ewige Leben zu bekommen?« Jesus erwiderte: »Was steht darüber im Gesetz Moses? Was liest du dort?« Der Mann antwortete: »›*Du sollst den Herrn, deinen Gott, von ganzem Herzen, von ganzer Seele, mit deiner ganzen Kraft und all deinen Gedanken lieben*‹ (5. Mose 6,5). Und: ›*Liebe deinen Nächsten wie dich selbst*‹ (3. Mose 19,18).« »Richtig!«, bestätigte Jesus. »Tu das, und du wirst leben!«

Der Mann wollte sich rechtfertigen; deshalb fragte er Jesus: »Und wer ist mein Nächster?«

Jesus antwortete: »Ein Mann befand sich auf der Straße von Jerusalem nach Jericho, als er von Räubern überfallen wurde. Sie raubten ihm seine Kleider und sein Geld, verprügelten ihn und ließen ihn halb tot am Straßenrand liegen. Zufällig kam ein jüdischer Priester vorbei. Doch als er den Mann dort liegen sah, wechselte er auf die andere Straßenseite und ging vorüber. Dann kam ein Tempeldiener und sah ihn ebenfalls dort liegen; doch auch er ging auf der anderen Straßenseite vorüber. Schließlich näherte sich ein Samariter. Als er den Mann sah, empfand er tiefes Mitleid mit ihm. Er kniete sich neben ihn, behandelte seine Wunden mit Öl und Wein und verband sie. Dann hob er den Mann auf seinen eigenen Esel und brachte ihn zu einem Gasthaus, wo er ihn versorgte. Am nächsten Tag gab er dem Wirt zwei Denare und bat ihn, gut für den Mann zu sorgen. ›Sollte das Geld nicht ausreichen‹, sagte er, ›dann werde ich dir den Rest bezahlen, wenn ich das nächste Mal herkomme.‹

Wer von den dreien war nun deiner Meinung nach der Nächste für den Mann, der von Räubern überfallen wurde?«, fragte Jesus. Der Mann erwiderte: »Der, der Mitleid hatte und ihm half.« Jesus antwortete: »Ja. Nun geh und mach es genauso.«

Maria und Marta

Auf ihrem Weg nach Jerusalem kamen Jesus und die Jünger auch in ein Dorf, in dem eine Frau mit Namen Marta sie in ihr Haus einlud. Ihre Schwester Maria saß Jesus zu Füßen und hörte ihm aufmerksam zu. Marta dagegen mühte sich mit der Bewirtung der Gäste. Sie kam zu Jesus und sagte: »Herr, ist es nicht ungerecht, dass meine Schwester hier sitzt, während ich die ganze Arbeit tue? Sag ihr, sie soll kommen und mir helfen.« Doch der Herr sagte zu ihr: »Meine liebe Marta, du sorgst dich um so viele Kleinigkeiten! Im Grunde ist doch nur eines wirklich wichtig. Maria hat erkannt, was das ist – und ich werde es ihr nicht nehmen.«

Jesus lehrt seine Jünger beten

Einmal hatte Jesus Halt gemacht, um zu beten. Als er aufgehört hatte zu beten, kam einer seiner Jünger zu ihm und bat: »Herr, lehre uns beten, so wie Johannes es seine Jünger gelehrt hat.« Jesus antwortete: »Wenn ihr betet, dann sprecht:

Vater,
dein Name werde geehrt.
Dein Reich komme bald.
Gib uns jeden Tag die Nahrung,
die wir brauchen.
Und vergib uns unsere Schuld –
So wie auch wir denen vergeben,
die an uns schuldig geworden sind.
Und lass nicht zu,
dass wir der Versuchung nachgeben.

Wer bittet, empfängt

Er sagte ihnen noch mehr über das Beten und erzählte ihnen folgendes Beispiel: »Angenommen, ihr geht um Mitternacht zum Haus eines Freundes, um ihn um drei Brote zu bitten. Ihr erklärt ihm: ›Ein Freund von mir ist unerwartet zu Besuch gekommen, und ich habe nichts zu essen im Haus.‹ Doch er ruft euch aus dem Schlafzimmer zu: ›Lass mich in Ruhe. Die Tür ist schon für die Nacht verriegelt, und wir liegen alle im Bett.[11] Um diese Zeit kann ich dir nicht mehr helfen.‹ Ich sage euch eins: Wenn er euch auch nicht aus Freundschaft helfen will, wird er doch am Ende aufstehen und euch geben, was ihr braucht, um seinem guten Ruf nicht zu schaden – wenn ihr nur beharrlich genug klopft.

Deshalb sage ich euch: Bittet, und ihr werdet erhalten. Sucht, und ihr werdet finden. Klopft an, und die Tür wird euch geöffnet werden. Denn wer bittet, wird erhalten. Wer sucht, wird finden. Und die Tür wird jedem geöffnet, der anklopft.

Gibt es einen Vater, der seinem Kind eine Schlange hinhält, wenn es um einen Fisch bittet? Oder wenn es um ein Ei bittet, reicht er ihm dann einen Skorpion? Natürlich nicht! Wenn aber selbst ihr sündigen Menschen wisst, wie ihr euren Kindern Gutes tun könnt, wie viel eher wird euer Vater im Himmel denen, die ihn bitten, den Heiligen Geist schenken.«

Noch einmal: Jesus und Satan

Eines Tages trieb Jesus einen Dämon aus einem Mann aus, der stumm war, und der Mann konnte daraufhin wieder sprechen. Die Menschen staunten, doch ein paar von ihnen sagten: »Kein Wunder, dass er

11 Die ganze Familie schlief auf einer großen Matte in einem Raum.

Dämonen austreiben kann. Er hat seine Macht von Satan, dem Obersten der Dämonen!« Andere wollten Jesus auf die Probe stellen, indem sie ein Zeichen vom Himmel verlangten, um zu sehen, ob er wirklich von Gott kam.

Er wusste jedoch genau, was sie dachten, und sagte deshalb: »Ein Königreich, das gegen sich selbst kämpft, ist dem Untergang geweiht. Auch ein Haus, in dem Streit herrscht, hat keinen Bestand. Ihr behauptet, ich hätte meine Macht vom Obersten der Dämonen. Doch wenn Satan gegen sich selbst kämpft, indem er mir die Vollmacht verleiht, seine Dämonen auszutreiben, wie kann seine Herrschaft dann von Dauer sein? Und wenn ich meine Macht vom Herrscher der Dämonen habe, was ist dann mit euren eigenen Leuten? Auch sie treiben Dämonen aus – sie werden euch nach euren eigenen Worten richten. Wenn ich aber Dämonen austreibe durch die Macht Gottes, dann ist das Reich Gottes zu euch gekommen.

Denn solange ein starker Mann bewaffnet seinen Palast bewacht, ist sein Besitz sicher – bis ein Stärkerer angreift und ihn besiegt. Und der Stärkere nimmt ihm seine Waffen, auf die er vertraute, und verteilt seinen Besitz.

Wer nicht für mich ist, ist gegen mich, und wer nicht Hand in Hand mit mir arbeitet, arbeitet gegen mich.«

Noch einmal: Über die Rückkehr böser Geister

»Wenn ein böser Geist einen Menschen verlässt, geht er in die Wüste und sucht Ruhe. Wenn er sie jedoch nicht findet, sagt er sich: ›Ich will zu dem Menschen zurückkehren, aus dem ich ausgefahren bin.‹ Und so kommt der Geist zurück und stellt fest, dass seine frühere Wohnung sorgfältig gefegt und gesäubert wurde. Dann holt er sieben andere Geister, die noch schlimmer sind als er selbst, und sie alle ziehen dort ein. Dann ergeht es diesem Menschen noch schlimmer als zuvor.«

Wer wirklich gesegnet ist

Während er noch sprach, rief eine Frau in der Menge: »Gott segne deine Mutter, die dich zur Welt brachte und an ihren Brüsten nährte!« Er aber erwiderte: »Ja, aber gesegnet sind alle, die das Wort Gottes hören und danach leben.«

Noch einmal: Das Zeichen des Propheten Jona

Die Menge drängte sich um Jesus, und er sagte: »Es sind böse Zeiten, und diese verdorbene Generation verlangt ständig Wunder von mir. Doch das einzige Zeichen, das ihnen gegeben wird, ist das Zeichen des Propheten Jona. Was mit ihm geschah, war für die Einwohner Ninives ein Zeichen. Was mit dem Menschensohn geschehen wird, wird das Zeichen für diese Generation sein.

Die Königin von Saba wird sich am Tag des Gerichts gegen euch erheben und euch verurteilen, denn sie kam aus einem fremden Land, um die Weisheiten König

Salomos zu hören. Und nun ist einer bei euch, der weit größer ist als Salomo – doch ihr weigert euch, auf ihn zu hören. Und auch die Einwohner Ninives werden sich am Tag des Gerichts gegen euch erheben und euch verurteilen, denn sie haben auf Jonas Predigt hin Reue gezeigt. Und nun ist einer bei euch, der weit größer ist als Jona – doch ihr weigert euch zu bereuen.«

Noch einmal: Licht und Dunkelheit – Das Gleichnis vom Auge

»Niemand zündet eine Lampe an und versteckt sie dann in einem verborgenen Winkel oder stellt sie unter ein umgestülptes Gefäß. Sie wird vielmehr auf einen Ständer gestellt, damit sie allen Licht gibt, die das Zimmer betreten.

Dein Auge ist das Fenster deines Körpers. Ein klares Auge lässt das Licht bis in deine Seele dringen, doch ein schlechtes Auge sperrt das Licht aus und stürzt dich in Dunkelheit. Achte darauf, dass das Licht, das du hast, nicht Dunkelheit ist. Wenn du vom Licht erfüllt bist und keine Bereiche mehr dunkel in dir sind, dann wird dein ganzes Leben leuchten, als würde ein strahlendes Licht auf dich scheinen.«

Jesus geht mit den Pharisäern und den Gesetzeslehrern ins Gericht

Während Jesus noch sprach, lud einer der Pharisäer ihn zu sich zum Essen ein. Er ging mit ihm und ließ sich zum Essen nieder. Sein Gastgeber wunderte sich, dass er Platz nahm, ohne zuvor die vorgeschriebene Waschung zu vollziehen.

Daraufhin sagte Jesus zu ihm: »Ihr Pharisäer achtet peinlich genau darauf, Becher und Teller äußerlich zu säubern, doch innerlich seid ihr alles andere als rein, sondern voller Habgier und Bosheit! Wie dumm von euch! Hat Gott nicht das Äußere und das Innere geschaffen? Deshalb gebt den Bedürftigen, was ihr in eurer Habgier zusammenrafft, und ihr werdet in allem rein sein.

Doch es wird euch Pharisäern schlimm ergehen! Denn ihr gebt zwar den vorgeschriebenen zehnten Teil noch vom kleinsten Anteil eurer Einkünfte, doch die Gerechtigkeit und die Liebe Gottes vergesst ihr. Ihr sollt den zehnten Teil geben, das ist richtig, aber ihr dürft die wichtigeren Dinge dabei nicht außer Acht lassen.

Schlimm wird es euch Pharisäern ergehen! Denn ihr liebt die Ehrenplätze in den Synagogen und die Ehrerbietung der Menschen, wenn ihr über den Markt spaziert!

Ja, es wird euch schlimm ergehen. Denn ihr seid wie verborgene Gräber auf einem Feld. Die Menschen gehen darüber und ahnen nicht, welche Verwesung unter ihren Füßen begraben liegt.«

»Meister«, sagte ein Mann, der sich besonders gut im Gesetz Moses auskannte, »damit beleidigst du auch uns.«

»Ja«, sagte Jesus, »auch euch, die ihr das Gesetz so gut kennt, wird es schlimm ergehen! Denn ihr ladet den Menschen unerfüllbare religiöse Forderungen auf, tut aber nicht das Geringste, um ihnen diese Last zu erleichtern.

Schlimm wird es euch ergehen! Ihr errichtet Grabmäler für die Propheten, die eure Vorfahren vor langer Zeit umgebracht haben. Ihr Mörder! Ihr bestätigt und erklärt für richtig, was eure Vorfahren getan haben, ja ihr hättet genauso gehandelt. Über euch hat Gott in seiner Weisheit gesagt: ›Ich werde ihnen Propheten und Apostel schicken, und sie werden einige töten und die anderen verfolgen.‹ Ihr, die Angehörigen dieser Generation, werdet für die Ermordung aller Propheten Gottes seit der Erschaffung der Welt zur Rechenschaft gezogen werden – angefangen von der Ermordung Abels bis zur Ermordung Secharjas, der zwischen dem Altar und dem Heiligtum getötet wurde. Ja, das alles wird euch zur Last gelegt werden.

Wie schlimm wird es euch, die ihr das Gesetz kennt, ergehen! Denn ihr versteckt den Schlüssel der Erkenntnis vor den Menschen. Ihr kommt selbst nicht ins Reich Gottes und hindert andere daran, hineinzukommen.«

Danach verließ Jesus das Haus. Aber von da an setzten ihm die Pharisäer und Schriftgelehrten mit vielen Fragen zu und versuchten, ihn zu einer Äußerung zu verleiten, die sie gegen ihn verwenden konnten.

Warnung vor Heuchelei
Aufforderung, sich ohne Furcht zu Jesus zu bekennen

Inzwischen drängten und schoben sich die Menschen zu Tausenden. Jesus wandte sich an seine Jünger und warnte sie: »Hütet euch vor dem Sauerteig der Pharisäer – hütet euch vor ihrer Heuchelei. Es kommt die Zeit, da wird alles offenbar werden; alles, was jetzt noch geheim ist, wird dann öffentlich bekannt gemacht werden. Alles, was ihr im Dunkeln gesagt habt, wird im Hellen zu hören sein, und was ihr hinter verschlossenen Türen geflüstert habt, wird man von den Dächern rufen, sodass alle es hören!

Meine Freunde, habt keine Angst vor denen, die euch töten wollen. Sie können nur den Körper töten; mehr können sie euch nicht antun. Aber ich sage euch, wen ihr wirklich fürchten sollt: Fürchtet Gott, der die Macht hat, Menschen zu töten und sie danach in die Hölle zu werfen. Was kosten fünf Spatzen? Vielleicht ein paar Pfennige? Und doch vergisst Gott nicht einen Einzigen von ihnen. Und auch die Haare auf eurem Kopf sind alle gezählt. Habt deshalb keine Angst, denn ihr seid ihm wertvoller als ein ganzer Schwarm Spatzen.

Und ich versichere euch: Wer sich hier auf der Erde zu mir bekennt, zu dem wird sich der Menschensohn auch in der Gegenwart der Engel Gottes bekennen. Aber wer mich hier auf der Erde verleugnet, der wird auch vor den Engeln Gottes verleugnet werden.

Dennoch kann dem, der schlecht über den Menschensohn spricht, vergeben werden; aber dem, der gegen den Heiligen Geist lästert, wird niemals vergeben werden.

Und wenn man euch in den Synagogen und vor Herrschern und Beamten den Prozess machen wird, dann macht euch keine Sorgen darüber, was ihr zu eurer Verteidigung vorbringen sollt. Denn in diesem Moment wird der Heilige Geist euch lehren, was ihr sagen sollt.«

Warnung vor Habgier

Da rief einer aus der Menge: »Meister, sag doch meinem Bruder, dass er das väterliche Erbe mit mir teilen soll.« Jesus erwiderte: »Wer hat mich zum Richter über euch gemacht, um in solchen Dingen zu entscheiden?« Und er fuhr fort: »Nehmt euch in Acht! Begehrt nicht das, was ihr nicht habt. Das wahre Leben wird nicht daran gemessen, wie viel wir besitzen.«

Das Gleichnis vom dummen reichen Bauern

Und er gab ihnen folgendes Gleichnis: »Ein wohlhabender Mann besaß einen großen Hof mit Äckern, die reiche Ernten brachten, so viel, dass seine Scheunen die Erträge nicht fassen konnten. Da sagte er sich: ›Ich weiß, was ich mache! Ich werde meine Scheunen abreißen und größere bauen. Auf diese Weise habe ich genug Platz, um alles zu lagern. Und dann werde ich mich zurücklehnen und mir sagen: Mein Freund, du hast für Jahre genug eingelagert. Genieße das Leben. Iss, trink und sei fröhlich!‹ Aber Gott sagte zu ihm: ›Wie dumm von dir! Du wirst noch heute Nacht sterben. Und wer wird dann das alles bekommen?‹ Ihr seht, wie dumm es ist, auf der Erde Reichtümer anzuhäufen und dabei nicht nach Reichtum bei Gott zu fragen.«

Noch einmal: Das Reich Gottes und irdische Sorgen

Darauf wandte Jesus sich wieder an seine Jünger: »Deshalb sage ich euch: Sorgt euch nicht um Alltägliches – ob ihr genug zu essen oder anzuziehen habt, denn das Leben besteht aus weit mehr als Nahrung und Kleidung. Seht die Raben an. Sie brauchen nicht zu säen, zu ernten oder Vorratsscheunen zu bauen, denn Gott ernährt sie. Und ihr seid ihm doch weit wichtiger als irgendwelche Vögel! Können all eure Sorgen euer Leben auch nur um einen einzigen Augenblick verlängern? Natürlich nicht! Und wenn euer Sorgen schon in so geringen Dingen nichts bewirkt, was nützt es da, sich um größere Dinge zu sorgen?

Seht doch die Lilien, wie sie wachsen. Sie arbeiten nicht und nähen sich keine Kleider, und doch war Salomo in all seiner Pracht nicht so schön gekleidet wie eine von ihnen. Wenn Gott schon für die Blumen so wunderbar sorgt, die heute blühen und morgen bereits verwelkt sind, wie viel mehr wird er da für euch sorgen? Euer Glaube ist so klein! Macht euch keine Gedanken über eure Nahrung – was ihr essen oder trinken sollt. Macht euch keine Gedanken darüber, ob Gott euch damit versorgen wird. Diese Dinge beherrschen das Denken der meisten Menschen, doch euer Vater weiß, was ihr braucht. Er wird euch jeden Tag alles Nötige geben, wenn das Reich Gottes für euch das Wichtigste ist.

Hab also keine Angst, kleine Herde. Denn es macht eurem Vater große Freude, euch das Reich Gottes zu schenken.

Verkauft, was ihr habt, und gebt es den Bedürftigen. Auf diese Weise sammelt ihr euch Schätze im Himmel! Und die Geldbörsen des Himmels haben keine Löcher. Dort ist euer Schatz sicher – kein Dieb kann ihn stehlen und keine Motte ihn zerfressen. Wo immer euer Reichtum ist, da wird auch euer Herz sein.«

Auf das Kommen des Herrn warten

»Haltet euch bereit und seid wach wie jemand, der auf die Rückkehr seines Herrn vom Hochzeitsfest wartet. Dann werdet ihr die Tür öffnen und ihn sofort hereinlassen können, wenn er kommt und anklopft. Gesegnet sind diejenigen, die vorbereitet sind und seine Rückkehr erwarten. Ich verspreche euch, er wird sie Platz nehmen lassen, sich eine Schürze umbinden und sie bedienen, während sie sitzen und essen! Vielleicht kommt er mitten in der Nacht oder kurz vor der Morgendämmerung. Doch wann er auch kommt: Gesegnet sind all diejenigen von seinen Dienern, die dann bereit sind!«

Der Vergleich mit dem wachsamen Hausbesitzer

»Eines solltet ihr wissen: Wenn ein Hausbesitzer wüsste, wann der Einbrecher kommt, würde er nicht zulassen, dass er einbricht. Deshalb müsst ihr jederzeit bereit sein, denn der Menschensohn wird dann kommen, wenn ihr es am wenigsten erwartet.«

Der Vergleich mit dem treuen und dem bösen Diener

Petrus fragte: »Herr, meinst du damit nur uns oder alle Menschen?« Da erwiderte der Herr: »Ich spreche von jedem treuen, umsichtigen Diener, dem der Herr die Verantwortung überträgt, sein Haus zu verwalten und seine Familie zu versorgen. Wenn der Herr zurückkommt und feststellt, dass der Diener seine Sache gut gemacht hat, wird es eine Belohnung geben. Ich versichere euch: Der Herr wird diesem Diener die Verantwortung über seinen gesamten Besitz übertragen. Wenn der Diener jedoch denkt: ›Mein Herr wird noch lange nicht zurückkommen‹ und anfängt, die anderen Diener herumzukommandieren, Feste zu feiern und sich zu betrinken – nun, dann wird der Herr eines Tages unangekündigt und zu unerwarteter Stunde zurückkehren. Dann wird er den Diener davonjagen und ihn zu den Ungläubigen verbannen.«

Wem viel gegeben wurde, von dem wird viel gefordert

»Der Diener wird hart bestraft werden, denn er hat seine Pflichten nicht erfüllt, obwohl er den Willen seines Herrn kannte. Menschen, die diesen Willen nicht kennen und Unrecht tun, werden nur leicht bestraft werden. Von den Menschen jedoch, denen viel anvertraut wurde, wird viel verlangt, und von denjenigen, denen noch mehr anvertraut wurde, wird auch noch viel mehr verlangt werden.«

Zwietracht wegen Jesus

»Ich bin gekommen, um Feuer auf der Erde zu entzünden, und ich wünschte, meine Aufgabe wäre schon erfüllt! Eine schreckliche Taufe steht mir bevor, und der Gedanke daran lastet schwer auf mir, bis sie vollzogen ist. Glaubt ihr, ich bin gekommen, um der Welt Frieden zu bringen? Nein, ich bin gekommen, um Zwietracht zu säen! Von nun an werden ganze Familien auseinanderbrechen, weil drei für mich und zwei gegen mich sind – oder umgekehrt. Es wird zu Streit zwischen Vater und Sohn, Mutter und Tochter, Schwiegermutter und Schwiegertochter kommen.«

Das Richtige tun, ehe es zu spät ist

Daraufhin wandte Jesus sich an die Menge und sagte: »Wenn ihr seht, wie sich im Westen Wolken bilden, sagt ihr: ›Es wird Regen geben.‹ Und ihr habt recht. Wenn ein Südwind weht, sagt ihr: ›Heute wird es heiß werden.‹ Und genau so ist es. Ihr Heuchler! Die Erscheinungen der Erde und des Himmels versteht ihr zu deuten, aber die Zeichen dieser Zeit könnt ihr nicht deuten.

Warum könnt ihr nicht selbst entscheiden, was richtig ist? Wenn du auf dem Weg zum Gericht bist und deinen Ankläger triffst, versuche doch, die Angelegenheit zu bereinigen, bevor sie vor den Richter kommt, sonst wirst du womöglich verurteilt, dem Gerichtsdiener übergeben und ins Gefängnis geworfen. Und wenn das geschieht, wirst du nicht eher freikommen, bis du auch den letzten Cent bezahlt hast.«

Umkehren oder umkommen

Zu dieser Zeit erfuhr Jesus, dass Pilatus einige Leute aus Galiläa hatte ermorden lassen, während sie in Jerusalem im Tempel Opfer darbrachten. »Meint ihr, diese Galiläer seien größere Sünder gewesen als andere Menschen in Galiläa?«, fragte er. »Glaubt ihr, dass sie deshalb leiden mussten? Ganz und gar nicht! Ihr werdet genauso umkommen, wenn ihr euch nicht von euren bösen Wegen abkehrt und euch Gott zuwendet. Und was ist mit den achtzehn Männern, die starben, als der Turm von Siloah auf sie herabstürzte? Waren sie etwa die größten Sünder in Jerusalem? Nein. Ich sage euch noch einmal: Wenn ihr nicht Reue zeigt und auf eurem Weg umkehrt, werdet ihr genauso umkommen.«

Das Gleichnis vom unfruchtbaren Feigenbaum

Dann erzählte Jesus folgendes Gleichnis: »Ein Mann pflanzte in seinem Garten einen Feigenbaum und kam von Zeit zu Zeit nachsehen, ob er schon Früchte trug, aber er wurde jedes Mal enttäuscht. Schließlich sagte er zu seinem Gärtner: ›Ich habe jetzt drei Jahre gewartet und noch keine einzige Feige gesehen! Fälle den Baum. Er beansprucht nur noch unnötig den Boden.‹

Der Gärtner erwiderte: ›Gib ihm noch ein Jahr Zeit. Ich werde ihn besonders pflegen und kräftig düngen. Wenn wir dann im nächsten Jahr Feigen ernten, gut. Wenn nicht, kannst du ihn fällen.‹«

Das Wirken von Jesus in Peräa
Auferweckung von Lazarus

Die Antwort von Jesus auf den Unglauben der Juden

Inzwischen war es Winter. Jesus war zum Fest der Tempelweihe nach Jerusalem gereist. Nun hielt er sich im Tempel auf, in dem Bereich der Säulenhalle Salomos. Da umringten ihn die Juden und fragten: »Wie lange willst du uns noch hinhalten? Wenn du der Christus bist, dann sag es uns offen.«

Jesus erwiderte: »Ich habe es euch bereits gesagt, aber ihr glaubt mir nicht. Alles, was ich im Namen meines Vaters tue, beweist, wer ich bin. Aber ihr glaubt mir nicht, weil ihr nicht zu meiner Herde gehört. Meine Schafe hören auf meine Stimme; ich kenne sie, und sie folgen mir. Ich schenke ihnen das ewige Leben, und sie werden niemals umkommen. Niemand wird sie mir entreißen, denn mein Vater hat sie mir gegeben, und er ist mächtiger als alles andere. Und niemand kann sie aus der Hand des Vaters reißen. Der Vater und ich sind eins.«

Vorwurf der Gotteslästerung
Die Auseinandersetzung zwischen Jesus und den Juden spitzt sich zu

Da hoben die Juden wieder Steine auf, um ihn zu töten. Doch Jesus sagte: »Ich habe euch durch die Kraft meines Vaters viele gute Taten gezeigt. Für welche dieser Taten wollt ihr mich steinigen?« Sie erwiderten: »Nicht wegen einer guten Tat wollen wir dich steinigen, sondern wegen Gotteslästerung, weil du, obwohl nur Mensch, dich zu Gott gemacht hast.«

Jesus erwiderte: »In eurem eigenen Gesetz steht geschrieben: *›Ich habe gesagt: Ihr seid Götter!‹* (Psalm 82,6). Ihr wisst, dass die Schrift nicht geändert werden darf. Wenn also diese Menschen, die Gottes Botschaft empfingen, von ihm selber ›Götter‹ genannt wurden, warum nennt ihr es dann Gotteslästerung, wenn der, der vom Vater geheiligt und in die Welt gesandt wurde, von sich sagt: ›Ich bin Gottes Sohn‹? Wenn ich nicht die Werke meines Vaters tue, braucht ihr mir nicht zu glauben! Wenn ich aber sein Werk tue, dann glaubt wenigstens an das, was ich getan habe, wenn ihr schon nicht an mich glaubt. Dann werdet ihr begreifen und erkennen, dass der Vater in mir ist und ich im Vater bin.«

Wieder wollten sie ihn verhaften, doch er entkam ihnen.

Er ging über den Jordan nahe der Stelle, an der Johannes getauft hatte, und blieb dort. Viele Menschen kamen zu ihm. »Johannes hat zwar keine Wunder getan«, sagten sie zueinander, »aber seine Voraussagen über diesen Mann haben sich als wahr erwiesen.« Und viele kamen dort zum Glauben an ihn.

Heilung einer verkrüppelten Frau

Als Jesus einmal an einem Sabbat in der Synagoge lehrte, sah er eine Frau, die durch einen bösen Geist verkrüppelt war. Seit achtzehn Jahren war sie verkrümmt und konnte nicht gerade stehen. Als Jesus sie sah, rief er sie zu sich und sagte: »Frau, du bist von deiner Krankheit erlöst!« Dann berührte er sie, und sofort konnte sie sich aufrichten. Da lobte sie Gott und dankte ihm!

Der Synagogenvorsteher war jedoch empört darüber, dass Jesus die Frau an einem Sabbat geheilt hatte. »Die Woche hat sechs Tage, an denen man arbeiten kann«, sagte er zu den Versammelten: »Kommt an diesen Tagen, um euch heilen zu lassen, aber nicht am Sabbat.«

Doch der Herr sagte: »Ihr Heuchler! Arbeitet ihr nicht auch am Sabbat, wenn ihr euren Ochsen oder Esel im Stall losbindet und zur Tränke hinausführt? War es denn nicht genauso dringend, dass ich diese gute Frau – auch wenn gerade Sabbat ist – von der Fessel befreite, in der der Satan sie seit achtzehn Jahren gefangen hielt?« Damit beschämte er seine Feinde. Und alle anderen freuten sich über die wunderbaren Dinge, die er tat.

Noch einmal: Die Gleichnisse vom Senfkorn und vom Sauerteig

Dann sagte Jesus: »Wie ist das Reich Gottes? Wie kann ich es beschreiben? Es gleicht einem winzigen Senfkorn, das in einem Garten gepflanzt wird. Es wächst zu einem Baum heran, und die Vögel kommen und finden Schutz in seinen Zweigen.«

Er fragte weiter: »Wie kann ich das Reich Gottes noch beschreiben? Es ist wie Sauerteig, den eine Frau zum Brotbacken verwendet. Auch wenn sie eine große Menge Mehl benutzt, durchdringt der Sauerteig den ganzen Teig.«

Die enge Tür

Jesus zog auf dem Weg nach Jerusalem durch die Städte und Dörfer und lehrte.

Jemand fragte ihn: »Herr, werden nur wenige errettet werden?« Er erwiderte: »Die Tür zum Himmel ist eng. Bemüht euch hineinzukommen, denn viele werden es versuchen.

Doch wenn der Hausherr die Tür verschlossen hat, wird es zu spät sein. Dann werdet ihr draußen stehen, klopfen und bitten: ›Herr, öffne uns!‹ Doch er wird entgegnen: ›Ich kenne euch nicht.‹ Ihr werdet sagen: ›Aber wir haben doch mit dir gegessen und getrunken, und du hast in unseren Straßen gelehrt.‹ Da wird er entgegnen: ›Ich sage euch: Ich kenne euch nicht. Fort mit euch, die ihr böse und ungerechte Dinge tut.‹

Dann wird lautes Weinen und Zähneknirschen ertönen, denn ihr werdet Abraham, Isaak, Jakob und die Propheten im Reich Gottes sehen, ihr aber werdet hinausgeworfen. Dann werden Menschen aus der ganzen Welt kommen und ihre Plätze im Reich Gottes einnehmen. Und macht euch eines klar: Manche, die jetzt gering geachtet sind, werden dann geehrt sein; und andere, die jetzt geehrt werden, werden dann gering geachtet sein.«

Jesus lässt sich nicht von seinem Auftrag abbringen

Etwas später sagten ein paar Pharisäer zu ihm: »Geh lieber fort von hier, wenn du am Leben bleiben willst.

Herodes Antipas will dich umbringen!« Jesus erwiderte: »Geht und sagt diesem Fuchs, dass ich heute und morgen weiter Dämonen austreiben und Menschen gesund machen werde; und am dritten Tag wird mein Werk vollendet. Ja, heute, morgen und auch am Tag darauf muss ich meinen Weg gehen. Denn es ist nicht möglich, dass ein Prophet Gottes woanders als in Jerusalem getötet wird!«

Klage über Jerusalem

»Jerusalem, Jerusalem, du Stadt, die Propheten tötet und die Boten Gottes steinigt! Wie oft wollte ich deine Kinder sammeln, wie eine Henne ihre Küken unter ihren Flügeln birgt, aber du wolltest es nicht zulassen. Und nun sieh doch: Dein Haus wird veröden. Und du wirst mich nicht wieder sehen, bis du selbst rufst: ›*Gepriesen sei, der da kommt im Namen des Herrn!*‹ (Psalm 118,26).«

Heilung eines Mannes mit geschwollenen Gliedmaßen am Sabbat

An einem Sabbat war Jesus im Haus eines hochrangigen Pharisäers. Die Leute beobachteten ihn genau. Es befand sich dort ein Mann, dessen Gliedmaßen geschwollen waren. Jesus fragte die Pharisäer und Gesetzeskenner: »Ist es nun nach dem Gesetz erlaubt, Menschen am Sabbat zu heilen, oder nicht?« Als sie nicht antworten wollten, berührte Jesus den kranken

Mann, heilte ihn und schickte ihn fort. Dann wandte er sich an sie und fragte: »Wer von euch würde am Sabbat nicht arbeiten, wenn es nötig ist? Wenn euer Sohn oder euer Ochse in einen Graben fällt, geht ihr dann nicht sofort hin und zieht ihn heraus?« Und wieder wussten sie keine Antwort.

Eine goldene Regel für Gäste

Als Jesus sah, dass alle, die zum Essen gekommen waren, sich einen Platz am oberen Ende des Tischs aussuchten, sagte er zu ihnen: »Wenn du zu einem Hochzeitsfest eingeladen bist, strebe nicht nach dem besten Platz. Denn was ist, wenn jemand eingeladen wurde, der angesehener ist als du? Der Gastgeber wird sagen: ›Lass diesen Mann hier Platz nehmen.‹ Und dann musst du beschämt aufstehen und zum letzten Platz gehen, der übrig geblieben ist! Setz dich stattdessen zunächst ans untere Tischende. Wenn dein Gastgeber dich dann sieht, wird er kommen und sagen: ›Freund, wir haben aber einen besseren Platz für dich!‹ So wirst du vor allen anderen Gästen geehrt werden. Denn die Stolzen werden gedemütigt, die Demütigen aber geehrt werden.«

Eine goldene Regel für Gastgeber

Dann wandte er sich an seinen Gastgeber: »Wenn du mittags oder abends Gäste zum Essen einlädst, dann lade nicht deine Freunde, Brüder, Verwandten oder reichen Nachbarn ein. Denn sie werden es dir vergelten, indem sie dich ebenfalls einladen. Lade vielmehr die Armen, die Krüppel, die Gelähmten und die Blinden ein. Bei der Auferstehung der Gottesfürchtigen wird Gott dich belohnen, weil du Menschen eingeladen hast, die es dir nicht vergelten konnten.«

Das Gleichnis von der Einladung zum Fest

Als ein Mann, der mit Jesus am Tisch saß, das hörte, rief er aus: »Gesegnet sind die, die am Festessen im Reich Gottes teilnehmen!«

Jesus antwortete ihm mit folgendem Gleichnis: »Ein Mann bereitete ein großes Fest vor und verschickte viele Einladungen. Als alles vorbereitet war, sandte er seinen Diener aus, der den Gästen sagen sollte, dass es Zeit war, zum Fest zu kommen. Aber sie fingen alle an, Entschuldigungen vorzubringen. Einer sagte, er habe gerade ein Feld gekauft und wolle es nun begutachten; er bat, ihn deshalb zu entschuldigen. Ein anderer erklärte, dass er gerade fünf Paar Ochsen gekauft habe und sie prüfen wolle. Wieder ein anderer hatte gerade geheiratet und meinte, er könne deshalb nicht kommen.

Der Diener kam zurück und berichtete seinem Herrn, was sie gesagt hatten. Da wurde der Herr zornig und sagte: ›Geh hinaus auf die Straßen und Wege der Stadt und lade die Armen, die Krüppel, die Lahmen und die Blinden ein.‹

Der Diener tat, was ihm aufgetragen worden war, und berichtete dann: ›Wir haben noch Platz für weitere Gäste.‹ Da sagte sein Herr: ›Geh hinaus auf die Landstraßen und hinter die Hecken und bitte jeden, den du findest, zu kommen, damit das Haus voll wird. Denn keiner von denen, die ich zuerst eingeladen habe, soll auch nur das Geringste von dem bekommen, was ich für sie vorbereitet hatte.‹«

Was es kostet, ein Jünger von Jesus zu sein

Eine große Menschenmenge begleitete Jesus. Er wandte sich um und sagte zu ihnen: »Wer mir nachfolgen will, muss mich mehr lieben als Vater und Mutter, Frau und Kinder, Brüder und Schwestern – ja, mehr als sein Leben. Sonst kann er nicht mein Jünger sein. Und ihr könnt auch nicht meine Jünger sein, wenn ihr nicht euer Kreuz auf euch nehmt und mir nachfolgt.

Aber kommt nicht, ehe ihr nicht die Kosten berechnet habt. Denn wer würde mit dem Bau eines Hauses beginnen, ohne zuvor die Kosten zu überschlagen und zu prüfen, ob das Geld reicht, um alle Rechnungen zu bezahlen? Sonst stellt er vielleicht das Fundament fertig, und dann geht ihm das Geld aus. Wie würden ihn da alle auslachen! Sie würden sagen: ›Das ist der, der mit dem Bau eines Hauses angefangen hat und dann nicht genug Geld hatte, es fertigzustellen!‹

Oder welcher König käme je auf den Gedanken, in den Krieg zu ziehen, ohne sich zuvor mit seinen Beratern zusammenzusetzen und zu erörtern, ob seine Armee von zehntausend Soldaten stark genug ist, die zwanzigtausend Soldaten zu besiegen, die gegen ihn aufmarschieren? Wenn er dazu nicht in der Lage ist, wird er dem Feind, wenn dieser noch weit weg ist, Unterhändler entgegenschicken und versuchen, einen Frieden auszuhandeln.

Genauso kann auch niemand mein Jünger sein, ohne alles für mich aufzugeben.

Salz ist gut zum Würzen. Aber wie macht man es wieder salzig, wenn es seine Würzkraft verliert? Geschmackloses Salz eignet sich weder für den Boden noch als Dünger. Es wird weggeworfen.

Wer bereit ist zu hören, soll zuhören und begreifen!«

Das verlorene und wiedergefundene Schaf

Oft kamen Steuereintreiber und andere, die als Sünder galten, um Jesus lehren zu hören. Die Pharisäer und Schriftgelehrten nahmen Anstoß daran, dass er sich mit so verrufenen Leuten abgab und sogar mit ihnen aß!

Deshalb erzählte Jesus ihnen folgendes Gleichnis: »Wenn jemand hundert Schafe hätte, und eines würde weglaufen und sich in der Wüste verirren, würde er dann nicht die neunundneunzig Schafe zurücklassen, um das verlorene zu suchen, bis er es wiedergefunden hätte? Und dann würde er es voller Freude auf seinen Schultern nach Hause tragen. Wieder daheim, würde er alle Freunde und Nachbarn zusammenrufen, damit sie sich mit ihm darüber freuen, dass er sein verlorenes Schaf wiedergefunden hat. Genauso ist im Himmel die Freude über einen verlorenen Sünder, der zu Gott zurückkehrt, größer als über neunundneunzig andere, die gerecht sind und gar nicht erst vom Weg abirrten!«

Die verlorene und wiedergefundene Münze

»Oder nehmt einmal an, eine Frau hätte zehn Drachmen und würde eine verlieren. Würde sie nicht eine Lampe anzünden und das ganze Haus auf den Kopf stellen, bis sie sie gefunden hätte? Und wenn sie sie gefunden hätte, würde sie nicht ihre Freundinnen und Nachbarinnen rufen, damit sie sich mit ihr freuen, dass sie ihre verlorene Münze wiedergefunden hat? Genauso herrscht Freude bei den Engeln Gottes, wenn auch nur ein einziger Sünder bereut und auf seinem Weg umkehrt.«

Der verlorene und wiedergefundene Sohn

Und Jesus erzählte ihnen auch folgendes Gleichnis: »Ein Mann hatte zwei Söhne. Der jüngere Sohn sagte zu seinem Vater: ›Ich möchte meinen Erbteil von deinem Besitz schon jetzt haben.‹ Da erklärte der Vater sich bereit, seinen Besitz zwischen seinen Söhnen aufzuteilen. Einige Tage später packte der jüngere Sohn seine Sachen und ging auf Reisen in ein fernes Land, wo er sein ganzes Geld verprasste. Etwa um die Zeit, als ihm das Geld ausging, brach in jenem Land eine große Hungersnot aus, und er hatte nicht genug zu essen. Da überredete er einen Bauern, ihm Arbeit zu geben, und er durfte seine Schweine hüten. Der junge Mann war so hungrig, dass er die Schoten, die er an die Schweine verfütterte, am liebsten selbst gegessen hätte. Aber niemand gab ihm etwas. Schließlich überlegte er und sagte sich: ›Daheim haben die Tagelöhner mehr als genug zu essen, und ich sterbe hier vor Hunger! Ich will zu meinem Vater nach Hause gehen und sagen: Vater, ich habe gesündigt, gegen den Himmel und auch gegen dich, und ich bin es nicht mehr wert, dein Sohn zu heißen. Bitte stell mich als einen deiner Tagelöhner ein.‹ So kehrte er zu seinem Vater nach Hause zurück. Er war noch weit entfernt, als sein Vater ihn kommen sah. Voller Liebe und Mitleid lief er seinem Sohn entgegen, schloss ihn in die Arme und küsste ihn. Sein Sohn sagte zu ihm: ›Vater, ich habe gesündigt, gegen den Himmel und auch gegen dich, und bin es nicht mehr wert, dein Sohn zu heißen.‹ Aber sein Vater sagte zu den Dienern: ›Schnell! Bringt die besten Kleider im Haus und zieht sie ihm an. Holt einen Ring für seinen Finger und Sandalen für seine Füße. Und schlachtet das Kalb, das wir im Stall gemästet haben, denn mein Sohn hier war tot und ist ins Leben zurückgekehrt. Er war verloren, aber nun ist er wiedergefunden.‹ Und ein Freudenfest begann.

Währenddessen war der ältere Sohn draußen auf den Feldern und arbeitete. Als er heimkam, hörte er Musik und Tanz im Haus und fragte einen der Diener, was da los sei. ›Dein Bruder ist wieder da‹, erfuhr er, ›und dein Vater hat das Kalb geschlachtet, das wir gemästet hatten, und gibt nun ein großes Fest. Wir feiern, dass er wohlbehalten zurückgekehrt ist.‹ Da wurde der ältere Bruder zornig und wollte nicht ins Haus gehen. Sein Vater kam heraus und redete ihm zu, aber er sagte: ›All die Jahre habe ich schwer für dich gearbeitet und dir nicht ein einziges Mal widersprochen, wenn du mir etwas aufgetragen hast. Und in dieser ganzen Zeit hast du mir nicht einmal eine junge Ziege gegeben, um mit meinen Freunden ein Fest zu feiern. Doch jetzt, wenn dein Sohn daherkommt, nachdem er dein Geld mit Huren durchgebracht hat, feierst du und schlachtest unser bestes Kalb.‹ Sein Vater sagte zu ihm: ›Sieh, mein lieber Sohn, du und ich, wir stehen uns sehr nahe, und alles, was ich habe, gehört dir. Wir mussten diesen Freudentag feiern, denn dein Bruder war tot und ist ins Leben zurückgekehrt! Er war verloren, aber jetzt ist er wiedergefunden!‹«

Das Gleichnis vom unehrlichen Verwalter

Jesus erzählte seinen Jüngern folgendes Gleichnis: »Ein reicher Mann stellte einen Verwalter ein, der ihm die Geschäfte führen sollte, aber schon bald kam ihm zu Ohren, dass der Verwalter ein Betrüger war. Da rief er ihn zu sich und sagte zu ihm: ›Was höre ich da? Du hast mich bestohlen? Mach deinen Bericht fertig, denn ich werde dich entlassen.‹

Der Verwalter dachte sich: ›Was soll ich nun tun? Hier kann ich nicht mehr arbeiten. Um Gräben zu schaufeln fehlt mir die Kraft. Und zum Betteln bin ich zu stolz. Ich weiß, was ich tun muss, damit ich viele Freunde haben werde, die sich um mich kümmern, wenn ich hier fort muss!‹ Und er rief alle zu sich, die seinem Herrn Geld schuldeten, um ihre Lage mit ihm zu besprechen. Den Ersten fragte er: ›Wie viel schuldest du ihm?‹ Der Mann antwortete: ›Ich schulde ihm hundert Fässer Olivenöl.‹ Da sagte der Verwalter: ›Zerreiß den Schuldschein und schreibe einen neuen über fünfzig Fässer.‹ ›Und wie viel schuldest du meinem Herrn?‹, fragte er den Nächsten.

›Hundert Sack Weizen‹, lautete die Antwort. ›Hier‹, sagte der Verwalter, ›nimm deine Rechnung und ersetze sie durch eine andere über achtzig Sack.‹

Der reiche Mann konnte den unehrlichen Verwalter für seine Klugheit nur bewundern; denn die Menschen dieser Welt sind tatsächlich klüger als die Gottesfürchtigen.«

Die Jünger von Jesus und das Geld

»Ich sage euch: Nutzt euren weltlichen Besitz zum Wohl anderer und macht euch damit Freunde. Auf diese Weise sammelt ihr euch mit eurer Großzügigkeit Lohn im Himmel an.

Wer in kleinen Dingen treu ist, wird auch in großen treu sein. Und wer schon in geringen Angelegenheiten betrügt, wird auch bei größerer Verantwortung nicht ehrlich sein. Wenn ihr bei weltlichem Besitz nicht vertrauenswürdig seid, wer wird euch die wahren Reichtümer des Himmels verwalten lassen? Und wenn ihr mit dem Geld anderer Leute nicht treu seid, warum sollte man euch eigenes Geld anvertrauen?

Niemand kann zwei Herren dienen. Denn man wird immer den einen hassen und den anderen lieben oder dem einen gehorchen, den anderen aber verachten. Ihr könnt nicht Gott und dem Geld zugleich dienen.«

Die Scheinheiligkeit der Pharisäer

Die Pharisäer, die sehr an ihrem Geld hingen, spotteten über Jesus, als sie das hörten. Da sagte er zu ihnen: »In der Öffentlichkeit wollt ihr gut dastehen, aber Gott kennt eure bösen Herzen. Was in dieser Welt hoch angesehen wird, ist in Gottes Augen ein Gräuel.«

Gesetz und Evangelium

»Bis Johannes der Täufer zu predigen begann, hörtet ihr auf das Gesetz Moses und die Propheten. Nun wird die Botschaft vom Reich Gottes verkündet, und die Menschen drängen sich mit Gewalt hinein. Doch das bedeutet nicht, dass das Gesetz seine Gültigkeit auch nur im Geringsten verloren hätte. Es ist stärker und dauerhafter als Himmel und Erde.

Wer sich von seiner Frau scheiden lässt und eine andere heiratet, begeht Ehebruch, und wer eine geschiedene Frau heiratet, begeht ebenfalls Ehebruch.«

Der reiche Mann und der arme Lazarus

Jesus sagte: »Es war einmal ein reicher Mann, der prachtvoll gekleidet war und jeden Tag im Luxus lebte. Vor seiner Tür lag ein kranker Bettler namens Lazarus, der sich nach den Abfällen vom Tisch des Reichen sehnte. Um ihn herum strichen die Hunde und leckten seine Geschwüre.

Schließlich starb der Bettler und wurde von den Engeln zu Abraham getragen. Auch der reiche Mann starb und wurde begraben, und seine Seele kam ins Totenreich. Während er dort Qualen litt, sah er in großer Entfernung Lazarus bei Abraham. Der reiche Mann rief: ›Vater Abraham, hab Mitleid mit mir! Schicke mir Lazarus, damit er seine Fingerspitze in Wasser taucht und mir die Zunge kühlt, denn ich leide entsetzliche Qualen in diesen Flammen.‹ Doch Abraham sagte zu ihm: ›Sohn, erinnere dich, dass du in deinem Leben alles hattest, was du wolltest, während Lazarus nichts hatte. So wird er jetzt hier getröstet, und du leidest. Außerdem trennt uns eine tiefe Kluft voneinander. Wer von hier zu euch gelangen will, wird durch diesen Abgrund daran gehindert, und ebenso kann von euch niemand hier herüberkommen.‹ Daraufhin sagte der reiche Mann: ›Bitte, Vater Abraham, schicke Lazarus zum Haus meines Vaters. Denn ich habe fünf Brüder und möchte sie vor diesem Ort der Qual warnen, damit sie nicht hierher kommen müssen, wenn sie sterben.‹ Doch Abraham sagte: ›Mose und die Propheten haben sie gewarnt. Deine Brüder können jederzeit auf sie hören, wenn sie es wollen.‹ Der reiche Mann erwiderte: ›Nein, Vater Abraham! Wenn aber einer von den Toten zu ihnen geschickt wird, dann werden sie umkehren und sich von ihren Sünden abwenden.‹ Doch Abraham sagte: ›Wenn sie nicht auf Mose und die Propheten hören, dann werden sie sich auch nicht überzeugen lassen, wenn einer von den Toten aufersteht.‹«

Wehe dem, der andere zur Sünde verleitet!

Eines Tages sagte Jesus zu seinen Jüngern: »Es wird immer Versuchungen geben, die zum Bösen verführen, doch wie schlimm wird es erst dem Menschen ergehen, der andere zur Sünde verleitet. Es wäre besser, mit einem großen Mühlstein um den Hals ins Meer geworfen zu werden, als die Strafe dafür erleiden zu müssen, dass man einem dieser Kleinen Schaden zugefügt hat. Ich warne euch!«

Bereitschaft zur Vergebung

»Wenn dein Bruder sündigt, dann ermahne ihn, und wenn er Reue zeigt und von seinem Weg umkehrt, vergib ihm. Und wenn er dir sieben Mal am Tag Unrecht tut und jedes Mal umkehrt und um Vergebung bittet, vergib ihm.«

Die Bitte um einen größeren Glauben

Eines Tages sagten die Apostel zum Herrn: »Stärke unseren Glauben.« »Wenn euer Glaube nur so klein wäre wie ein Senfkorn«, antwortete der Herr, »könntet ihr zu diesem Maulbeerfeigenbaum sagen: ›Du sollst dich entwurzeln und ins Meer werfen‹, und er würde euch gehorchen!«

Uneingeschränkte Bereitschaft zum Dienst

»Wenn ein Knecht vom Pflügen oder Schafehüten zurückkommt, setzt er sich nicht einfach hin und isst. Zuerst muss er seinem Herrn das Abendessen zubereiten und ihn bedienen, bevor er sein eigenes Abendbrot verzehrt. Und der Knecht hat dafür noch nicht einmal Dank zu erwarten, denn er tut nur seine Pflicht. Wenn ihr mir gehorcht, sollt auch ihr sagen: ›Wir haben keine besondere Anerkennung verdient. Wir sind Diener und haben nur unsere Pflicht getan.‹«

Krankheit und Tod des Lazarus

Ein Mann namens Lazarus war krank. Er wohnte mit seinen Schwestern Maria und Marta in Betanien. Das ist dieselbe Maria, die dem Herrn das kostbare Duftöl über die Füße goss und sie mit ihrem Haar trocknete. Weil ihr Bruder Lazarus krank geworden war, schickten die beiden Schwestern Jesus eine Nachricht und ließen ihm ausrichten: »Herr, der, den du lieb hast, ist sehr krank.«

Als Jesus jedoch davon hörte, sagte er: »Lazarus' Krankheit wird nicht zum Tode führen; sie dient vielmehr der Verherrlichung Gottes. Der Sohn Gottes wird durch sie verherrlicht werden.« Jesus hatte Marta, Maria und Lazarus lieb. Als er von seiner Krankheit erfahren hatte, blieb er noch zwei Tage, wo er war. Erst dann sagte er zu seinen Jüngern: »Lasst uns wieder nach Judäa gehen.« Doch seine Jünger wandten ein: »Meister, erst vor wenigen Tagen haben die Juden dort versucht, dich zu steinigen. Und nun willst du dorthin zurückkehren?« Jesus erwiderte: »Es ist doch zwölf Stunden jeden Tag hell. Solange es hell ist, können die Menschen sicher einen Fuß vor den anderen setzen. Sie können sehen, weil sie das Licht dieser Welt haben. Nur in der Nacht laufen sie Gefahr zu stolpern, weil das Licht nicht bei ihnen ist.«

Und er fuhr fort: »Unser Freund Lazarus ist eingeschlafen, doch nun gehe ich hin und wecke ihn auf.« Die Jünger meinten: »Herr, wenn er schläft, wird er bald wieder gesund!« Sie dachten, Jesus rede von einem heilsamen Schlaf; Jesus sprach aber davon, dass Lazarus gestorben war. Da sagte er ihnen offen: »Lazarus ist tot. Euretwegen bin ich froh, dass ich nicht dort war, weil ihr so einen weiteren Grund haben werdet, an mich zu glauben. Kommt, wir wollen zu ihm gehen.« Thomas, auch »Zwilling« genannt, sagte zu den anderen Jüngern: »Wir wollen mitgehen – und mit ihm sterben.«

Jesus Christus – die Auferstehung und das Leben

In Betanien berichtete man Jesus, dass Lazarus schon vier Tage im Grab lag. Betanien war nur wenige Kilometer von Jerusalem entfernt, und viele Leute waren gekommen, um Marta und Maria ihr Beileid auszusprechen und sie über den Verlust ihres Bruders zu trösten. Als Marta erfuhr, dass Jesus auf dem Weg zu ihnen war, eilte sie ihm entgegen. Maria aber blieb im Haus. Marta sagte zu Jesus: »Herr, wärst du hier gewesen, wäre mein Bruder nicht gestorben. Aber auch so weiß ich, Gott wird dir alles geben, was auch immer du ihn bittest.« Jesus sagte zu ihr: »Dein Bruder wird auferstehen.« »Ja«, erwiderte Marta, »am Tag der Auferstehung, wenn alle Menschen auferstehen.« Jesus sagte zu ihr: »Ich bin die Auferstehung und das Leben. Wer an mich glaubt, wird leben, auch wenn er stirbt. Er wird ewig leben, weil er an mich geglaubt hat, und niemals sterben. Glaubst du das, Marta?« »Ja, Herr«, antwortete sie. »Ich habe immer geglaubt, dass du der Christus bist, der Sohn Gottes, der in die Welt kommen soll.«

Damit verließ sie ihn und kehrte zu Maria zurück. Sie nahm Maria beiseite und sagte zu ihr: »Der Meister ist hier und will dich sehen.« Als Maria dies gehört hatte, ging sie sofort zu ihm. Jesus war außerhalb des Dorfes geblieben, dort, wo Marta ihn getroffen hatte. Die Leute, die zum Haus gekommen waren, um Maria zu trösten, sahen sie eilig weggehen. Da folgten sie ihr, weil sie vermuteten, dass sie zu Lazarus' Grab wollte, um zu weinen.

Als Maria nun an die Stelle kam, wo Jesus war, und ihn sah, warf sie sich ihm zu Füßen und sagte: »Herr, wärst du hier gewesen, wäre mein Bruder nicht gestorben.« Als Jesus die weinende Maria und die Leute sah, die mit ihr trauerten, erfüllten ihn Zorn und Schmerz. »Wo habt ihr ihn hingelegt?«, fragte er. Sie antworteten: »Herr, komm mit und sieh.« Da weinte Jesus. Die Leute, die in seiner Nähe standen, sagten: »Seht, wie sehr er ihn geliebt hat.« Einige meinten jedoch: »Dieser Mann hat doch einen Blinden geheilt. Warum konnte er Lazarus nicht vor dem Tod bewahren?«

Die Auferweckung des Lazarus

Und wieder war Jesus innerlich erschüttert, während er zum Grab ging. Es war eine Gruft, vor deren Eingang man einen Stein gerollt hatte. »Rollt den Stein fort«, befahl Jesus. Doch Marta, die Schwester des Verstorbenen, wandte ein: »Herr, inzwischen wird der Gestank schrecklich sein, denn er ist schon seit vier Tagen tot.« Jesus erwiderte: »Habe ich dir nicht gesagt, dass du die Herrlichkeit Gottes sehen wirst, wenn du glaubst?«

Da rollten sie den Stein beiseite. Dann blickte Jesus zum Himmel auf und sagte: »Vater, ich danke dir, dass du mich erhört hast. Ich weiß, dass du mich immer erhörst, doch ich sage es wegen der vielen Menschen, die hier stehen, damit sie glauben können, dass du mich gesandt hast.« Dann rief er mit lauter Stimme: »Lazarus, komm heraus!« Und Lazarus kam heraus. Er war in Grabtücher gewickelt und sein Kopf war mit einem Tuch verhüllt. Jesus sagte: »Löst die Binden und lasst ihn gehen!«

Der Beschluss des Hohen Rates: Einer muss für alle sterben

Viele von den Juden, die bei Maria gewesen und Zeugen dieses Geschehens geworden waren, glaubten nun an Jesus. Ein paar jedoch liefen zu den Pharisäern und trugen ihnen zu, was Jesus getan hatte. Da ließen die obersten Priester und Pharisäer den Hohen Rat einberufen, um die Lage zu erörtern. »Was sollen wir tun?«, fragten sie einander. »Dieser Mann tut viele Wunder. Wenn wir ihn gewähren lassen, wird das ganze Volk ihm folgen, und dann wird die römische Armee kommen und unseren Tempel und auch unser Volk vernichten.«

Einer von ihnen, Kaiphas, der in jenem Jahr Hoher Priester war, sagte: »Begreift ihr denn nicht? Versteht ihr nicht, dass es besser ist, wenn nur ein Mann anstelle des Volkes stirbt und so nicht das ganze Volk umkommt?« Diese prophetische Aussage, dass Jesus für das ganze Volk sterben sollte, machte Kaiphas in seiner Eigenschaft als Hoher Priester. Er hatte das nicht von sich aus gesagt, sondern Gott hatte es ihm eingegeben. Es war eine Weissagung: Jesus sollte nicht nur für das Volk sterben, sondern durch seinen Tod die Kinder Gottes auf der ganzen Welt zusammenführen.

Von diesem Tag an setzten die führenden Männer des jüdischen Volkes alles daran, Jesus zu töten. Deshalb hörte Jesus auf, sich öffentlich im Volk zu zeigen, und verließ Jerusalem. Er ging an einen Ort in der Nähe der Wüste, in das Dorf Ephraim, und blieb dort mit seinen Jüngern.

Letzte Reise nach Jerusalem

Die Heilung der zehn Aussätzigen und der Dank des Samariters

Auf seinem Weg nach Jerusalem gelangte Jesus an die Grenze zwischen Galiläa und Samaria. Als er dort in ein Dorf kam, standen in einiger Entfernung zehn Aussätzige und riefen: »Jesus, Meister, hab Mitleid mit uns!« Er sah sie an und sagte: »Geht und zeigt euch den Priestern.« Und während sie gingen, verschwand ihr Aussatz.

Einer von ihnen kam, als er es merkte, zu Jesus zurück und rief: »Dank sei Gott, ich bin geheilt!« Und er fiel vor Jesus nieder und dankte ihm. Dieser Mann war ein Samariter. Jesus fragte: »Sind nicht zehn Menschen geheilt worden? Wo sind die anderen neun? Kehrt nur dieser Fremde zurück, um Gott die Ehre zu geben?« Und er sagte zu dem Mann: »Steh auf und geh. Dein Glaube hat dich gerettet.«

Das Kommen des Reiches Gottes

Eines Tages fragten die Pharisäer Jesus: »Wann wird das Reich Gottes kommen?« Jesus erwiderte: »Das Reich Gottes wird nicht durch sichtbare Zeichen angekündigt. Ihr werdet nicht sagen können: ›Hier ist es!‹, oder: ›Es ist dort drüben!‹ Denn das Reich Gottes ist mitten unter euch.«

Später sprach er mit seinen Jüngern noch einmal darüber. »Es kommt die Zeit, da werdet ihr euch danach sehnen, den Menschensohn auch nur einen Tag bei euch zu haben, aber es wird euch nicht möglich sein. Man wird euch berichten, der Menschensohn sei zurückgekehrt und halte sich hier oder dort auf. Glaubt solchen Berichten nicht und sucht auch nicht nach ihm. Denn wenn der Menschensohn wiederkommt, wird es so offensichtlich sein wie ein Blitz, der den Himmel von einem Ende bis zum anderen erhellt. Doch zuerst muss der Menschensohn vieles erleiden und von dieser Generation abgelehnt werden.

Wenn der Menschensohn wiederkommt, wird es in der Welt zugehen wie zur Zeit Noahs. In jener Zeit vor der Flut feierten die Menschen Feste und Hochzeiten bis zu dem Augenblick, als Noah in sein Schiff stieg und die Flut kam und sie alle verschlang. Und es wird in der Welt zugehen wie zur Zeit Lots. Die Menschen gingen alltäglichen Dingen nach – sie aßen und tranken, kauften und verkauften, pflanzten und bauten –, bis zu dem Morgen, an dem Lot Sodom verließ. Da regnete es Feuer und Schwefel vom Himmel, und alle in der Stadt kamen um. Genauso wird es sein an dem Tag, an dem der Menschensohn wiederkommt.

Wer sich an diesem Tag außerhalb des Hauses befindet, darf nicht mehr ins Haus gehen, um zu packen. Wer auf dem Feld ist, darf nicht in die Stadt zurückkehren. Denkt daran, was mit Lots Frau geschah! Wer sich an dieses Leben klammert, wird es verlieren, und wer dieses Leben verliert, wird sein Leben retten.

In jener Nacht werden zwei Menschen in einem Bett schlafen; der eine wird weggenommen, der andere wird zurückbleiben. Zwei Frauen werden in der Mühle zusammen mahlen; die eine wird weggenommen, die andere wird zurückbleiben.«

»Herr, wo wird das geschehen?«, fragten die Jünger. Jesus erwiderte: »Wenn die Geier sich sammeln, weiß man, dass ein verendetes Tier in der Nähe liegt.«

Das Gleichnis von der Witwe und vom Richter

Eines Tages zeigte Jesus seinen Jüngern durch ein Gleichnis, wie wichtig es ist, beständig zu beten und nicht aufzugeben. »In einer Stadt lebte ein Richter«, sagte er. »Es war ein harter, gottloser Mann, der den Menschen mit Verachtung begegnete. Eine Witwe aus der Stadt sprach immer wieder bei ihm vor und forderte ihr Recht gegenüber jemandem, der ihr Unrecht getan hatte. Der Richter ging eine Weile über ihre Klagen hinweg, doch irgendwann wurde er ihrer müde. ›Ich fürchte weder Gott noch Menschen‹, dachte er, ›aber diese Frau raubt mir den Verstand. Ich will zusehen, dass sie ihr Recht bekommt, damit sie mich mit ihren ständigen Anträgen verschont.‹«

Und der Herr sagte: »Aus dem Handeln dieses ungerechten Richters sollt ihr etwas lernen: Wenn selbst er schließlich ein gerechtes Urteil fällte – wird Gott da nicht seinen Auserwählten, die ihn Tag und Nacht anflehen, ihr Recht verschaffen? Wird er sie vertrösten? Ich sage euch, er wird ihnen Recht verschaffen, und zwar schnell! Doch wenn der Menschensohn wiederkommt, wie viele wird er dann vorfinden, die solch einen Glauben haben?«

Der Pharisäer und der Steuereintreiber

Dann erzählte Jesus ein paar Leuten, die sehr selbstgerecht waren und alle anderen mit Geringschätzung behandelten, folgendes Gleichnis: »Zwei Männer gingen in den Tempel, um zu beten. Der eine war ein Pharisäer, der andere ein Steuereintreiber. Der stolze Pharisäer stand da und betete: ›Ich danke dir, Gott, dass ich kein Sünder bin wie die anderen Menschen, wie die Räuber und die Ungerechten, die Ehebrecher oder besonders wie dieser Steuereintreiber da! Denn ich betrüge niemanden, ich begehe keinen Ehebruch, ich faste zwei Mal in der Woche und gebe dir regelmäßig den zehnten Teil von meinem Einkommen.‹ Der Steuereintreiber dagegen blieb in einigem Abstand stehen und wagte nicht einmal den Blick zu heben, während er betete: ›O Gott, sei mir gnädig, denn ich bin ein Sünder.‹

Ich sage euch, dieser Sünder – und nicht der Pharisäer – kehrte heim als ein vor Gott Gerechtfertigter. Denn die Stolzen werden gedemütigt, die Demütigen aber werden geehrt werden.«

Über Ehe und Ehescheidung

Nachdem Jesus zu Ende gesprochen hatte, verließ er Galiläa und ging nach Süden in die Gegend von Judäa, östlich des Jordan. Wieder versammelten sich die Menschen um ihn, und wie immer lehrte er sie, und er heilte ihre Kranken.

Da kamen einige Pharisäer zu ihm und versuchten, ihm eine Falle zu stellen. Sie fragten ihn: »Darf sich ein Mann aus jedem beliebigen Grund von seiner Frau trennen?« »Was hat Mose über die Scheidung gesagt?«, fragte sie Jesus. »Er hat sie erlaubt«, erwiderten sie. »Er hat gesagt, ein Mann brauche seiner Frau nur einen offiziellen Scheidungsbrief auszustellen und dürfe sie dann fortschicken.«

»Wisst ihr nicht, was in der Schrift steht?«, erwiderte Jesus. »Dort steht, dass der Schöpfer die Menschen *›als Mann und Frau schuf‹* (1. Mose 1,27; 5,2). Und es heißt weiter: *›Deshalb wird ein Mann Vater und Mutter verlassen und sich an seine Frau binden und die beiden werden zu einer Einheit‹* (1. Mose 2,24). Dann sind sie nicht mehr zwei, sondern eins, und niemand darf sie trennen, denn Gott hat sie zusammengebracht.«

»Und warum hat dann Mose gesagt, dass ein Mann seiner Frau einen offiziellen Scheidungsbrief ausstellen und sie dann fortschicken darf?«, fragten sie. Jesus antwortete: »Mose erlaubte die Ehescheidung, weil eure Herzen hart sind, aber ursprünglich war sie nicht Gottes Wille.«

Als er später mit seinen Jüngern allein im Haus war, fragten sie ihn erneut danach. Er sagte ihnen: »Wer sich von seiner Frau scheiden lässt und eine andere heiratet, begeht Ehebruch – es sei denn, seine Frau war untreu. Und wenn eine Frau sich von ihrem Mann scheiden lässt und wieder heiratet, begeht sie ebenfalls Ehebruch.«

Da sagten die Jünger zu Jesus: »Dann wäre es ja besser, gar nicht zu heiraten!« »Nicht jeder kann dies verstehen«, sagte Jesus. »Das können nur die, denen Gott dabei hilft. Manche werden unfähig zur Ehe geboren, andere werden von Menschen dazu unfähig gemacht, und wieder andere haben sich dafür entschieden, um des Himmelreiches willen nicht zu heiraten. Wer dies begreifen kann, der handle danach.«

Jesus segnet die Kinder

Einige Kinder wurden zu Jesus gebracht. Er sollte ihnen die Hand auflegen, sie segnen und für sie beten. Doch die Jünger fuhren die Leute an, ihn nicht zu stören. Als Jesus das sah, war er sehr verärgert über seine Jünger und sagte zu ihnen: »Lasst die Kinder zu mir kommen. Hindert sie nicht daran! Denn das Reich Gottes gehört Menschen wie ihnen. Ich versichere euch: Wer nicht solchen Glauben hat wie sie, kommt nicht ins Reich Gottes.« Dann nahm er die Kinder in die Arme, legte ihnen die Hände auf den Kopf und segnete sie.

Die Frage des Reichen nach dem ewigen Leben

Als er weiterziehen wollte, lief ein führender Mann des jüdischen Volkes auf Jesus zu, kniete vor ihm nieder und fragte: »Guter Meister, was muss ich Gutes tun, um das ewige Leben zu bekommen?« »Warum nennst du mich gut?«, fragte Jesus. »Nur Gott allein ist gut. Und warum fragst du mich, was gut ist? Du kannst das ewige Leben nur erlangen, wenn du dich an die Gebote hältst.« »Welche Gebote?«, fragte der Mann. Und Jesus antwortete: »›*Du sollst nicht töten. Du sollst nicht die Ehe brechen. Du sollst nicht steh-*

len. Du sollst keine Falschaussage machen. Du sollst nicht betrügen. Ehre deinen Vater und deine Mutter. Und liebe deinen Nächsten wie dich selbst‹ (2. Mose 20,12-16; 3. Mose 19,18; 5. Mose 5,16-20).« »Lehrer«, erwiderte der Mann, »alle diese Gebote habe ich seit meiner Kindheit gehalten. Was muss ich noch tun?« Da sah Jesus den Mann voller Liebe an. »Eins fehlt dir noch«, sagte er zu ihm. »Wenn du vollkommen sein willst, dann geh und verkaufe alles, was du hast, und gib das Geld den Armen, und du wirst einen Schatz im Himmel haben. Dann komm und folge mir nach.« Als er das hörte, verdüsterte sich das Gesicht des Mannes, und er ging traurig fort, denn er war sehr reich.

Jesus sah ihm nach, als er wegging. Dann sah er alle an, die dabeistanden, und sagte zu seinen Jüngern: »Wie schwer ist es doch für Menschen, die reich sind, ins Reich Gottes zu kommen!« Darüber waren sie erstaunt. Aber Jesus wiederholte: »Meine lieben Kinder, es ist sehr schwer, ins Reich Gottes zu kommen. Eher geht ein Kamel durch ein Nadelöhr, als dass ein Reicher ins Reich Gottes kommt!« Die Jünger waren bestürzt. »Wer kann dann überhaupt gerettet werden?«, fragten sie. Jesus sah sie aufmerksam an und sagte: »Menschlich gesehen ist es unmöglich, aber nicht für Gott. Bei Gott ist alles möglich.«

Der Lohn der Nachfolge

Da sagte Petrus zu ihm: »Wir haben alles aufgegeben, um dir nachzufolgen. Was werden wir dafür bekommen?« Jesus antwortete: »Ich versichere euch: Wenn der

Menschensohn im Reich Gottes auf seinem Thron der Herrlichkeit sitzt, dann werdet ihr, die ihr mir nachgefolgt seid, ebenfalls auf zwölf Thronen sitzen und über die zwölf Stämme Israels richten. Und jeder, der Häuser oder Brüder oder Schwestern oder Mutter oder Vater oder Kinder oder Besitz um meinetwillen und um der guten Botschaft und des Reiches Gottes willen aufgegeben hat, wird jetzt, in dieser Zeit, alles hundertfach zurückerhalten: Häuser, Brüder, Schwestern, Mütter, Kinder und Besitz – wenn auch mitten unter Verfolgungen. Und in der künftigen Welt wird er das ewige Leben haben. Doch viele, die jetzt wichtig zu sein scheinen, werden dann die Geringsten sein, und die, die hier ganz unbedeutend sind, werden dort die Wichtigsten sein.«

Das Gleichnis von den Arbeitern im Weinberg

»Denn das Himmelreich ist vergleichbar mit dem Besitzer eines großen Gutes, der früh am Morgen hinausging, um Arbeiter für seinen Weinberg einzustellen. Er vereinbarte mit ihnen den üblichen Tagelohn und schickte sie an die Arbeit. Um neun Uhr morgens ging er über den Marktplatz und sah einige Leute herumstehen, die keine Arbeit hatten. Er stellte auch sie ein und sagte ihnen, sie würden am Abend den ihnen zustehenden Lohn erhalten. Am Mittag und dann noch einmal nachmittags gegen drei Uhr tat er dasselbe. Um fünf Uhr abends ging er noch einmal in die Stadt und sah immer noch ein paar Leute herumstehen. Er fragte sie: ›Warum habt ihr heute nicht gearbeitet?‹ Sie antworteten: ›Weil uns niemand angestellt hat.‹ Da sagte der Gutsbesitzer zu ihnen: ›Dann geht zu den anderen Arbeitern in meinem Weinberg.‹

Am Abend schließlich beauftragte er seinen Verwalter, die Leute zu rufen und sie zu entlohnen. Er sollte mit den Arbeitern beginnen, die als Letzte eingestellt worden waren. Als die, die erst um fünf Uhr eingestellt worden waren, bezahlt wurden, erhielten sie alle einen vollen Tagelohn. Als die, die früher eingestellt worden waren, an der Reihe waren, dachten sie, dass sie mehr bekommen würden. Aber auch sie erhielten einen Tagelohn. Als sie ihr Geld bekamen, beschwerten sie sich. ›Diese Leute haben nur eine Stunde gearbeitet und doch bekommen sie genauso viel wie wir, die wir den ganzen Tag in der sengenden Hitze schwer gearbeitet haben.‹ Einem von ihnen antwortete er: ›Mein Freund, ich war nicht ungerecht! Warst du nicht damit einverstanden, dass du den ganzen Tag für den üblichen Lohn arbeitest? Nimm dein Geld und gib dich zufrieden. Ich will aber diesem letzten Arbeiter genauso viel geben wie dir. Oder ist es mir nicht erlaubt, mit meinem Geld zu machen, was ich will? Willst du dich etwa darüber beklagen, dass ich gütig bin?‹

Genauso ist es bei Gott: Viele, die jetzt die Ersten sind, werden die Letzten sein, und die, die jetzt die Letzten sind, werden dann die Ersten sein.«

Jesus kündigt zum dritten Mal sein Leiden und Sterben und seine Auferstehung an

Sie waren auf dem Weg hinauf nach Jerusalem. Jesus ging ihnen voraus. Angst erfasste die Jünger, und auch die anderen Menschen, die ihm folgten, fürchteten sich. Wieder nahm Jesus die zwölf Jünger beiseite und begann ihnen noch einmal zu schildern, was ihn in Jerusalem erwartete. »Wenn wir nach Jerusalem kommen«, sagte er, »wird sich erfüllen, was die Propheten über den Menschensohn gesagt haben. Der Menschensohn wir an die obersten Priester und die Schriftgelehrten verraten werden. Sie werden ihn zum Tod verurteilen und an die Römer ausliefern. Er wird verspottet, gedemütigt und angespuckt werden. Sie werden ihn auspeitschen und kreuzigen, doch am dritten Tag wird er wieder auferstehen.« Doch sie verstanden kein Wort. Die Bedeutung blieb ihnen verborgen, und sie begriffen nicht, wovon er sprach.

Die Bitte von Jakobus und Johannes und ihrer Mutter

Da kamen Jakobus und Johannes, die Söhne des Zebedäus, zusammen mit ihrer Mutter auf ihn zu und sprachen ihn an. »Lehrer«, sagten sie, »wir möchten dich um einen Gefallen bitten.« »Was soll ich für euch tun?«, fragte er. Ihre Mutter, die respektvoll vor ihm niederkniete, antwortete: »Wirst du meinen Söhnen in deinem herrlichen Reich die Ehrenplätze neben dir geben, einen zu deiner rechten und einen zu deiner linken Seite?«

Doch Jesus antwortete ihnen: »Ihr wisst nicht, um was ihr da bittet! Könnt ihr den bitteren Kelch des Leidens trinken, den ich trinken werde? Könnt ihr mit der Taufe getauft werden, mit der ich getauft werden muss?« »Ja«, sagten sie, »das können wir!« Und Jesus sagte: »Ihr werdet tatsächlich aus meinem Kelch trinken und mit meiner Taufe getauft werden. Doch ich kann nicht bestimmen, wer auf den Plätzen rechts und links neben mir sitzen wird. Gott hat diese Plätze denen vorbehalten, die er erwählt hat.«

Herrschen oder dienen?

Als die anderen zehn Jünger merkten, worum Jakobus und Johannes gebeten hatten, waren sie empört. Da rief Jesus sie zusammen und sagte: »Ihr habt erfahren, dass in dieser Welt die Könige Tyrannen sind und die Herrschenden die Menschen oft ungerecht behandeln. Bei euch sollte es anders sein. Wer euch anführen will, der soll euch dienen, wer unter euch der Erste sein will, soll der Sklave aller sein. Selbst der Menschensohn ist nicht gekommen, um sich dienen zu lassen, sondern um anderen zu dienen und sein Leben als Lösegeld für viele Menschen hinzugeben.«

Heilung von zwei Blinden bei Jericho

Als Jesus und die Jünger, gefolgt von einer großen Menschenmenge, kurz vor Jericho waren, saßen zwei blinde Bettler am Wegrand. Der eine von ihnen war Bartimäus (der Sohn des Timäus). Sie hörten die große Menschenmenge vorüberziehen und fragten, was da los sei. Man sagte ihnen, dass Jesus von Nazareth vorübergehe. Da fingen sie an zu rufen: »Herr, Sohn Davids, hab Erbarmen mit uns!« Die Leute, die vor Jesus gingen, fuhren sie an: »Seid still!« Aber sie schrien nur noch lauter: »Herr, Sohn Davids, hab Erbarmen mit uns!« Als Jesus sie hörte, blieb er stehen und sagte: »Sagt ihnen, sie sollen herkommen.« Da riefen sie die blinden Männer. »Nur Mut«, sagten sie. »Kommt, er ruft euch!« Die beiden Männer warfen ihre Mäntel ab, sprangen auf und kamen zu Jesus. »Was soll ich für euch tun?«, fragte Jesus. »Rabbuni«, sagten die blinden Männer, »wir möchten sehen!« Da hatte Jesus Mitleid mit ihnen und er berührte ihre Augen und sagte: »Geht nur. Euer Glaube hat euch geheilt.« Im selben Augenblick konnten sie sehen. Dann folgten sie Jesus auf seinem Weg und lobten Gott. Und auch alle anderen, die es miterlebt hatten, rühmten Gott.

Ein reicher Steuereintreiber begegnet Jesus

Jesus kam nach Jericho und ging durch die Stadt. Dort lebte ein Mann namens Zachäus. Als einer der mächtigsten Steuereintreiber war er sehr reich. Zachäus hatte versucht, einen Blick auf Jesus zu werfen, aber er war zu klein, um über dic Menge hinwegschauen zu können. Deshalb lief er voraus und kletterte auf einen Maulbeerfeigenbaum am Wegrand, um Jesus von dort aus vorübergehen zu sehen. Als Jesus kam, blickte er zu Zachäus hinauf und rief ihn beim Namen: »Zachäus!«, sagte er, »komm schnell herunter! Denn ich muss heute Gast in deinem Haus sein.« Zachäus kletterte, so schnell er konnte, hinunter und geleitete Jesus voller Aufregung und Freude in sein Haus.

Doch den Leuten in der Menge gefiel das nicht. »Bei einem berüchtigten Sünder kehrt er als Gast ein«, murrten sie. Währenddessen stellte Zachäus sich vor den Herrn hin und sagte: »Herr, ich werde die Hälfte meines Reichtums den Armen geben, und wenn ich die Leute bei der Steuer betrogen habe, werde ich es ihnen vierfach erstatten!« Jesus erwiderte: »Heute hat dieses Haus Rettung erfahren, denn dieser Mann hat sich als Sohn Abrahams erwiesen. Der Menschensohn ist gekommen, um Verlorene zu suchen und zu retten.«

Das Gleichnis von den zehn Dienern

Die Menge hörte Jesus zu. Und er erzählte ihnen ein Gleichnis; denn da er nahe bei Jerusalem war, glaubten sie, dass das Reich Gottes nun anbrechen würde.

Er sagte: »Ein vornehmer Mann wurde in ein fernes Land gerufen, um dort zum König gekrönt zu werden. Danach wollte er wieder zurückkehren. Vor seiner Abreise rief er zehn Diener zu sich und gab ihnen zehn Pfund Silber, mit denen sie in seiner Abwesenheit handeln sollten.

Aber sein Volk hasste ihn und sandte ihm eine Abordnung nach, um ihm sagen zu lassen, dass sie ihn nicht zum König haben wollten.

Als er zurückkam, ließ der König die Diener kommen, denen er das Geld gegeben hatte. Er wollte erfahren, was sie mit dem Geld angefangen und welche Erträge sie erzielt hatten.

Der erste Diener berichtete: ›Herr, ich habe die ursprüngliche Summe verzehnfacht!‹ ›Gut gemacht‹, rief der König. ›Du bist ein vertrauenswürdiger Diener. Du warst mit dem wenigen treu, das ich dir anvertraut habe; deshalb werde ich dich zur Belohnung als Statthalter über zehn Städte setzen.‹

Der nächste Diener meldete: ›Herr, ich habe das Fünffache des ursprünglichen Betrags erwirtschaftet.‹ ›Gut gemacht‹, sagte der König. ›Du kannst Statthalter über fünf Städte sein.‹

Der dritte Diener aber übergab ihm nur die ursprüngliche Summe und erklärte: ›Ich habe es versteckt und sicher aufbewahrt. Ich hatte Angst, weil du ein so strenger Mann bist; du nimmst, was dir nicht gehört, und erntest, was du nicht gesät hast.‹ ›Du schlechter Diener!‹, fuhr der König ihn an. ›Streng soll ich sein? Wenn du mich so gut kanntest und wusstest, wie streng ich bin, warum hast du das Geld dann nicht auf eine Bank gebracht, damit ich wenigstens Zinsen erhalten hätte?‹ Darauf wandte der König sich an die Umstehenden und befahl: ›Nehmt diesem Diener das Geld ab und gebt es dem, der seinen Anteil verzehnfacht hat.‹ ›Aber, Herr‹, wandten sie ein, ›dieser Diener hat doch schon genug!‹ ›Ja‹, entgegnete der König, ›aber denen, die ihren Anteil gut nutzen, wird noch mehr gegeben werden. Denen jedoch, die nicht treu damit umgehen, wird auch das wenige, das sie haben, noch genommen werden.

Und nun zu meinen Widersachern, die mich nicht zum König haben wollten – führt sie herein und tötet sie vor meinen Augen.‹«

Nachdem er dieses Gleichnis erzählt hatte, setzte Jesus seinen Weg nach Jerusalem fort. Er ging vor seinen Jüngern her.

Jesus in Betanien

Es waren nur noch wenige Tage bis zum Passahfest. Schon waren viele Leute vom Land in Jerusalem eingetroffen, um noch vor dem Fest die vorgeschriebenen Reinigungshandlungen vollziehen zu können. Sie wollten Jesus sehen, und als sie im Tempel miteinander redeten, fragten sie sich gegenseitig: »Was meint ihr? Wird er zum Passahfest kommen?« Die obersten Priester und Pharisäer hatten mittlerweile öffentlich verkündet, dass jeder, der Jesus sah, ihnen sofort Meldung machen müsse, damit sie ihn verhaften könnten.

Sechs Tage vor Beginn der Passah-Feierlichkeiten kam Jesus nach Betanien, in die Heimatstadt von Lazarus – jenes Mannes, den er von den Toten auferweckt hatte. Als die Leute erfuhren, dass Jesus dort war, kamen sie scharenweise herbei, um nicht nur Jesus, sondern vor allem Lazarus zu sehen, den Jesus von den Toten auferweckt hatte. Daraufhin beschlossen die obersten Priester, auch Lazarus umzubringen, denn seinetwegen waren viele Leute von ihnen abgefallen und glaubten nun an Jesus.

Letztes Wirken von Jesus in Jerusalem

Der Einzug in Jerusalem
Jesus weint über die Stadt

Am nächsten Tag, als Jesus und die Jünger kurz vor Jerusalem waren, kamen sie durch das Städtchen Betfage am Ölberg. Jesus schickte zwei der Jünger voraus. »Geht in das Dorf dort«, sagte er, »dort werdet ihr eine Eselin angebunden sehen und bei ihr ein Fohlen, auf dem noch niemand geritten ist. Bindet die beiden los und bringt sie her. Wenn jemand fragt, was ihr da tut, dann sagt nur: ›Der Herr braucht sie und wird sie bald wieder zurückgeben.‹«

Die beiden Jünger taten, was Jesus ihnen aufgetragen hatte. Sie machten sich auf den Weg und fanden die Eselin und das Fohlen an der Straße. Sie standen angebunden vor einem Haus. Als sie die Tiere losbanden, fragten die Besitzer tatsächlich: »Was macht ihr da? Warum bindet ihr sie los?« Sie sagten, was Jesus ihnen aufgetragen hatte, und man ließ sie gehen. Sie brachten die Tiere zu Jesus, warfen ihre Mäntel über das Fohlen, und er setzte sich darauf.

Auf diese Weise wurde die Prophezeiung erfüllt: *»Sagt dem Volk Israel: Fürchte dich nicht, Volk Israel. Seht, euer König kommt zu euch. Er ist sanftmütig und reitet auf einem Esel – ja auf dem Fohlen eines Esels, dem Jungen eines Lasttieres«* (Jesaja 62,11; Sacharja 9,9).

Damals erkannten die Jünger noch nicht, dass sich damit eine Weissagung erfüllte. Doch nachdem Jesus verherrlicht worden war, erinnerten sie sich daran, wie diese Schriftstelle sich vor ihren eigenen Augen erfüllt hatte. Die Nachricht, dass Jesus auf dem Weg nach Jerusalem sei, verbreitete sich in der ganzen Stadt. Scharen von Menschen, die zum Passahfest gekommen waren, hielten Palmzweige in den Händen und zogen die Straße hinunter, ihm entgegen. Die Leute in der Menge, die gesehen hatten, wie Jesus Lazarus aus dem Grab ins Leben zurückgerufen hatte, erzählten den anderen davon. Das war der Hauptgrund, warum so viele ihm entgegenzogen – weil sie von diesem großen Wunder gehört hatten, dass er es getan hatte.

Viele Menschen aus der Menge breiteten ihre Mäntel vor Jesus auf dem Weg aus, andere schnitten auf den Feldern grüne Zweige ab und legten sie auf den Weg.

Als sie die Stelle erreichten, an der der Weg den Ölberg hinabführte, fingen alle seine Anhänger an, Gott mit lautem Jubel für die großen Wunder zu loben, die sie gesehen hatten.

Gelobt sei Gott!,
riefen sie.
Gelobt sei Gott für den Sohn Davids!
Gepriesen sei, der im Namen des Herrn kommt!
(Psalm 118,25-26)
Heil dem König Israels! (Zefanja 3,15)
Segen für das künftige Reich unseres Vaters David!
Friede in der Höhe
und Ehre im höchsten Himmel!
Lobt Gott im höchsten Himmel!

Einige der Pharisäer in der Menge forderten ihn auf: »Meister, rufe deine Jünger zur Vernunft!« Doch er entgegnete ihnen: »Würden sie schweigen, dann würden die Steine schreien!« Da sagten die Pharisäer zueinander: »So bewirken wir nichts. Seht doch, die ganze Welt läuft ihm nach!«

Als sie sich jedoch Jerusalem näherten und Jesus die Stadt vor sich liegen sah, begann er zu weinen. »Wie sehr wünschte ich, du würdest noch heute den Weg des Friedens finden. Doch nun ist es zu spät, und der Friede bleibt dir fremd. Nicht mehr lange, und deine Feinde werden einen Wall rings um dich aufschütten, dich einkreisen und gegen dich vorrücken. Sie werden dich und deine Kinder dem Erdboden gleichmachen und keinen Stein auf dem anderen lassen, weil du die Gelegenheit, die Gott dir geboten hat, nicht ergriffen hast.«

Die ganze Stadt Jerusalem war in Aufruhr, als er einzog. »Wer ist das?«, fragten die Leute. Und die Menschen in der Menge antworteten: »Das ist Jesus, der Prophet aus Nazareth in Galiläa.«

Jesus ging in den Tempel. Als er sich alles genau angesehen hatte, kehrte er, da es schon spät geworden war, mit den zwölf Jüngern nach Betanien zurück.

Die Verfluchung des Feigenbaums

Als sie am nächsten Morgen Betanien verließen, hatte Jesus Hunger. Von Weitem bemerkte er an der Straße einen Feigenbaum mit vielen Blättern. Er ging hin, um zu sehen, ob auch Feigen daran waren. Aber der Baum trug nur Blätter, denn es war nicht die Jahreszeit, in der es

Feigen gab.[12] Da sagte Jesus zu dem Baum: »Du sollst nie wieder Früchte tragen! Nie wieder soll jemand von deinen Früchten essen!« Und die Jünger hörten seine Worte.

Jesus im Tempel

Als sie wieder nach Jerusalem kamen, ging Jesus in den Tempel und fing an, die Händler und die Leute, die bei ihnen kauften, hinauszutreiben. Er stieß die Tische der Geldwechsler und die Stände der Taubenverkäufer um und ließ nicht zu, dass weitere Waren durch den Tempelhof getragen wurden.[13] Er fuhr sie an: »In der Schrift heißt es: ›*Mein Haus soll ein Ort des Gebets für alle Völker sein*‹ (Jesaja 56,7), aber ihr habt eine Räuberhöhle daraus gemacht.«

Als die obersten Priester und die Schriftgelehrten sowie die anderen führenden Männer des Volkes hörten, was Jesus getan hatte, fingen sie an, nach einem Vorwand zu suchen, ihn umzubringen. Aber ihnen fiel nichts ein, weil das Volk an seinen Lippen hing und auf ihn hörte. Sie hatten Angst vor ihm, weil die Menschen von seiner Lehre so beeindruckt waren.

Blinde und Gelähmte kamen zu Jesus, und er heilte sie im Tempel. Die obersten Priester und die Schriftgelehrten sahen diese Wunder und hörten, wie die kleinen Kinder im Tempel riefen: »Lobt Gott für den

---

12 Da Blätter und Frühfeigen gleichzeitig wachsen, konnte Jesus an diesem Baum Früchte erwarten, auch wenn er ungewöhnlich früh Blätter trug.

13 Der Weg über den Tempelvorhof diente als Abkürzung zwischen der Stadt und dem Ölberg.

Sohn Davids!« Das erregte ihren Unwillen und sie fragten Jesus: »Hörst du, was die Kinder da rufen?« »Ja«, erwiderte Jesus. »Habt ihr noch nie in der Schrift gelesen? Dort steht geschrieben: ›*Kinder und Säuglinge hast du gelehrt, dich zu loben*‹ (Psalm 8,3).« Dann ließ er sie stehen. Am Abend verließen Jesus und die Jünger die Stadt und kehrten nach Betanien zurück, wo sie die Nacht verbrachten.

Verheißungen für den, der glaubt

Als sie am nächsten Morgen an dem Feigenbaum vorüberkamen, den Jesus verflucht hatte, sahen die Jünger, dass er bis zu den Wurzeln verdorrt war. Petrus erinnerte sich an das, was Jesus am Vortag zu dem Feigenbaum gesagt hatte, und rief aus: »Sieh doch, Rabbi! Der Feigenbaum, den du verflucht hast, ist vertrocknet!« Die Jünger waren sehr erstaunt, als sie das sahen, und fragten: »Wie kommt es, dass der Feigenbaum so schnell verdorrt ist?« Da sagte Jesus zu den Jüngern: »Habt den Glauben Gottes. Ich versichere euch: Wenn ihr fest glaubt und nicht zweifelt, könnt ihr auch solche Dinge tun und noch viel mehr als das. Wenn ihr zu diesem Berg sagt: ›Hebe dich in die Höhe und wirf dich ins Meer‹, wird es geschehen. Entscheidend ist, dass ihr glaubt und in euren Herzen nicht daran zweifelt. Hört auf meine Worte! Ihr könnt beten, worum ihr wollt – wenn ihr glaubt, werdet ihr es erhalten. Doch wenn ihr betet, dann vergebt zuerst allen, gegen die ihr einen Groll hegt, damit euer Vater im Himmel euch eure Sünden auch vergeben kann.«

Die Frage nach der Vollmacht von Jesus

Inzwischen waren sie wieder in Jerusalem angelangt und Jesus ging in den Tempel. Täglich lehrte er dort und verkündete die Botschaft Gottes. Eines Tages, als Jesus im Tempel umherging, traten die obersten Priester, die Schriftgelehrten und die übrigen führenden Männer des Volkes auf ihn zu und fragten: »Mit welchem Recht hast du die Händler aus dem Tempel verjagt? Wer hat dir diese Vollmacht erteilt?«

»Ich sage euch, wer mir die Vollmacht dazu gegeben hat, wenn ihr mir auch eine Frage beantwortet«, antwortete Jesus. »War die Taufe des Johannes eine Handlung im Auftrag Gottes oder war es nur die Tat eines Menschen?« Sie besprachen sich miteinander. »Wenn wir sagen, es war eine Handlung im Auftrag Gottes, dann wird er uns fragen, warum wir Johannes nicht geglaubt haben. Wenn wir aber sagen, dass es nur die Handlung eines Menschen war, wird das Volk uns steinigen, denn die Leute sind überzeugt, dass er ein Prophet war.« Schließlich antworteten sie: »Wir wissen es nicht.« Da entgegnete Jesus: »Dann sage ich euch auch nicht, woher ich die Vollmacht habe, so zu handeln.«

Das Gleichnis von den zwei Söhnen

Dann fing Jesus an, ihnen Gleichnisse zu erzählen: »Doch was haltet ihr von Folgendem? Ein Mann hatte zwei Söhne und sagte zu dem älteren: ›Mein Sohn, geh und arbeite heute im Weinberg.‹ Der Sohn antwortete: ›Nein, ich will nicht.‹ Doch später änderte er seine Meinung und ging doch. Dann sagte der Vater zu dem anderen Sohn: ›Dann geh du‹, und der sagte: ›Ja, Vater, ich gehe‹, aber er ging nicht. Welcher von den beiden Söhnen hat nun seinem Vater gehorcht?« Sie antworteten: »Der erste natürlich.«

Da erklärte ihnen Jesus, was er damit sagen wollte. »Ich versichere euch: Bestechliche Steuereinnehmer und Huren kommen eher ins Reich Gottes als ihr. Denn Johannes der Täufer kam und zeigte euch den Weg der Gerechtigkeit, und ihr habt ihm nicht geglaubt. Die Steuereinnehmer und Huren dagegen haben ihm geglaubt. Obwohl ihr das alles gesehen habt, wolltet ihr nicht umkehren und ihm glauben.«

Das Gleichnis von den Weinbergpächtern

»Hört auch folgendes Gleichnis. Ein Grundbesitzer legte einen Weinberg an, baute eine Mauer darum, hob eine Grube aus, um darin den Traubensaft zu keltern, und baute einen Wachturm. Dann verpachtete er den Weinberg an Bauern und zog in ein anderes Land. Zur Zeit der Weinlese schickte er einen seiner Knechte, um seinen Anteil an der Ernte einzufordern. Doch die Bauern packten den Knecht, schlugen ihn halb tot und schickten ihn mit leeren Händen zurück. Da sandte der Besitzer einen anderen Knecht, doch dem schlugen sie mit Fäusten ins Gesicht und beschimpften ihn und er musste mit leeren Händen wieder umkehren. Ein dritter Mann wurde geschickt und wieder geschah das Gleiche; auch er wurde verwundet und fortgejagt. Den nächsten Knecht, den er schickte, brachten sie sogar um. Andere Boten, die kamen, wurden entweder halb tot geschlagen oder ermordet.

›Was mache ich jetzt?‹, überlegte der Besitzer. ›Mir bleibt nur noch einer übrig – mein Sohn, den ich über alles liebe. Ihn werde ich schicken. Vor ihm werden sie Respekt haben.‹ Doch als die Bauern seinen Sohn sahen, sagten sie sich: ›Da kommt der Erbe dieses Weinguts. Lasst uns ihn umbringen; dann gehört alles uns!‹ Also überfielen sie ihn, schleppten ihn vor den Weinberg und ermordeten ihn.

Wenn nun der Eigentümer des Weinbergs wiederkommt«, sagte Jesus, »was meint ihr, wird er mit diesen Bauern machen?« Einige antworteten: »Er wird diese heimtückischen Mörder einen schrecklichen Tod sterben lassen und den Weinberg an andere Bauern verpachten, die ihm nach jeder Ernte seinen Anteil geben.«

»Ja«, sagte Jesus, »er wird kommen, sie alle töten und den Weinberg an andere verpachten.« »Das soll niemals geschehen«, erwiderten seine Zuhörer entsetzt. Jesus sah sie an und sagte: »Was hat dann die Schriftstelle zu bedeuten: ›*Der Stein, den die Bauleute verworfen haben, ist zum Eckstein geworden. Das ist das Werk des Herrn, und es ist wunderbar anzusehen?*‹ (Psalm 118,22-23). Ich will damit sagen, dass das Reich Gottes euch weggenommen wird und ein anderes Volk es bekommt, das gute Früchte bringt. Wer über diesen Stein stolpert, wird in tausend Stücke zerbrechen, und der Stein wird jeden zermalmen, auf den er fällt.«

Als die obersten Priester, die Schriftgelehrten und die Pharisäer Jesus sprechen hörten, merkten sie, dass mit den Bauern in seinem Gleichnis sie gemeint waren. Sie hätten ihn gern verhaften lassen, doch sie wagten es nicht, weil das Volk Jesus für einen Propheten hielt. So ließen sie ihn in Ruhe und gingen weg.

Das Gleichnis von der Einladung zum Hochzeitsfest

Jesus erzählte ihnen noch viele andere Gleichnisse, um ihnen das Reich Gottes begreiflich zu machen. Er sagte: »Man kann sich das Himmelreich auch am Beispiel eines Königs vorstellen, der ein großes Hochzeitsfest für seinen Sohn vorbereitete. Viele Gäste waren eingeladen, und als alles fertig war, schickte er seine Diener, um ihnen zu sagen, dass es Zeit wäre zu kommen. Doch keiner wollte kommen! Also schickte er andere Diener, die ihnen sagen sollten: ›Das Festmahl ist angerichtet, und das beste Fleisch wurde dafür gebraten. Alles ist bereit, beeilt euch!‹ Doch die Gäste, die er eingeladen hatte, beachteten die Abgesandten gar nicht und gingen ihrer Arbeit nach. Der eine ging auf seinen Acker, ein anderer kümmerte sich um seine Geschäfte. Wieder andere packten die Boten und misshandelten sie, einige von ihnen töteten sie sogar.

Da wurde der König zornig. Er schickte seine Soldaten aus. Sie sollten die Mörder umbringen und ihre Stadt in Brand setzen. Und zu seinen Dienern sagte er: ›Das Hochzeitsmahl ist bereit, und die Gäste, die ich eingeladen hatte, sind es nicht wert, dass ihnen diese

Ehre zuteil wird. Deshalb geht hinaus an die Straßenecken und ladet jeden ein, dem ihr begegnet.‹ Also brachten die Diener alle, die sie finden konnten, gute und schlechte Menschen, und der Festsaal war voller Gäste.

Aber als der König hereinkam, um seine Gäste zu begrüßen, bemerkte er einen Mann, der nicht für eine Hochzeit gekleidet war. ›Mein Freund‹, fragte er ihn, ›wie kommt es, dass du hier bist, ohne feierlich gekleidet zu sein, wie es sich für eine Hochzeit gehört?‹ Der Mann wusste keine Antwort darauf. Da sagte der König zu seinen Dienern: ›Fesselt ihn an Händen und Füßen und werft ihn hinaus in die Dunkelheit, wo Weinen und Zähneknirschen herrschen.‹

Denn viele sind eingeladen, aber nur wenige sind auserwählt.«

Die Frage nach der Berechtigung der kaiserlichen Steuer

Da kamen die Pharisäer zusammen, um ein Komplott zu schmieden. Sie suchten nach einer günstigen Gelegenheit und beauftragten Männer, die sich als ehrliche Zuhörer ausgaben, um Jesus auszuhorchen. Sie hofften, Jesus mit seinen eigenen Worten in eine Falle locken zu können. Sie wollten ihn zu einer Äußerung verleiten, die ihnen einen Vorwand liefern würde, ihn durch den römischen Statthalter verhaften zu lassen. Sie beschlossen, einige ihrer Schüler zusammen mit Anhängern des Herodes zu ihm zu schicken und ihm folgende Frage zu stellen: »Meister, wir wissen, wie ehrlich und wahrhaftig du bist und dass das, was du sagst und lehrst, richtig ist. Du lässt dich nicht beeinflussen und bevorzugst niemanden. Du lehrst die Wege Gottes und was du sagst, ist wahr. Nun sage uns, was du darüber denkst: Ist es richtig, dem Kaiser Steuern zu zahlen? Sollen wir sie bezahlen oder nicht?«

Doch Jesus durchschaute ihre Scheinheiligkeit und ihre böse Absicht und sagte: »Ihr Heuchler! Warum versucht ihr, mich mit euren Fangfragen in eine Falle zu locken? Zeigt mir eine römische Münze, mit der die Steuern zu bezahlen sind, und ich werde es euch sagen.« Als sie ihm die Münze reichten, fragte er sie: »Wessen Bild und Titel sind hier eingeprägt?« »Das Bild und der Titel des Kaisers«, antworteten sie. »Nun«, sagte er, »dann gebt dem Kaiser, was ihm gehört. Und gebt Gott, was Gott gehört.«

So gelang es ihnen nicht, Jesus vor dem Volk eine Falle zu stellen. Stattdessen waren sie erstaunt über seine Antwort, die sie sprachlos machte. So ließen sie ihn in Ruhe und gingen weg.

Die Frage nach der Auferstehung der Toten

Am selben Tag meldeten sich einige Sadduzäer zu Wort. Diese jüdische Gruppierung vertritt die Auffassung, dass es keine Auferstehung nach dem Tod gibt. Sie stellten ihm folgende Frage: »Meister, Mose hat uns ein Gesetz gegeben, das besagt: ›*Wenn ein Mann stirbt und eine Frau hinterlässt, aber keine Kinder, dann soll sein Bruder die Witwe heiraten und ihm auf diese Weise zu einem Erben verhelfen*‹ (5. Mose 25,5-6).

Nun waren da sieben Brüder. Der älteste heiratete und starb kinderlos. Daraufhin heiratete der zweite Bruder die Witwe, doch auch er starb bald und hinterließ keine Kinder. Dann heiratete sie der nächste Bruder und starb kinderlos. Das Gleiche wiederholte sich mit den anderen Brüdern, bis alle sieben sie geheiratet hatten, gestorben waren und keine Kinder hinterlassen hatten. Schließlich starb auch die Frau. Nun sage uns: Wessen Frau wird sie nach der Auferstehung sein? Denn alle sieben waren ja mit ihr verheiratet.«

Jesus erwiderte: »Ihr irrt euch, weil ihr die Schrift nicht kennt und auch nicht die Macht Gottes! Hier auf der Erde heiraten die Menschen und werden geheiratet, doch in der zukünftigen Welt wird es anders sein. Die Menschen, die der Auferstehung für würdig befunden werden, werden nicht mehr verheiratet sein, und sie werden auch nicht mehr sterben. In dieser Hinsicht werden sie den Engeln gleichen. Sie werden Kinder Gottes sein, die zu neuem Leben auferweckt wurden.

Doch nun zu der Frage, ob die Toten auferweckt werden – habt ihr nie bei Mose die Geschichte vom brennenden Dornbusch gelesen? Lange nachdem Abraham, Isaak und Jakob gestorben waren, sagte Gott zu Mose: ›*Ich bin der Gott Abrahams, der Gott Isaaks und der Gott Jakobs*‹ (2. Mose 3,6). Er ist doch der Gott der Lebenden und nicht der Toten. Denn für ihn sind sie alle am Leben. Ihr seid völlig im Irrtum.«

»Du hast gut geantwortet, Meister!«, bemerkten einige Schriftgelehrte, die dabeistanden. Und die Menschen, die ihn gehört hatten, waren tief beeindruckt von seinen Worten.

Die Frage nach dem wichtigsten Gebot

Als die Pharisäer hörten, dass er den Sadduzäern mit seiner Antwort den Mund gestopft hatte, dachten sie sich eine neue Frage aus, die sie ihm stellen wollten. Einer von ihnen, der sich im Gesetz Moses besonders gut auskannte, fragte ihn: »Meister, welches ist das wichtigste Gebot im Gesetz von Mose?« Jesus antwortete: »Das wichtigste Gebot ist dies: ›*Höre, o Israel! Der Herr, unser Gott, ist der einzige Herr. Und du sollst den Herrn, deinen Gott, von ganzem Herzen, von ganzer Seele, mit all deinen Gedanken und all deiner Kraft lieben*‹ (5. Mose 6,4-5). Ein Weiteres ist genauso wichtig: ›*Liebe deinen Nächsten wie dich selbst*‹ (3. Mose 19,18). Alle anderen Gebote und alle Forderungen der Propheten gründen sich auf diese beiden Gebote.«

Der Pharisäer erwiderte: »Das hast du sehr gut gesagt, Lehrer. Du hast die Wahrheit gesprochen, als du sagtest, dass es nur einen einzigen Gott gibt und keinen außer ihm. Und ich weiß auch, dass es wichtig ist, ihn von ganzem Herzen, mit all meinen Gedanken und all meiner Kraft zu lieben und meinen Nächsten zu lieben wie mich selbst. Das ist weit wichtiger, als all die Brandopfer und Opfergaben darzubringen, die vom Gesetz vorgeschrieben werden.«

Als Jesus sah, welche Einsicht dieser Mann besaß, sagte er zu ihm: »Du bist nicht weit vom Reich Gottes entfernt.«

Der Christus – Davids Sohn oder Davids Herr?

Jesus stand mitten unter den Pharisäern. Er richtete eine Frage an sie: »Was denkt ihr über den Christus? Wessen Sohn ist er?« Sie antworteten: »Er ist der Sohn Davids.« Jesus erwiderte: »Warum hat ihn David, geleitet vom Heiligen Geist, dann Herr genannt? Denn David sagte doch in den Psalmen: ›*Der Herr sprach zu meinem Herrn: Setze dich auf den Ehrenplatz zu meiner Rechten, bis ich deine Feinde demütige und sie zum Schemel unter deinen Füßen mache*‹ (Psalm 110,1). Wenn David ihn Herr nannte, wie kann er dann gleichzeitig sein Sohn sein?«

Niemand konnte seine Frage beantworten. Danach wagte niemand mehr, ihm weitere Fragen zu stellen.

Warnung vor den Schriftgelehrten und den Pharisäern

Die Menge hörte ihm gebannt zu. Und er lehrte sie noch Weiteres. So sagte er zu der Menschenmenge und zu seinen Jüngern: »Die Schriftgelehrten und Pharisäer sitzen als Ausleger der Schrift auf dem Stuhl von Mose. Deshalb haltet euch an das, was sie euch sagen, aber folgt nicht ihrem Beispiel. Denn sie handeln nicht nach dem, was sie euch lehren. Sie knebeln euch mit unerfüllbaren religiösen Forderungen und tun nicht das Geringste, um euch die Last zu erleichtern.

Hütet euch vor den Schriftgelehrten! Alles, was sie tun, tun sie nur nach außen hin. Am Arm tragen sie besonders große Gebetsriemen, und sie haben extra lange Fransen an ihren Gewändern. Sie lieben es, in wehenden Gewändern über die Marktplätze zu flanieren und die Ehrenbezeugungen der Leute entgegenzunehmen. Besonders gern mögen sie es, wenn man sie mit ›Rabbi‹ anredet. Und wie sie es lieben, bei Festessen am Kopfende des Tisches auf dem Ehrenplatz zu sitzen und in der Synagoge auf den besten Plätzen! Doch gleichzeitig betrügen sie Witwen schamlos um ihren Besitz. Und um zu verbergen, wie sie wirklich sind, sprechen sie in der Öffentlichkeit lange Gebete. Deshalb wird ihre Strafe umso härter ausfallen.

Lasst euch niemals ›Rabbi‹ nennen. Ihr habt nur einen Meister, und ihr alle seid gleich, wie Brüder und Schwestern. Und bezeichnet niemanden hier auf der Erde als ›Vater‹, denn nur Gott im Himmel ist euer geistlicher Vater. Lasst euch auch nicht ›Lehrer‹ nennen, denn es gibt nur einen Lehrer, und das ist der Christus. Der Größte unter euch muss den anderen dienen. Diejenigen jedoch, die sich über die anderen stellen, werden gedemütigt werden, und die, die demütig sind, werden erhöht.«

Jesus geht noch einmal mit den Schriftgelehrten und den Pharisäern ins Gericht

»Euch Schriftgelehrten und Pharisäern wird es schlimm ergehen. Ihr Heuchler! Denn wenn ihr andere nicht ins Himmelreich hineinlasst, werdet auch ihr nicht hineingelassen.

Ja, euch Schriftgelehrten und Pharisäern wird es schlimm ergehen. Ihr reist über Land und Meer, um einen Menschen zu bekehren, und dann macht ihr aus ihm einen Sohn der Hölle, der doppelt so schlimm ist wie ihr selbst.

Ihr blinden Anführer! Schlimm wird es euch ergehen! Ihr behauptet, es habe keine Bedeutung, ›beim Tempel Gottes‹ zu schwören – einen solchen Eid könne man ruhig brechen. Und im selben Atemzug behauptet ihr, wenn man aber ›beim Gold im Tempel‹ schwört, müsse man sich daran halten. Ihr verbohrten Dummköpfe! Was ist wichtiger, das Gold oder der Tempel, durch den das Gold erst heilig wird? Ihr sagt, ein Schwur ›beim Altar‹ dürfte ruhig gebrochen werden, ein Eid ›bei den Opfergaben auf dem Altar‹ aber sei bindend! Ihr seid blind! Was ist wichtiger, die Opfergabe auf dem Altar oder der Altar, durch den die Opfergabe erst heilig wird? Wenn ihr ›beim Altar‹ schwört, dann schwört ihr bei dem Altar und allem, was darauf ist. Und wenn ihr ›beim Tempel‹ schwört, schwört ihr beim Tempel und bei Gott, der im Tempel wohnt. Und wenn ihr ›beim Himmel‹ schwört, schwört ihr bei dem Thron Gottes und bei Gott selbst, der auf diesem Thron sitzt.

Euch Schriftgelehrten und Pharisäern wird es schlimm ergehen. Ihr Heuchler! Sorgfältig achtet ihr darauf, auch noch vom geringsten Teil eures Einkommens den zehnten Teil abzugeben, doch um die wahrhaft wichtigen Dinge des Gesetzes wie Gerechtigkeit, Barmherzigkeit und Glauben kümmert ihr euch nicht. Ihr sollt den Zehnten geben, gewiss, aber ihr dürft die viel wichtigeren Dinge darüber nicht vernachlässigen.

Ihr blinden Anführer! Ihr siebt euer Wasser durch, damit ihr nicht aus Versehen eine Mücke verschluckt, und dann verschluckt ihr ein Kamel!

Euch Schriftgelehrten und Pharisäern wird es schlimm ergehen. Ihr Heuchler! Sorgfältig achtet ihr darauf, dass eure Tassen und Teller nach außen sauber sind, doch innerlich seid ihr durch und durch verdorben – voller Missgunst und Maßlosigkeit! Ihr blinden Pharisäer! Wascht erst einmal die Tasse von innen aus; das Äußere wird dann von selbst sauber.

Euch Schriftgelehrten und Pharisäern wird es schlimm ergehen. Ihr Heuchler! Ihr seid wie weiß getünchte Gräber – mit einer sauberen, ordentlichen Außenseite, doch innen voller Gebeine und Schmutz. Ihr gebt euch den Anschein rechtschaffener Leute, doch euer Herz ist voller Heuchelei und Gesetzesverachtung.

Euch Schriftgelehrten und Pharisäern wird es schlimm ergehen. Ihr Heuchler! Ihr baut Grabmäler für die Propheten, die von euren Vorfahren ermordet wurden, und schmückt die Gräber der gottesfürchtigen und gerechten Menschen, die von euren Vorfahren umgebracht wurden. Und dann behauptet ihr dreist: ›Wir hätten niemals mitgemacht, als sie die Propheten ermordeten.‹ Damit bestätigt ihr selbst, dass ihr die Nachkommen der Prophetenmörder seid. Macht weiter so! Bringt zu Ende, was sie angefangen haben.

Ihr Schlangen! Ihr Söhne von Vipern! Wie wollt ihr der Verurteilung zur ewigen Verdammnis entgehen? Ich werde euch Propheten und weise Männer und Schriftgelehrte schicken. Einige von ihnen werdet ihr kreuzigen, andere werdet ihr in euren Synagogen auspeitschen und sie von Stadt zu Stadt hetzen. Und deshalb werdet ihr schuldig gesprochen werden für die Ermordung aller gottesfürchtigen Menschen, angefangen mit dem gerechten Abel, bis zu Secharja, dem Sohn des Berechja, den ihr im Tempel zwischen Altar und Heiligtum ermordet habt. Ich versichere euch: Die Strafe für all das wird über diese Generation hereinbrechen.«

Noch einmal: Klage über Jerusalem

»O Jerusalem, Jerusalem, du Stadt, die Propheten ermordet und Gottes Boten steinigt! Wie oft wollte ich deine Kinder zusammenrufen, wie eine Henne, die ihre Küken unter ihren Flügeln birgt, doch ihr habt es nicht zugelassen. Und nun seht, euer Haus ist euch überlassen, leer und verödet. Denn ich sage euch, ihr werdet mich nicht wieder sehen, ehe ihr nicht sagt: *›Gelobt sei, der da kommt im Namen des Herrn‹* (Psalm 118,26).«

Das Opfer der armen Witwe

Jesus setzte sich in die Nähe des Opferkastens im Tempel und beobachtete, wie die Menschen Geld hineinwarfen. Viele reiche Leute legten große Beträge hinein. Dann kam eine arme Witwe und warf zwei kleine Münzen hinein.

Da rief er seine Jünger zu sich und sagte: »Ich versichere euch: Diese arme Witwe hat mehr gegeben als alle anderen. Denn sie alle haben nur einen winzigen Bruchteil von ihrem Überfluss abgegeben, während diese Frau, so arm sie ist, alles gegeben hat, was sie besaß.«

Menschen nichtjüdischer Herkunft wollen Jesus sehen

Einige Griechen, die zum Passahfest nach Jerusalem gekommen waren, um anzubeten, besuchten Philippus, der aus Betsaida in Galiläa stammte. Sie sagten: »Herr, wir möchten gern Jesus kennenlernen.« Philippus sagte es Andreas, und beide gingen gemeinsam zu Jesus, um ihn zu fragen.

Jesus erwiderte: »Für den Menschensohn ist die Zeit gekommen, dass er verherrlicht wird. Ich versichere euch: Ein Weizenkorn muss in die Erde ausgesät werden. Wenn es dort nicht stirbt, wird es allein bleiben – ein einzelnes Samenkorn. Sein Tod aber wird viele neue Samenkörner hervorbringen – eine reiche Ernte neuen Lebens. Wer sein Leben in dieser Welt liebt, wird es verlieren. Wer sein Leben in dieser Welt gering achtet, wird es zum ewigen Leben bewahren. Wer mein Jünger sein will, muss sich aufmachen und mir nachfolgen, denn mein Diener wird da sein, wo ich bin. Wer mir nachfolgt, den wird der Vater ehren.«

Jesus kündigt seinen Tod an

»Meine Seele ist in diesem Augenblick tief traurig. Soll ich beten: ›Vater, bewahre mich vor dem, was vor mir liegt‹? Doch eben deshalb bin ich ja gekommen! Vater, verherrliche deinen Namen.« Da sprach eine Stimme aus dem Himmel: »Ich habe ihn schon verherrlicht und werde es wieder tun.«

Als die Menge die Stimme hörte, hielten einige sie für Donner, während andere erklärten, ein Engel habe zu ihm gesprochen. Da sagte Jesus zu ihnen: »Die Stimme erklang euretwegen, nicht meinetwegen. Für die Welt ist die Zeit des Gerichts gekommen, in der der Herrscher dieser Welt vertrieben wird. Und wenn ich am Kreuz aufgerichtet bin, werde ich alle zu mir ziehen.« Mit diesen Worten deutete er an, wie er sterben würde.

Da erwiderte die Menge. »Wir haben in der Schrift gelesen, dass der Christus ewig leben wird. Warum sagst du, der Menschensohn müsse am Kreuz aufgerichtet werden? Wer ist dieser Menschensohn, von dem du sprichst?«

Jesus erwiderte: »Das Licht wird nur noch kurze Zeit für euch leuchten. Lebt darin, solange ihr es noch könnt, damit ihr nicht stolpert, wenn die Dunkelheit kommt. Wenn ihr im Dunkel lebt, könnt ihr nicht sehen, wohin ihr geht. Glaubt an das Licht, solange noch Zeit dazu ist; dann werdet ihr Kinder des Lichts werden.«

Nachdem er diese Dinge gesagt hatte, ging Jesus fort, und sie sahen ihn nicht mehr.

Rückblick auf das öffentliche Wirken von Jesus: Der Unglaube des jüdischen Volkes

Doch trotz der vielen Wunder, die er getan hatte, glaubten die meisten Menschen nicht an ihn. Genau das hatte der Prophet Jesaja vorausgesagt: »*Herr, wer hat unserer Botschaft geglaubt? Wem wird der Herr seine rettende Macht offenbaren?*« (Jesaja 53,1).

Die Menschen waren nicht fähig zu glauben, denn Jesaja sagte auch: »*Der Herr hat ihre Augen blind gemacht und ihre Herzen verhärtet – damit ihre Augen nicht sehen und ihre Herzen nicht verstehen können und damit sie nicht zu mir umkehren, um sich von mir heilen zu lassen*« (Jesaja 6,9-10).

Diese Weissagung Jesajas bezog sich auf Jesus, denn Jesaja hatte dessen Herrlichkeit gesehen.

Viele Menschen, darunter auch einige der führenden Männer, glaubten an Jesus, scheuten sich aber, es zuzugeben. Sie fürchteten, dass die Pharisäer sie deswegen aus der Synagoge ausschließen würden. Die Anerkennung der Menschen war ihnen wichtiger als die Anerkennung durch Gott.

Jesus rief der Menge zu: »Wenn ihr mir glaubt, glaubt ihr nicht nur an mich, sondern an Gott, der mich gesandt hat. Denn wenn ihr mich seht, seht ihr den, der mich gesandt hat. Ich bin als Licht gekommen, um in dieser dunklen Welt zu leuchten, damit alle, die an mich glauben, nicht im Dunkel bleiben. Wenn jemand mich hört und mir nicht gehorcht, bin ich nicht sein Richter – denn ich bin gekommen, um die Welt zu retten, und nicht, um sie zu richten. Doch wer mich und meine Botschaft ablehnt, wird am Tag des Gerichts durch meine Worte, die ich gesprochen habe, gerichtet werden. Ich spreche nicht aufgrund eigener Vollmacht. Der Vater, der mich gesandt hat, hat mir aufgetragen, was ich sagen soll. Und ich weiß, dass seine Weisungen zum ewigen Leben führen; deshalb sage ich, was der Vater mir zu sagen gebietet!«

Ankündigung kommender Ereignisse

Jesus kündigt die Zerstörung des Tempels an

Als Jesus an jenem Tag den Tempel verließ, zeigten seine Jünger ihm die verschiedenen Gebäude, die zum Tempel gehörten; sie lobten die schönen Steine und die mit Weihgeschenken geschmückten Mauern des Tempels. »Lehrer, sieh nur«, sagte einer von ihnen zu ihm, »diese herrlichen Bauten! Welch gewaltige Steine sind in diesen Mauern!« Doch Jesus antwortete: »Seht ihr diese Gebäude? Ich versichere euch: Es kommt die Zeit, da wird all dies so vollständig zerstört werden, dass nicht ein Stein auf dem anderen bleibt.«

Vorzeichen des Endes

Später ließ Jesus sich an den Hängen des Ölbergs nieder, die gegenüber dem Tempel lagen. Da kamen Petrus, Jakobus, Johannes und Andreas zu ihm und fragten: »Wann wird das alles geschehen? Wird es vorher ein Zeichen dafür geben, wann sich das alles erfüllen wird? Und wird es vorher ein Zeichen geben, das deine Wiederkehr und das Ende der Welt ankündigt?«

Jesus antwortete ihnen: »Lasst euch von niemandem etwas weismachen. Viele werden in meinem Namen auftreten und behaupten: ›Ich bin der Christus‹ und: ›Die Zeit ist gekommen!‹; und sie werden viele irreführen. Glaubt ihnen nicht! Überall werden

Kriege ausbrechen. Aber habt keine Angst. All diese Dinge müssen geschehen, doch das Ende wird noch nicht unmittelbar darauf folgen.«

Und er fügte hinzu: »Völker und Königreiche werden einander den Krieg erklären. Es wird Erdbeben geben, in vielen Ländern werden Hungersnöte und Seuchen auftreten, und am Himmel werden schreckliche Dinge und gewaltige Zeichen erscheinen. Doch all das wird erst der Anfang der Schrecken sein, die auf euch zukommen.

Seid jedoch wachsam! Noch bevor all das geschieht, wird eine Zeit schlimmer Verfolgungen kommen. Um meines Namens willen wird man euch vor Gericht zerren und in den Synagogen auspeitschen. Man wird euch in Gefängnisse schleppen und vor Königen und Regierungen anklagen. Das wird euch Gelegenheit geben, ihnen von mir zu erzählen.

Um meinetwillen werdet ihr euch vor ihnen verantworten müssen. Macht euch keine Sorgen, wie ihr euch verteidigen sollt wenn ihr verhaftet werdet und vor Gericht steht. Sagt einfach, was Gott euch in den Mund legt. Ich werde euch die richtigen Worte eingeben und die nötige Weisheit verleihen, sodass keiner eurer Gegner euch wird widerlegen können! Nicht ihr seid es, die dann reden, sondern der Heilige Geist.

Viele werden sich von mir abwenden und einander verraten und hassen. Ein Bruder wird den anderen verraten und dem Tod ausliefern, Väter werden ihre Kinder verraten und Kinder werden sich gegen ihre Eltern auflehnen und Schuld an ihrem Tod sein. Und alle werden euch um meines Namens willen hassen. Aber nicht ein einziges Haar auf eurem Kopf soll verloren gehen! Wenn ihr standhaft bleibt, werdet ihr eure Seelen retten.

Viele falsche Propheten werden auftreten und die Menschen täuschen. Die Gesetzlosigkeit wird immer mehr überhandnehmen und die Liebe wird bei vielen erkalten. Doch wer bis zum Ende durchhält, wird gerettet werden. Die Botschaft vom Reich Gottes wird auf der ganzen Welt gepredigt werden, damit alle Völker sie hören, und dann erst wird das Ende kommen.

Es wird eine Zeit kommen, da werdet ihr sehen, wovon der Prophet Daniel gesprochen hat: das *abscheuliche Götzenbild*, das den heiligen Ort entweiht und (Daniel 9,27; 11,31; 12,11) an dem Platz steht, an dem es nicht stehen darf. – Wer dies liest, der horche auf! – Wenn ihr es dort stehen seht und wenn ihr Jerusalem von Feinden umringt seht, dann wisst ihr, dass der Zeitpunkt seiner Zerstörung gekommen ist. Dann müssen die, die in Judäa sind, in die Berge fliehen. Wer in Jerusalem ist, soll flüchten, und wer sich außerhalb der Stadt befindet, soll nicht in ihr Schutz suchen. Wer sich vor seinem Haus befindet, darf nicht mehr hineingehen, um zu packen. Wer draußen auf dem Feld ist, darf nicht erst nach Hause gehen, um sich einen Mantel zu holen. Denn das werden die Tage der Vergeltung Gottes sein, und die Weissagungen der Schrift werden sich erfüllen. Besonders schlimm wird diese Zeit für schwangere Frauen sein und für Mütter, die ihre Kinder stillen. Betet darum, dass ihr nicht im Winter oder an einem Sabbat fliehen müsst. Denn im Land wird große Not herrschen, und Unheil wird über dieses Volk kommen. Die Menschen werden mit dem Schwert getötet oder als Gefangene in die ganze Welt verschleppt werden. Und Jerusalem wird erobert und dem Erdboden gleichgemacht werden von den fremden Völkern, bis ihre Zeit zu Ende ist. Hätte der Herr diese grauenvolle Zeit nicht verkürzt, würde die gesamte Menschheit umkommen. Doch um seiner Auserwählten willen hat er sie verkürzt. Wenn irgendjemand zu euch sagt: ›Schaut her, hier ist der Christus‹ oder ›Da ist er‹, beachtet ihn nicht. Denn mancher falsche Christus und falsche Prophet wird auftreten und große Zeichen und Wunder vollbringen, um, wenn möglich, sogar die Auserwählten Gottes in die Irre zu führen. Seht euch vor! Ich habe euch gewarnt!

Wenn euch also jemand erzählt: ›Der Christus ist draußen in der Wüste‹, macht euch nicht die Mühe hinzugehen und nachzusehen. Oder wenn einer sagt: ›Da und da hält er sich verborgen‹ – glaubt es nicht! Denn wenn der Menschensohn kommt, wird es sein wie ein Blitz, der den ganzen Himmel erhellt. So wie ein Schwarm Geier ein Hinweis darauf ist, dass in der Nähe ein Tierkadaver liegt, sind diese Zeichen der Beweis, dass das Ende nahe ist.«

Die Wiederkunft des Menschensohnes

»Unmittelbar nachdem diese schreckliche Zeit zu Ende ist, werden an Sonne, Mond und Sternen Zeichen erscheinen: Die Sonne wird sich verfinstern, der Mond wird nicht mehr leuchten, die Sterne werden vom Himmel stürzen und die Kräfte des Himmels werden aus dem Gleichgewicht geraten (vgl. Jesaja 13,10; 34,4; Joel 2,10). Und auf der Erde werden die Völker in Aufruhr und Entsetzen sein, den wilden Wellen der Meere hilflos ausgeliefert. Viele Menschen werden den Mut verlieren, wenn sie diese Schrecken über die Erde hereinbrechen sehen.

Und schließlich wird das Zeichen für das Kommen des Menschensohns am Himmel erscheinen, und unter den Völkern der Erde wird tiefe Trauer herrschen. Sie werden sehen, wie der Menschensohn mit großer Macht und Herrlichkeit auf den Wolken des Himmels kommt (vgl. Daniel 7,13). Wenn all das anfängt, dann richtet euch auf und hebt den Blick, denn eure Erlösung ist ganz nahe! Er wird seine Engel mit lautem Posaunenschall vorausschicken, und sie werden seine Auserwählten von den Enden der Welt sammeln.«

Der Vergleich mit dem Feigenbaum

Und er gab ihnen folgenden Vergleich: »Seht euch einen Feigenbaum oder einen anderen Baum an. Wenn seine Knospen weich werden und die Blätter zu sprießen beginnen, wisst ihr, dass der Sommer kommt. Genauso ist es, wenn ihr seht, dass diese Ereignisse geschehen. Dann könnt ihr sicher sein, dass das Reich Gottes nahe ist. Dann wisst ihr, dass die Wiederkunft des Menschensohnes vor der Tür steht. Ich versichere euch: Diese Generation wird nicht von der Erde verschwinden, bis alle diese Ereignisse eingetreten sind. Himmel und Erde werden vergehen, aber meine Worte werden ewig bleiben.«

Mahnung zur Wachsamkeit

»Niemand kennt den Tag oder die Stunde, in der diese Dinge geschehen werden, nicht einmal die Engel im Himmel, und auch nicht der Sohn. Nur der Vater weiß es. Wenn der Menschensohn wiederkommt, wird es sein wie zur Zeit Noahs. In den Tagen vor der Sintflut feierten die Menschen rauschende Feste, Orgien und Hochzeiten, bis Noah in seine Arche stieg. Sie merkten nicht, was geschah, bis die Flut kam und sie alle hinwegschwemmte. Genauso wird es sein, wenn der Menschensohn kommt. Zwei Männer werden zusammen auf dem Feld arbeiten; einer wird mitgenommen, der andere zurückgelassen. Zwei Frauen werden in der Mühle Mehl mahlen; eine wird mitgenommen, die andere zurückgelassen. Und weil ihr nicht wisst, wann dies alles geschieht und wann euer Herr wiederkommt, bleibt wachsam und seht euch vor.«

Der Vergleich mit dem wachsamen Hausbesitzer
Der Vergleich mit dem vertrauenswürdigen und dem bösen Diener

»Macht euch eines klar: Ein Hausbesitzer, der weiß, wann der Dieb kommt, ist wachsam und lässt es nicht zu, dass in sein Haus eingebrochen wird. Ihr müsst jederzeit bereit sein. Denn der Menschensohn wird kommen, wenn ihr es am wenigsten erwartet.

Das Kommen des Menschensohnes lässt sich mit der Rückkehr eines Mannes vergleichen, der sein Haus verließ, um auf Reisen zu gehen. Er gab allen seinen Bediensteten Anweisungen, was sie arbeiten sollten, und wies den Türhüter an, in der Zwischenzeit nach ihm Ausschau zu halten. Genauso sollt auch ihr wachsam sein! Denn ihr wisst nicht, wann der Herr des Hauses wiederkommt – ob am Abend, mitten in der Nacht, in der frühen Morgendämmerung oder bei Tagesanbruch. Sorgt dafür, dass er euch nicht schlafend findet, wenn er ohne Vorwarnung kommt. Was ich euch hier sage, das sage ich allen: Seid bis zu seiner Rückkehr wachsam!

Lasst euch nicht von zu viel Essen und Trinken und den Sorgen des Alltags gefangen nehmen, damit euch dieser Tag nicht unvorbereitet trifft, so wie man unverhofft in eine Falle stolpert. Denn dieser Tag wird über alle hereinbrechen, die auf der Erde leben. Seid wachsam! Und betet darum, dass ihr, wenn es möglich ist, diesen Schrecken entkommen und vor dem Menschensohn stehen könnt.

Wer ist also ein vertrauenswürdiger und kluger Diener, dem der Herr sein Haus und die Versorgung seiner Familie anvertrauen kann? Wenn der Herr zurückkommt und feststellt, dass der Diener seine Aufgabe zu seiner Zufriedenheit erfüllt, ist der Diener glücklich zu schätzen. Ich versichere euch: Der Herr wird diesem Diener die Verantwortung für seinen gesamten Besitz übertragen. Doch wenn der Diener böse ist und glaubt, ›Mein Herr wird ja erst einmal eine Weile fort sein‹, wenn er anfängt, die anderen Diener schlecht zu behandeln, und Trinkgelage veranstaltet – dann wird sein Herr unangemeldet und völlig überraschend zurückkehren. Und er wird diesen Diener davonjagen und dorthin schicken, wo auch die Heuchler sind. Und an jenem Ort werden sie weinen und mit den Zähnen knirschen.«

Das Gleichnis von den klugen und den törichten Brautjungfern

»Man kann das Himmelreich auch am Beispiel der zehn Brautjungfern erklären, die ihre Lampen nahmen und dem Bräutigam entgegengingen. Fünf von ihnen waren töricht, und fünf waren klug. Die fünf törichten nahmen kein Öl für ihre Lampen mit, doch die fünf anderen waren so umsichtig, zusätzliches Öl mitzunehmen. Als sich der Bräutigam verspätete, legten sie sich alle hin und schliefen.

Um Mitternacht wurden sie von dem Ruf aus dem Schlaf gerissen: ›Seht, da kommt der Bräutigam! Geht und begrüßt ihn!‹ Rasch standen alle Brautjungfern auf und machten ihre Lampen zurecht. Da baten die fünf törichten die anderen: ›Gebt uns doch ein wenig von eurem Öl ab, sonst erlöschen unsere Lampen.‹ Doch diese erwiderten: ›Wir haben nicht genügend Öl für uns alle. Geht und kauft euch welches.‹ Aber während sie noch unterwegs waren, um Öl zu kaufen, traf der Bräutigam ein. Die, die zu seinem Empfang bereit waren, gingen mit ihm zur Hochzeitsfeier, und die Tür wurde zugeschlossen. Als die anderen fünf Brautjungfern schließlich kamen, standen sie draußen und riefen: ›Herr, mach uns auf!‹ Aber er antwortete: ›Ich kenne euch nicht!‹

Deshalb schlaft nicht ein und haltet euch bereit,

denn ihr kennt weder den Tag noch die Stunde meiner Wiederkehr.«

Das Gleichnis von den drei Dienern

»Man kann das Himmelreich auch am Beispiel von dem Mann erklären, der auf eine Reise ging. Er rief alle seine Diener zusammen und gab ihnen Geld, das sie während seiner Abwesenheit für ihn anlegen sollten. Einem gab er fünf Beutel Gold, einem anderen gab er zwei Beutel und dem dritten gab er einen Beutel – jeweils ihren Fähigkeiten entsprechend. Dann reiste er ab. Der Diener, der die fünf Beutel erhalten hatte, ging sofort daran, das Geld anzulegen, und konnte es bald verdoppeln. Der Diener mit den zwei Beuteln machte sich ebenfalls sogleich an die Arbeit und verdoppelte das Geld. Der Dritte jedoch, der den einen Beutel Gold bekommen hatte, grub einfach ein Loch in die Erde und versteckte das Geld seines Herrn, um es sicher zu verwahren.

Nach langer Zeit kehrte ihr Herr von seiner Reise zurück und rief sie zu sich. Sie sollten ihm berichten, was sie mit seinem Geld gemacht hatten.

Der Diener, dem er fünf Beutel Gold anvertraut hatte, sagte: ›Herr, du gabst mir fünf Beutel Gold, und ich habe sie verdoppelt.‹ Der Herr freute sich sehr. ›Gut gemacht, mein guter und treuer Diener. Du bist mit diesem kleinen Betrag zuverlässig umgegangen, deshalb will ich dir größere Verantwortung übertragen. Lass uns miteinander feiern!‹

Als Nächstes kam der Diener an die Reihe, der die zwei Beutel Gold bekommen hatte. ›Herr, du hast mir zwei Beutel Gold gegeben, und ich habe sie verdoppelt.‹ Der Herr sagte: ›Gut gemacht, mein guter und treuer Diener. Du bist mit diesem kleinen Betrag zuverlässig umgegangen, deshalb will ich dir größere Verantwortung übertragen. Lass uns miteinander feiern!‹

Dann kam der Diener mit dem einen Beutel Gold und sagte: ›Herr, ich weiß, du bist ein strenger Mann, der erntet, was er nicht gepflanzt hat, und sammelt, was er nicht angebaut hat. Ich hatte Angst, dein Geld zu verlieren, also vergrub ich es in der Erde. Hier ist es.‹ Aber der Herr erwiderte: ›Du böser, fauler Diener! Du hältst mich für einen strengen Mann, der erntet, was er nicht gepflanzt hat, und der sammelt, was er nicht angebaut hat? Du hättest wenigstens mein Geld zur Bank bringen können, dann hätte ich immerhin noch Zinsen dafür bekommen. Nehmt diesem Diener das Geld weg und gebt es dem mit den zehn Beuteln Gold. Wer das, was ihm anvertraut ist, gut verwendet, dem wird noch mehr gegeben, und er wird im Überfluss haben. Wer aber untreu ist, dem wird noch das wenige, das er besitzt, genommen. Und nun werft diesen nutzlosen Diener hinaus in die Dunkelheit, wo Weinen und Zähneknirschen herrschen.‹«

Das Gericht über die Völker

»Doch wenn der Menschensohn in Herrlichkeit wiederkommt, und alle Engel mit ihm, wird er auf seinem Thron der Herrlichkeit sitzen. Alle Völker werden vor ihm zusammengerufen, und er wird sie trennen, so wie ein Hirte die Schafe von den Ziegen trennt.[14] Die Schafe wird er zu seiner Rechten hinstellen, die Ziegen zu seiner Linken.

Dann wird der König zu denen auf seiner rechten Seite sagen: ›Kommt, ihr seid von meinem Vater gesegnet, ihr sollt das Reich Gottes erben, das seit der Erschaffung der Welt auf euch wartet. Denn ich war hungrig, und ihr habt mir zu essen gegeben. Ich war durstig, und ihr gabt mir zu trinken. Ich war ein Fremder, und ihr habt mich in euer Haus eingeladen. Ich war nackt, und ihr habt mich gekleidet. Ich war krank, und ihr habt mich gepflegt. Ich war im Gefängnis, und ihr habt mich besucht.‹

Dann werden diese Gerechten fragen: ›Herr, wann haben wir dich jemals hungrig gesehen und dir zu essen gegeben? Wann sahen wir dich durstig und haben dir zu trinken gegeben? Wann warst du ein Fremder und wir haben dir Gastfreundschaft erwiesen? Oder wann warst du nackt und wir haben dich gekleidet? Wann haben wir dich je krank oder im Gefängnis gesehen und haben dich besucht?‹

Und der König wird ihnen entgegnen: ›Ich versichere euch: Was ihr für einen der Geringsten meiner Brüder und Schwestern getan habt, das habt ihr für mich getan!‹

Und dann wird sich der König denen auf seiner linken Seite zuwenden und sagen: ›Fort mit euch, ihr

---

14 In Palästina trennte der Hirte nachts die Schafe und die Ziegen voneinander, weil die Schafe die Kälte besser ertrugen. Im griechischen Wort für *Ziegen(böcke)* schwang vielleicht schon damals ein abschätziger Unterton mit; es wird daher in manchen Übersetzungen mit *Böcke* wiedergegeben.

Verfluchten, ins ewige Feuer, das für den Teufel und seine bösen Geister bestimmt ist! Denn ich war hungrig, und ihr habt mir nichts zu essen gegeben. Ich war durstig, und ihr gabt mir nichts zu trinken. Ich war ein Fremder, und ihr habt mich nicht in euer Haus eingeladen. Ich war nackt, und ihr habt mich nicht gekleidet. Ich war krank, und ihr habt mich nicht gepflegt. Ich war im Gefängnis, und ihr habt mich nicht besucht.‹

Dann werden sie fragen: ›Herr, wann haben wir dich jemals hungrig oder durstig oder als Fremden, nackt, krank oder im Gefängnis gesehen und dir nicht geholfen?‹

Und er wird ihnen erwidern: ›Ich versichere euch: Was ihr bei einem der Geringsten meiner Brüder und Schwestern unterlassen habt, das habt ihr an mir unterlassen!‹

Und sie werden der ewigen Verdammnis übergeben werden, den Gerechten aber wird das ewige Leben geschenkt.«

Das Wirken von Jesus im Tempel

Jeden Tag ging Jesus in den Tempel, um zu lehren, und abends kehrte er zurück, um die Nacht auf dem Ölberg zu verbringen. Jeden Morgen strömten die Menschen scharenweise herbei, um ihn zu hören.

Salbung – Letztes Passahmahl – Gethsemane

Jesus kündigt zum letzten Mal sein Leiden und Sterben an

Das Fest der ungesäuerten Brote, das Passahfest, rückte näher. Jesus sagte zu seinen Jüngern: »Wie ihr wisst, beginnen in zwei Tagen die Feierlichkeiten zum Passahfest. Dann wird der Menschensohn verraten und gekreuzigt werden.«

Pläne des Hohen Rates gegen Jesus

Zur selben Zeit trafen sich die obersten Priester, die Schriftgelehrten und die Ältesten des jüdischen Volkes im Haus von Kaiphas, dem Hohen Priester, um zu beraten, wie sie Jesus heimlich verhaften und töten könnten. Sie fürchteten sich allerdings vor der Reaktion des Volkes. »Auf keinen Fall während des Passahfestes«, hatten sie beschlossen, »sonst gibt es einen Aufruhr.«

Die Salbung von Jesus in Betanien

In der Zwischenzeit war Jesus zu Gast im Haus von Simon, einem Mann, der früher einmal Aussatz gehabt hatte. Dort wurde zu seinen Ehren ein Festessen gegeben. Marta bediente die Gäste, und Lazarus saß mit ihm am Tisch.

Als sie beim Essen saßen, nahm Maria ein wunderschönes Gefäß mit zwölf Unzen kostbarem Nardenöl. Sie zerbrach das Gefäß[15] und goss Jesus das Öl über den Kopf. Dann salbte sie ihm mit dem Öl die Füße und trocknete sie mit ihrem Haar. Der Duft des Öls erfüllte das ganze Haus.

Einige Jünger waren sehr aufgebracht, als sie das sahen. »Was für eine Geldverschwendung«, ärgerten sie sich, und sie wiesen die Frau scharf zurecht. Und Judas Iskariot, einer seiner Jünger – der, der ihn später verriet, – sagte: »Dieses Parfüm war ein kleines Vermögen wert. Man hätte es verkaufen und das Geld den Armen geben sollen.« Doch es ging ihm gar nicht um die Armen – er war ein Dieb und führte die Kasse der Jünger und entwendete hin und wieder etwas Geld für den eigenen Bedarf.

Doch Jesus erwiderte: »Lasst sie in Ruhe. Warum bringt ihr sie in Verlegenheit? Sie hat mir doch etwas Gutes getan. Die Armen werdet ihr immer bei euch haben. Ihr könnt ihnen helfen, wann immer ihr wollt. Aber ich werde nicht mehr lange bei euch sein. Sie hat getan, was in ihrer Macht stand: Sie hat dieses Parfümöl über mir ausgegossen, um meinen Körper im Voraus zum Begräbnis zu salben. Ich versichere euch: Überall in der Welt, wo die gute Botschaft gepredigt wird, wird man sich auch an ihre Tat erinnern.«

15 Wohl ein Gefäß mit langem Hals, den man abbrechen musste, um es zu öffnen.

Judas wird zum Verräter

Da fuhr Satan in Judas Iskariot, der einer der zwölf Jünger war. Er ging zu den obersten Priestern und den Befehlshabern der Tempelwache, um mit ihnen zu beraten, wie er Jesus am besten an sie verraten könnte. Sie freuten sich, dass er bereit war, ihnen zu helfen, und versprachen ihm eine Belohnung: dreißig Silberstücke. Von da an begann er nach einer passenden Gelegenheit Ausschau zu halten, bei der sie Jesus ohne Aufsehen verhaften konnten, wenn das Volk nicht in der Nähe war.

Vorbereitung des Passahmahls

Das Fest der ungesäuerten Brote rückte heran, an dem die Passahlämmer geschlachtet wurden. Die Jünger fragten Jesus: »Wo sollen wir das Passahmahl vorbereiten?« Jesus schickte zwei von ihnen, Petrus und Johannes, nach Jerusalem, um die nötigen Vorbereitungen zu treffen. »Wenn ihr in die Stadt kommt«, sagte er zu ihnen, »wird euch ein Mann begegnen, der einen Krug Wasser trägt. Folgt ihm. Geht in das Haus, das er betritt, und sagt zu dem Besitzer des Hauses: ›Unser Lehrer lässt fragen: Wo ist der Raum, in dem ich mit meinen Jüngern das Passahmahl feiern kann?‹ Er wird euch nach oben in einen großen Raum führen, der für das Festmahl schon hergerichtet ist. Das ist der Ort. Dahin geht und bereitet unser Mahl vor.« Die beiden Jünger machten sich auf den Weg in die Stadt und fanden alles genauso, wie Jesus es gesagt hatte; und sie bereiteten dort das Passahmahl vor.

Jesus wäscht seinen Jüngern die Füße

Am Abend kam Jesus mit den zwölf Jüngern. Jesus wusste, dass für ihn die Zeit gekommen war, diese Welt zu verlassen und zu seinem Vater zurückzukehren. Nun bewies er seinen Jüngern das ganze Ausmaß seiner Liebe.

Es war Zeit für das Abendessen, und der Teufel hatte Judas, den Sohn des Simon Iskariot, schon dazu verleitet, seinen Plan wahr zu machen und Jesus zu verraten. Jesus aber wusste, dass der Vater ihm uneingeschränkte Macht über alles gegeben hatte und dass er von Gott gekommen war und zu Gott zurückkehren würde. Er stand vom Tisch auf, zog sein Obergewand aus, band sich ein Handtuch um die Hüften und goss Wasser in eine Schale. Dann begann er, seinen Jüngern die Füße zu waschen und sie mit dem Handtuch abzutrocknen, das er sich umgebunden hatte.

Als er zu Simon Petrus kam, sagte Petrus zu ihm: »Herr, warum willst du mir die Füße waschen?« Jesus antwortete: »Du verstehst jetzt nicht, warum ich das tue; eines Tages wirst du es verstehen.« »Nein«, protestierte Petrus. »Du sollst mir niemals die Füße waschen!« Jesus erwiderte: »Wenn ich dich nicht wasche, gehörst du nicht zu mir.« Da rief Simon Petrus: »Dann wasche mir auch die Hände und den Kopf, Herr, und nicht nur die Füße!« Jesus erwiderte: »Wer gebadet hat, braucht sich – ausgenommen die Füße – nicht zu waschen, um völlig rein zu sein. Ihr seid rein, allerdings nicht jeder hier.« Denn Jesus wusste, wer ihn verraten würde. Das meinte er mit dem Satz: »Nicht jeder hier von euch ist rein.«

Nachdem er ihnen die Füße gewaschen hatte, zog Jesus sein Obergewand wieder an, setzte sich und fragte: »Versteht ihr, was ich getan habe? Ihr nennt mich ›Meister‹ und ›Herr‹ und damit habt ihr recht, denn das bin ich. Und weil ich, der Herr und Meister, euch die Füße gewaschen habe, sollt auch ihr einander die Füße waschen. Ich habe euch ein Beispiel gegeben, dem ihr folgen sollt. Tut, was ich für euch getan habe. Es ist nur zu wahr: Ein Diener ist nicht größer als sein Herr. Genauso sind die Boten nicht wichtiger als der, der sie gesandt hat. Ihr wisst das alles – nun handelt auch danach. Das ist der Weg des Segens!

Ich sage diese Dinge nicht zu euch allen; denn ich kenne jeden Einzelnen von euch, die ich erwählt habe, ganz genau. In der Schrift steht: ›*Der, der mein Brot mit mir geteilt hat, hat sich gegen mich gewandt*‹ (Psalm 41,10), und das wird sich bald erfüllen. Ich sage euch das jetzt, damit ihr, wenn es eintrifft, erkennt, dass ich der Christus bin. Ich versichere euch: Wer meinen Boten willkommen heißt, der heißt mich willkommen, und wer mich willkommen heißt, der heißt meinen Vater willkommen, der mich gesandt hat.«

Ankündigung des Verrats

Als es so weit war, sagte Jesus zu den zwölf Jüngern: »Ich habe mich sehr danach gesehnt, dieses Passahmahl mit euch zu feiern, bevor mein Leiden beginnt. Denn ich sage euch jetzt, ich werde es nicht wieder essen, bis es sich im Reich Gottes erfüllt.«

Dann nahm er einen Becher mit Wein, und nachdem er Gott dafür gedankt hatte, sagte er: »Nehmt ihn und teilt ihn unter euch. Denn ich werde keinen Wein mehr trinken, bis das Reich Gottes gekommen ist.«

Während sie aßen, sagte Jesus bis ins Tiefste erschüttert: »Ich sage euch aber: Einer von euch wird mich verraten, einer, der hier an diesem Tisch sitzt und mit mir isst.« Die Jünger sahen einander an und fragten sich, wen er wohl damit meinte und wer von ihnen denn so etwas je tun würde. Zutiefst erschrocken begannen sie, ihn nacheinander zu fragen: »Doch nicht ich, Herr, oder?« Er erwiderte: »Es ist einer von euch zwölf, einer, der jetzt mit mir isst. Denn der Menschensohn muss sterben, wie es in der Schrift schon seit langer Zeit vorausgesagt ist. Für seinen Verräter aber wird es furchtbar sein. Für ihn wäre es besser, wenn er nie geboren worden wäre!« Auch Judas, der ihn verraten wollte, fragte: »Rabbi, ich bin es doch nicht etwa, oder?« Und Jesus entgegnete ihm: »Du hast es selbst gesagt.«

Einer seiner Jünger – der, den Jesus liebte –, saß neben ihm am Tisch. Simon Petrus bedeutete ihm, er solle fragen, wer so etwas Schreckliches tun würde. Jener Jünger lehnte sich zu Jesus hinüber und fragte: »Herr, wer ist es?« Jesus sagte: »Es ist der, dem ich das Stück Brot reiche, nachdem ich es eingetaucht habe.« Und als er das Brot eingetaucht hatte, gab er es Judas, dem Sohn des Simon Iskariot.

Sobald Judas das Brot gegessen hatte, ergriff der Satan Besitz von ihm. Da sagte Jesus zu ihm: »Beeile dich. Was du tun willst, tue bald!« Keiner der anderen am Tisch wusste, was Jesus damit meinte. Da Judas die Kasse verwaltete, dachten einige, Jesus habe ihn aufgefordert, für das Fest einkaufen zu gehen oder den Armen etwas Geld zu geben. Judas aber stand sofort auf und ging in die Nacht hinaus.

Die Verherrlichung des Menschensohnes und die Verherrlichung Gottes

Sobald Judas den Raum verlassen hatte, sagte Jesus: »Nun ist für den Menschensohn die Zeit gekommen, dass er verherrlicht wird. Gott wird durch alles, was geschieht, verherrlicht, und das wird sehr bald geschehen.

Einsetzung des Abendmahls

Während sie aßen, nahm Jesus einen Laib Brot und bat Gott um seinen Segen. Dann brach er es in Stücke und gab es den Jüngern mit den Worten: »Nehmt und esst! Dies ist mein Leib, der für euch gegeben wird. Tut das zur Erinnerung an mich.«

Nach dem Essen nahm er einen weiteren Becher mit Wein und dankte Gott dafür. Er gab ihn seinen Jüngern und sagte: »Jeder von euch soll davon trinken. Dieser Wein ist das Zeichen des neuen Bundes – ein Bund, der mit dem Blut besiegelt wird, das ich vergießen werde, um die Sünden vieler Menschen zu vergeben.« Wann immer ihr daraus trinkt, tut es zur Erinnerung an mich.« Sie tranken alle daraus. »Ich sage euch«, fuhr Jesus fort, »von jetzt an werde ich keinen Wein mehr trinken bis zu dem Tag, an dem ich ihn wieder mit euch im Reich meines Vaters trinken werde.«

Wer ist der Größte?

Und sie fingen an zu streiten, wer von ihnen im kommenden Reich Gottes der Größte sein würde. Jesus sagte zu ihnen: »In dieser Welt beherrschen die Könige und Großen ihre Untertanen und werden doch als ›Wohltäter‹ bezeichnet. Unter euch aber soll der Größte den niedrigsten Platz einnehmen und der Leiter soll wie ein Diener sein. Normalerweise sitzt der Meister am Tisch und wird von seinen Dienern bedient. Hier ist es anders! Denn ich bin euer Diener. Ihr seid mir in der Zeit meiner Versuchung treu geblieben. Und so wie mein Vater mir ein Königreich gegeben hat, gebe ich euch das Recht, in diesem Reich an meinem Tisch zu essen und zu trinken. Ihr werdet auf Thronen sitzen und die zwölf Stämme Israels richten.«

Das neue Gebot

»Liebe Kinder, es ist nur noch kurze Zeit, bis ich fortgehen und euch verlassen muss! Ihr werdet nach mir suchen, doch wie ich schon den Juden gesagt habe: wohin ich gehe, da könnt ihr nicht hinkommen.

So gebe ich euch nun ein neues Gebot: Liebt einander. So wie ich euch geliebt habe, sollt auch ihr einander lieben. Eure Liebe zueinander wird der Welt zeigen, dass ihr meine Jünger seid.«

Jesus kündigt an, dass Petrus ihn verleugnen wird

Simon Petrus sagte: »Herr, wohin gehst du?« Und Jesus erwiderte: »Wo ich hingehe, dahin kannst du jetzt nicht mitkommen, aber später wirst du mir dorthin folgen.« »Warum kann ich jetzt nicht mitkommen, Herr?«, fragte er. »Ich bin bereit, für dich zu sterben.«

»Ihr werdet mich alle verlassen«, sagte Jesus zu ihnen. »Denn in der Schrift heißt es: ›*Gott wird den Hirten schlagen, und die Schafe werden zerstreut werden*‹ (Sacharja 13,7). Doch wenn ich von den Toten auferstanden bin, werde ich euch nach Galiläa vorausgehen und dort auf euch warten.«

Da sagte Petrus zu ihm: »Auch wenn alle anderen sich von dir abwenden, ich werde es nicht tun.« »Simon, Simon«, erwiderte Jesus, »Satan hat euch alle haben wollen. Er wollte euch durchsieben wie Weizen. Doch ich habe für dich gebetet, dass dein Glaube nicht aufhöre. Wenn du also später umgekehrt und zu mir zurückgekommen bist, dann stärke deine Brüder.«

Petrus sagte: »Herr, ich bin bereit, mit dir ins Gefängnis zu gehen und sogar mit dir zu sterben.« Jesus entgegnete: »Für mich sterben? Petrus, ich sage dir: Noch heute Nacht, bevor der Hahn zwei Mal kräht, wirst du drei Mal geleugnet haben, mich überhaupt zu kennen.« »Nein!«, beharrte Petrus. »Und wenn ich mit dir sterben müsste! Niemals werde ich dich verleugnen!« Und auch die anderen Jünger beteuerten dies.

Anweisungen für die Stunde der letzten Herausforderung

Dann fragte Jesus sie alle: »Als ich euch ausschickte, die gute Botschaft zu verkünden, und ihr hattet weder Geld noch Tasche noch Kleidung zum Wechseln, hat es euch da an irgendetwas gefehlt?« »Nein«, antworteten sie. »Aber jetzt«, sagte er, »nehmt euer Geld und eure Tasche. Und wenn ihr kein Schwert habt, verkauft eure Kleidung, um eines zu kaufen! Denn die Zeit ist gekommen, in der sich erfüllt, was in der Schrift über mich steht: ›*Er wurde zu den Aufrührern gerechnet*‹ (Jesaja 53,12). Ja, alles, was die Propheten über mich geschrieben haben, wird sich erfüllen.« »Herr«, erwiderten sie, »wir haben zwei Schwerter.« »Das genügt«, sagte er.

Jesus Christus – der Weg zum Vater

»Habt keine Angst. Ihr vertraut auf Gott, nun vertraut auch auf mich! Es gibt viele Wohnungen im Haus meines Vaters, und ich gehe voraus, um euch einen Platz vorzubereiten. Wenn es nicht so wäre, hätte ich es euch dann so gesagt? Wenn dann alles bereit ist, werde ich kommen und euch holen, damit ihr immer bei mir seid, dort, wo ich bin. Ihr wisst ja, wohin ich gehe und wie ihr dorthin kommen könnt.« »Nein, Herr, das wissen wir nicht«, sagte Thomas. »Wir haben keine Ahnung, wo du hingehst; wie können wir da den Weg kennen?« Jesus sagte zu ihm: »Ich bin der Weg, die Wahrheit und das Leben. Niemand kommt zum Vater außer durch mich. Wenn ihr erkannt habt, wer ich bin, dann habt ihr auch erkannt, wer mein Vater ist. Doch von nun an kennt ihr ihn und habt ihn gesehen!«

Wer den Sohn sieht, sieht den Vater

Philippus sagte: »Herr, zeig uns den Vater, dann sind wir zufrieden.« Jesus erwiderte: »Philippus, weißt du denn nach all der Zeit, die ich bei euch war, noch immer nicht, wer ich bin? Wer mich gesehen hat, hat den Vater gesehen! Warum verlangst du noch, ihn zu sehen? Glaubst du nicht, dass ich im Vater bin und der Vater in mir ist? Die Worte, die ich euch sage, stammen ja nicht von mir, sondern der Vater, der in mir lebt, wirkt durch mich. Glaubt doch, dass ich im Vater bin und der Vater in mir ist. Oder glaubt wenigstens aufgrund von dem, was ich getan habe.

Ich versichere euch: Wer an mich glaubt, wird dieselben Dinge tun, die ich getan habe, ja noch größere, denn ich gehe, um beim Vater zu sein. Ihr dürft in meinem Namen um alles bitten, und ich werde eure Bitten erfüllen, weil durch den Sohn der Vater verherrlicht wird. Bittet, um was ihr wollt, in meinem Namen, und ich werde es tun!«

Der Heilige Geist – Der Stellvertreter von Jesus

»Wenn ihr mich liebt, werdet ihr meine Gebote halten. Und ich werde den Vater bitten, und er wird euch einen anderen Ratgeber geben, der euch nie verlassen wird. Es ist der Heilige Geist, der in alle Wahrheit führt. Die

Welt kann ihn nicht empfangen, denn sie sucht ihn nicht und erkennt ihn nicht. Ihr aber kennt ihn, weil er bei euch bleibt und später in euch sein wird.

Nein, ich werde euch nicht verwaist zurücklassen – ich werde zu euch kommen. Die Welt wird mich schon bald nicht mehr sehen, doch ihr werdet es. Denn ich werde leben, und ihr werdet auch leben. Wenn ich wieder zum Leben auferstanden bin, werdet ihr wissen, dass ich in meinem Vater bin und ihr in mir seid und ich in euch. Wer meine Gebote kennt und sie befolgt, der liebt mich. Und weil er mich liebt, wird mein Vater ihn lieben und ich werde ihn lieben. Und ich werde mich ihm persönlich zu erkennen geben.

Judas (nicht Judas Iskariot, sondern der andere Jünger gleichen Namens) sagte zu ihm: »Herr, warum willst du dich nur uns zu erkennen geben und nicht der ganzen Welt?« Jesus erwiderte: »Wer mich liebt, wird tun, was ich sage. Mein Vater wird ihn lieben, und wir werden zu ihm kommen und bei ihm wohnen. Wer mich nicht liebt, wird nicht tun, was ich sage. Vergesst nicht: Meine Worte kommen nicht aus mir selbst, sondern vom Vater, der mich gesandt hat.

Ich sage euch all diese Dinge jetzt, solange ich noch bei euch bin. Doch wenn der Vater den Ratgeber als meinen Stellvertreter schickt – und damit meine ich den Heiligen Geist –, wird er euch alles lehren und euch an alles erinnern, was ich euch gesagt habe.

Ich lasse euch ein Geschenk zurück – meinen Frieden. Und der Friede, den ich schenke, ist nicht wie der Friede, den die Welt gibt. Deshalb sorgt euch nicht und habt keine Angst. Denkt an das, was ich euch gesagt habe: Ich gehe fort, aber ich werde wieder zu euch kommen. Wenn ihr mich wirklich lieb habt, freut ihr euch für mich, weil ich jetzt zum Vater gehen darf, der größer ist als ich. Ich habe euch all diese Dinge gesagt, ehe sie geschehen, damit ihr, wenn sie eintreffen, glaubt. Mir bleibt nicht mehr viel Zeit, mit euch zu sprechen, weil der Herrscher dieser Welt schon ganz nah ist. Er hat keine Macht über mich; doch ich werde tun, was der Vater von mir will, damit die Welt erkennt, dass ich den Vater liebe.

Kommt, lasst uns von hier weggehen.« Nachdem sie ein Loblied gesungen hatten, verließ Jesus zusammen mit seinen Jüngern den Raum und sie gingen wie gewohnt hinaus zum Ölberg.

Jesus Christus – der Weinstock

»Ich bin der wahre Weinstock und mein Vater ist der Weingärtner«, sagte Jesus zu ihnen. »Er schneidet jede Rebe ab, die keine Frucht bringt, und beschneidet auch die Reben, die bereits Früchte tragen, damit sie noch mehr Frucht bringen. Ihr seid schon durch die Botschaft, die ich euch gegeben habe, beschnitten. Bleibt in mir, und ich werde in euch bleiben. Denn eine Rebe kann keine Frucht tragen, wenn sie vom Weinstock abgetrennt wird, und auch ihr könnt nicht, wenn ihr von mir getrennt seid, Frucht hervorbringen.

Ich bin der Weinstock; ihr seid die Reben. Wer in mir bleibt und ich in ihm, wird viel Frucht bringen. Denn getrennt von mir könnt ihr nichts tun. Wer nicht in mir bleibt, wird fortgeworfen wie eine nutzlose Rebe und verdorrt. Solche Reben werden auf einen Haufen geworfen und verbrannt. Doch wenn ihr mit mir verbunden bleibt und meine Worte in euch bleiben, könnt ihr bitten, um was ihr wollt, und es wird euch gewährt werden! Darin wird mein Vater verherrlicht, dass ihr viel Frucht hervorbringt und meine Jünger werdet.«

In der Liebe von Jesus bleiben

»Ich habe euch genauso geliebt, wie der Vater mich geliebt hat. Bleibt in meiner Liebe. Wenn ihr mir gehorcht, bleibt ihr in meiner Liebe, genauso wie ich meinem Vater gehorche und in seiner Liebe bleibe. Ich sage euch das, damit meine Freude euch erfüllt. Ja, eure Freude soll vollkommen sein!

Ich gebiete euch, einander genauso zu lieben, wie ich euch liebe. Die größte Liebe beweist der, der sein Leben für die Freunde hingibt. Ihr seid meine Freunde, wenn ihr tut, was ich euch auftrage. Ich nenne euch nicht mehr Diener, weil ein Herr seine Diener nicht ins Vertrauen zieht. Ihr seid jetzt meine Freunde, denn ich habe euch alles gesagt, was ich von meinem Vater gehört habe. Nicht ihr habt mich erwählt, ich habe euch erwählt. Ich habe euch dazu berufen, hinzugehen und Frucht zu tragen, die Bestand hat, damit der Vater euch gibt, was immer ihr ihn in meinem Namen bittet. Ich gebe euch das Gebot, einander zu lieben.«

Der Hass der Welt auf die Jünger von Jesus

»Wenn die Welt euch hasst, dann denkt daran, dass sie mich schon gehasst hat, ehe sie euch gehasst hat. Die Welt würde euch lieben, wenn ihr zu ihr gehören würdet, aber das tut ihr nicht. Ich habe euch erwählt, aus der Welt herauszutreten; deshalb hasst sie euch. Denkt an das Wort, das ich euch gesagt habe: ›Ein Diener ist nicht größer als sein Herr.‹ Da sie mich verfolgt haben, werden sie auch euch verfolgen. Und wenn sie auf mein Wort gehört haben, werden sie auch auf euch hören! Die Menschen in der Welt werden gegen euch sein, weil ihr zu mir gehört, denn sie kennen Gott nicht, der mich gesandt hat.

Sie hätten sich nicht schuldig gemacht, wenn ich nicht gekommen wäre und zu ihnen gesprochen hätte. Doch so haben sie keine Entschuldigung mehr für ihre Sünde. Wer mich hasst, hasst auch meinen Vater. Wenn ich nicht solche Wunder unter ihnen getan hätte, die niemand sonst hätte tun können, wären sie nicht schuldig. Doch sie haben alles gesehen, was ich tat, und trotzdem sowohl mich als auch meinen Vater gehasst. Dadurch hat sich erfüllt, was im Gesetz vorausgesagt ist: ›*Sie haben mich ohne Grund gehasst*‹ (Psalm 35,19; 69,5).

Doch ich werde euch den Ratgeber schicken – den Geist der Wahrheit. Er wird vom Vater zu euch kommen und wird mein Zeuge sein. Und ihr werdet meine Zeugen sein, weil ihr von Anfang an bei mir gewesen seid.

Ich habe euch diese Dinge gesagt, damit ihr den Glauben nicht verliert. Denn ihr werdet aus den Synagogen ausgeschlossen werden, und es wird die Zeit kommen, in der die, die euch töten, glauben, Gott damit einen Dienst zu erweisen. Das tun sie, weil sie den Vater und mich nicht erkannt haben. Ja, ich sage euch diese Dinge jetzt, damit ihr euch daran erinnert, wenn sie eintreffen.«

Das Wirken des Heiligen Geistes

»Ich habe nicht früher davon gesprochen, weil ich noch bei euch war. Nun aber gehe ich fort zu dem, der mich gesandt hat, doch keiner von euch hat mich gefragt, wohin ich gehe. Stattdessen seid ihr traurig. Ich sage euch aber die Wahrheit: Es ist das Beste für euch, dass ich fortgehe, denn wenn ich nicht gehe, wird der Ratgeber nicht kommen. Wenn ich jedoch fortgehe, wird er kommen, denn ich werde ihn zu euch senden.

Und wenn er kommt, wird er die Welt von ihrer Sünde und von Gottes Gerechtigkeit und vom bevorstehenden Gericht überzeugen. Die Sünde der Welt ist, dass sie nicht an mich glaubt. Die Gerechtigkeit erweist sich darin, dass ich zum Vater gehe und ihr mich nicht mehr sehen werdet. Das Gericht wird kommen, weil der Herrscher dieser Welt schon gerichtet ist.

Ich hätte euch noch so vieles zu sagen, aber ihr könnt es jetzt nicht ertragen. Doch wenn der Geist der Wahrheit kommt, wird er euch in alle Wahrheit leiten. Er wird nicht seine eigenen Anschauungen vertreten, sondern wird euch sagen, was er gehört hat. Er wird euch von dem erzählen, was kommt. Er wird mich verherrlichen, indem er euch alles offenbart, was er von mir empfängt. Alles, was der Vater hat, gehört mir;

das habe ich gemeint, als ich sagte, dass der Geist euch alles offenbaren wird, was er von mir empfängt.«

Die Traurigkeit der Jünger wird sich in Freude verwandeln

»Schon sehr bald werdet ihr mich nicht mehr sehen. Dann, nach einer weiteren kurzen Zeit, werdet ihr mich wieder sehen.«

Da fragten die Jünger einander: »Was meint er damit: ›Ihr werdet mich nicht sehen und dann werdet ihr mich wieder sehen‹? Was soll das bedeuten: ›Ich gehe zum Vater‹? Und was heißt ›eine kurze Zeit‹? Das verstehen wir nicht.«

Jesus merkte, dass sie ihn gern gefragt hätten. Deshalb sagte er: »Ihr fragt euch, was ich gemeint habe? Ich sagte, dass ich sehr bald fort sein werde und ihr mich nicht mehr sehen werdet. Dann, nach einer weiteren kurzen Zeit, werdet ihr mich wieder sehen. Ich versichere euch: Ihr werdet weinen und trauern über das, was mit mir geschehen wird, aber die Welt wird sich freuen. Ihr werdet trauern, doch eure Trauer wird sich von einem Augenblick zum anderen in große Freude verwandeln, wenn ihr mich wieder seht. Es wird sein wie bei einer Frau in den Wehen. Wenn ihr Kind erst geboren ist, verblassen die Schmerzen angesichts der Freude, dass ein neuer Mensch zur Welt gekommen ist. Jetzt seid ihr traurig, aber ich werde euch wieder sehen, und dann werdet ihr euch freuen, und niemand kann euch diese Freude nehmen. Wenn es so weit ist, werdet ihr mich um nichts mehr bitten müssen. Ich versichere euch: Dann könnt ihr selbst zum Vater gehen und ihn bitten, und er wird eure Bitte erfüllen, weil ihr in meinem Namen bittet. Bis jetzt habt ihr das nicht getan. Bittet in meinem Namen, und ihr werdet empfangen, dann wird eure Freude vollkommen sein.«

Der Sieg von Jesus über die Welt

»Bis jetzt habe ich über diese Dinge in Gleichnissen geredet, aber es kommt die Zeit, in der das nicht mehr nötig sein wird; dann werde ich offen mit euch reden und euch alles über den Vater erzählen. Und dann werdet ihr in meinem Namen bitten. Ich sage nicht, dass ich den Vater für euch bitten werde, denn der Vater selbst hat euch lieb, weil ihr mich liebt und glaubt, dass ich von Gott ausgegangen bin. Ich kam vom Vater in die Welt, und ich werde die Welt verlassen und zum Vater zurückkehren.«

Da sagten seine Jünger: »Endlich sprichst du offen und nicht mehr in Gleichnissen. Jetzt verstehen wir, dass du alles weißt und nicht darauf angewiesen bist, dass irgendjemand dir etwas sagt. Deshalb glauben wir, dass du von Gott gekommen bist.« Jesus fragte: »Jetzt glaubt ihr? Doch es kommt die Zeit – ja, sie ist schon angebrochen –, da werdet ihr zerstreut werden, und jeder wird seine eigenen Wege gehen und mich verlassen. Doch ich bin nicht allein, denn der Vater ist bei mir.

Ich habe euch das alles gesagt, damit ihr in mir Frieden habt. Hier auf der Erde werdet ihr viel Schweres erleben. Aber habt Mut, denn ich habe die Welt überwunden.«

Jesus betet …

Nachdem Jesus all das gesagt hatte, blickte er zum Himmel auf und sagte:

… für sich selbst

»Vater, die Zeit ist gekommen. Verherrliche deinen Sohn, damit er dich verherrlichen kann. Denn du hast ihm Macht über alle Menschen auf der ganzen Welt gegeben. Er schenkt allen, die du ihm gegeben hast, das ewige Leben. Und das ist der Weg zum ewigen Leben: dich zu erkennen, den einzig wahren Gott, und Jesus Christus, den du in die Welt gesandt hast. Ich habe dich hier auf Erden verherrlicht, indem ich alles tat, was du mir aufgetragen hast. Und nun, Vater, verherrliche mich mit der Herrlichkeit, die wir schon teilten, ehe die Welt erschaffen wurde.«

… für seine Jünger

»Ich habe deinen Namen diesen Menschen offenbart. Sie waren in der Welt, doch dann hast du sie mir gegeben. Sie haben dir schon immer gehört, und du hast sie mir gegeben, und sie haben dein Wort bewahrt. Jetzt wissen sie, dass alles, was ich habe, von dir ist, denn ich habe ihnen die Worte weitergegeben, die du mir mitgegeben hast. Sie haben diese Worte angenommen und wissen, dass ich von dir gekommen bin; und sie glauben, dass du mich gesandt hast.

Mein Gebet gilt nicht der Welt, sondern denen, die du mir gegeben hast, weil sie dir gehören. Weil sie die Meinen sind, gehören sie auch dir; doch du hast sie mir gegeben, damit ich durch sie verherrlicht werde! Jetzt verlasse ich die Welt; ich lasse sie zurück in der Welt und komme zu dir. Heiliger Vater, bewahre sie in deinem Namen, den du mir gegeben hast, damit sie eins sind, so wie wir eins sind. Während meiner Zeit hier auf Erden habe ich sie bewahrt. Ich habe über sie gewacht, sodass nicht einer verloren ging außer dem, der den Weg des Verderbens beschritt, so wie es die Schrift vorausgesagt hat.

Jetzt aber komme ich zu dir. Ich habe ihnen vieles gesagt, während ich in der Welt war, damit sie von meiner Freude vollkommen erfüllt sind. Ich habe ihnen dein Wort gegeben. Die Welt hasst sie, weil sie genau wie ich nicht zur Welt gehören. Ich bitte dich nicht, dass du sie aus der Welt herausnimmst, sondern dass du sie vor dem Bösen bewahrst. Sie gehören genauso wenig zu dieser Welt wie ich. Reinige sie und heilige sie, indem du sie deine Worte der Wahrheit lehrst. Wie du mich in die Welt gesandt hast, so sende ich sie in die Welt. Und ich gebe mich ganz für sie hin, damit auch sie durch die Wahrheit ganz dir gehören.«

… für alle, die an ihn glauben

»Ich bete nicht nur für diese Jünger, sondern auch für alle, die durch ihr Wort an mich glauben werden. Ich bete für sie alle, dass sie eins sind, so wie du und ich eins sind, Vater – damit sie in uns eins sind, so wie du in mir bist und ich in dir bin, und die Welt glaubt, dass du mich gesandt hast. Ich habe ihnen die Herrlichkeit geschenkt, die du mir gegeben hast, damit sie eins sind, wie wir eins sind – ich in ihnen und du in mir, damit sie alle zur Einheit vollendet werden. Dann wird die Welt wissen, dass du mich gesandt hast, und wird begreifen, dass du sie liebst, wie du mich liebst.

Vater, ich möchte, dass die, die du mir gegeben hast, bei mir sind, damit sie meine Herrlichkeit sehen können. Du hast mir die Herrlichkeit geschenkt, weil du mich schon vor Erschaffung der Welt geliebt hast!

Gerechter Vater, die Welt kennt dich nicht, aber ich kenne dich, und diese Jünger wissen, dass du mich gesandt hast. Ich habe ihnen deinen Namen offenbart und werde ihn auch weiterhin offenbaren. Das tue ich, damit deine Liebe zu mir in ihnen bleibt und ich in ihnen.«

In Gethsemane

Nachdem er ihnen all das gesagt hatte, überquerte Jesus mit seinen Jüngern den Bach Kidron und ging in einen Olivenhain, der Gethsemane heißt.

Dort sagte Jesus zu ihnen: »Bleibt hier sitzen, während ich ein Stück weitergehe, um zu beten.« Petrus,

Jakobus und Johannes aber nahm er mit. Schreckliche Furcht und Angst ergriff ihn und er sagte zu ihnen: »Meine Seele ist zu Tode betrübt. Bleibt hier und wacht mit mir.« Er entfernte sich etwa einen Steinwurf weit und kniete nieder. Er sank zu Boden und betete darum, dass das Schreckliche, das ihn erwartete, wenn es möglich wäre, an ihm vorübergehe. »Abba[16], Vater«, sagte er, »dir ist alles möglich. Wenn du willst, dann lass diesen Kelch des Leides an mir vorübergehen. Doch ich will deinen Willen tun, nicht meinen.«

Als er zurückging, fand er die Jünger schlafend. »Simon!«, sagte er zu Petrus. »Schläfst du etwa? Konntest du nicht eine einzige Stunde mit mir wach bleiben? Seid wachsam und betet, sonst wird euch die Versuchung überwältigen. Denn der Geist ist zwar willig, aber der Körper ist schwach.«

Und wieder ließ er sie zurück und betete: »Mein Vater! Wenn dieser Kelch nicht an mir vorübergehen kann, dann geschehe dein Wille.« Da erschien ein Engel vom Himmel und stärkte ihn. Aber er war von Angst erfüllt und betete noch heftiger und kämpfte so sehr, dass sein Schweiß wie Blut auf die Erde tropfte. Schließlich stand er auf und ging zu den Jüngern zurück, die, erschöpft vor Kummer, eingeschlafen waren. »Warum schlaft ihr?«, fragte er. »Steht auf und betet. Sonst wird die Versuchung euch überwältigen.« Doch sie konnten ihre Augen nicht mehr offen halten. Und sie wussten nicht, was sie ihm antworten sollten.

---

16 Hebräisch-aramäisch für »Vater/mein Vater«; persönliche und vertrauensvolle Anrede, mit der sich ein Kind an seinen Vater wendet.

Da ging er ein drittes Mal fort, um zu beten, und sprach die gleichen Worte. Dann kehrte er zu den Jüngern zurück und sagte: »Schlaft ihr immer noch? Ruht ihr euch immer noch aus? Es ist so weit. Der Menschensohn wird in die Hände der Sünder ausgeliefert. Kommt, lasst uns gehen. Der Verräter ist da!«

Gefangennahme und Verurteilung, Tod und Begräbnis

Die Gefangennahme von Jesus

Er hatte noch nicht ausgeredet, da näherte sich eine Menschenmenge, angeführt von Judas, einem der zwölf Jünger. Judas, der Verräter, kannte den Ort, weil Jesus oft mit seinen Jüngern in Gethsemane gewesen war.

Die obersten Priester, Schriftgelehrten und führenden Männern des Volkes hatten Judas einen Trupp römischer Soldaten und Tempelwächter mitgegeben, die ihn begleiten sollten. Nun marschierten sie mit lodernden Fackeln, Laternen und mit Schwertern und Knüppeln bewaffnet dorthin.

Jesus wusste, was mit ihm geschehen würde. Er ging ihnen entgegen und fragte: »Wen sucht ihr?« »Jesus von Nazareth«, erwiderten sie. »Ich bin es«, sagte Jesus. Judas stand bei ihnen, als Jesus sich zu erkennen gab. Und als er sagte: »Ich bin es«, wichen sie alle zurück und fielen zu Boden. Noch einmal fragte er sie: »Wen sucht ihr?« Und wieder antworteten sie: »Jesus von Nazareth.« »Ich habe euch doch gesagt, dass ich es bin«, sagte Jesus. »Und da ich derjenige bin, den ihr sucht, lasst die anderen gehen.« Damit erfüllte er seine eigene Aussage: »Ich habe auch nicht einen Einzigen von denen verloren, die du mir gegeben hast.«

Judas hatte mit ihnen ein Zeichen vereinbart: »Ihr werdet wissen, wer es ist, wenn ich auf ihn zugehe und ihn mit einem Kuss begrüße.[17] Den könnt ihr festnehmen und abführen.« Also ging Judas direkt auf Jesus zu. Jesus sagte: »Judas, wie kannst du den Menschensohn mit einem Kuss verraten?« Aber Judas rief »Ich grüße dich, Rabbi!«, und gab ihm einen Kuss. Jesus erwiderte: »Mein Freund, tu, wozu du gekommen bist.« Da packten die anderen Männer Jesus und nahmen ihn fest.

Als die Jünger begriffen, was die Menge vorhatte, riefen sie: »Herr, sollen wir kämpfen? Wir haben die Schwerter mitgebracht!« Plötzlich zog Simon Petrus ein Schwert und schlug Malchus, dem Diener des Hohen Priesters, das rechte Ohr ab. Doch Jesus sagte: »Leistet keinen Widerstand mehr. Steck dein Schwert wieder in die Scheide. Wer das Schwert benutzt, wird durchs Schwert umkommen. Wisst ihr denn nicht, dass ich meinen Vater um Tausende von Engeln bitten könnte, um uns zu beschützen, und er würde sie sofort schicken? Doch wenn ich das täte, wie sollte sich dann erfüllen, was in der Schrift vorausgesagt wird und nun eintreten muss? Soll ich etwa nicht aus dem Kelch trinken, den mir der Vater gegeben hat?« Und er berührte das Ohr des Mannes und heilte ihn.

Dann sagte Jesus zu den Männern: »Bin ich ein gefährlicher Verbrecher, dass ihr mit Schwertern und Knüppeln bewaffnet ausgerückt seid, um mich festzunehmen? Warum habt ihr mich nicht im Tempel festgenommen? Ich war doch jeden Tag dort und habe gepredigt und gelehrt. Warum habt ihr mich nicht dort

---

17 Übliche Form der ehrerbietigen Begrüßung eines Rabbis durch seine Jünger.

verhaftet? Doch all das geschieht, um die Worte der Propheten zu erfüllen, wie sie in der Schrift aufgeschrieben sind. Dies ist eure Stunde, die Zeit, in der die Macht der Finsternis die Oberhand hat.«

Da ließen ihn alle seine Jünger im Stich und flohen. Ein junger Mann, nur mit einem Leinenhemd bekleidet, schlich hinterher. Als die Männer auch ihn zu fassen versuchten, rissen sie ihm das Hemd vom Leib, doch er entkam ihnen und lief nackt davon.

Jesus vor Hannas, danach vor Kaiphas

Die Soldaten, ihr Befehlshaber und die Männer der Tempelwache verhafteten Jesus und fesselten ihn. Zunächst brachten sie ihn zu Hannas, dem Schwiegervater von Kaiphas, dem amtierenden Hohen Priester. Kaiphas war es gewesen, der zu den Juden gesagt hatte: »Es ist besser, wenn einer für das ganze Volk stirbt.«

Dann brachten die Leute, die Jesus verhaftet hatten, ihn im Auftrag von Hannas in das Haus von Kaiphas. Dort hatten sich die obersten Priester, die Schriftgelehrten und die Ältesten bereits versammelt.

Petrus verleugnet Jesus

Simon Petrus und ein anderer Jünger folgten ihnen in einiger Entfernung bis zum hohenpriesterlichen Palast. Dieser andere Jünger war mit dem Hohen Priester bekannt und durfte deshalb mit Jesus den Innenhof des hohepriesterlichen Palastes betreten. Petrus stand draußen vor dem Tor. Da sprach der andere Jünger mit der Türhüterin, und sie ließ auch Petrus herein.

Die Wachen und die Bediensteten standen im Hof um ein Kohlenfeuer, das sie angezündet hatten, weil es kalt war. Petrus stellte sich so zu den Wachen, dass er sehen konnte, was mit Jesus geschehen würde, und wärmte sich.

Eine von den Dienerinnen des Hohen Priesters, die Türhüterin, bemerkte ihn, als er sich am Feuer wärmte. Die Frau fragte Petrus: »Bist du nicht auch einer von den Jüngern, die zu Jesus gehören?« »Nein«, sagte er, »das bin ich nicht.«

Doch sie beobachtete ihn. Schließlich sagte sie: »Dieser Mann war auch bei Jesus! Du bist einer von denen, die mit Jesus von Nazareth, dem Galiläer, zusammen waren.« Doch Petrus leugnete laut, sodass es alle hören konnten. »Frau, ich kenne den Mann überhaupt nicht! Ich weiß nicht, wovon du redest«, sagte er und ging hinaus in den Vorhof. In diesem Augenblick krähte ein Hahn.

Das Verhör vor dem Hohen Priester

Inzwischen begann der Hohe Priester, Jesus über seine Anhänger und seine Lehre zu befragen. Jesus sagte: »Was ich lehre, ist überall bekannt, denn ich habe regelmäßig in den Synagogen und im Tempel gesprochen. Überall haben die Menschen mich gehört, und ich lehre nichts hinter verschlossenen Türen, was ich nicht in der Öffentlichkeit gesagt habe. Warum fragst du mich? Frag doch die, die mich gehört haben. Sie wissen, was ich gesagt habe.«

Ein Mann der Tempelwache, der dabeistand, schlug Jesus ins Gesicht und meinte: »Ist das eine Art und Weise, dem Hohen Priester zu antworten?« Jesus erwiderte: »Wenn ich etwas Falsches gesagt habe, dann beweise es. Darfst du einen Menschen schlagen, weil er die Wahrheit sagt?«

Petrus verleugnet Jesus ein zweites und ein drittes Mal

Eine Weile, nachdem Petrus zum ersten Mal abgestritten hatte, Jesus zu kennen, sah ihn die Dienerin im Vorhof stehen und sagte zu den anderen: »Dieser Mann da ist auch einer von ihnen!« Auch eine andere Dienerin bemerkte ihn und sagte zu den Umstehenden: »Dieser Mann war bei Jesus von Nazareth.« Ein Mann schaute Petrus an und meinte ebenfalls: »Du musst auch einer von ihnen sein!« Und sie fragten Petrus erneut: »Bist du nicht auch einer von seinen Jüngern?« Und wieder leugnete Petrus, diesmal schwor er sogar: »Ich kenne den Mann noch nicht einmal.«

Etwa eine Stunde später bekräftigte ein anderer: »Das muss einer der Jünger von Jesus sein, er ist auch Galiläer.« Weitere Umstehende kamen und sagten zu Petrus: »Du musst einer von ihnen sein; wir erkennen dich an deinem galiläischen Akzent.« Und ein Diener des Hohen Priesters, ein Verwandter des Mannes, dem Petrus ein Ohr abgeschlagen hatte, fragte ihn: »Habe ich dich nicht dort im Olivenhain bei Jesus gesehen?«

Wieder leugnete Petrus. Er sagte: »Ich weiß nicht, wovon du redest! Ich schwöre bei Gott, ich kenne den Mann nicht, von dem ihr redet.«

Und sobald er das gesagt hatte, krähte der Hahn zum zweiten Mal. In diesem Augenblick drehte der Herr sich um und sah Petrus an. Da erinnerte dieser sich an die Worte des Herrn: »Bevor der Hahn zwei Mal kräht, wirst du mich drei Mal verleugnen.« Und Petrus ging hinaus, brach zusammen und weinte bitterlich.

Jesus vor dem Hohen Rat

Im Haus suchten die obersten Priester und der gesamte Hohe Rat nach Zeugen, die zu einer Falschaussage gegen Jesus bereit wären, sodass sie ihn zum Tode verurteilen konnten. Doch alle ihre Bemühungen waren vergebens. Zwar sagten viele falsche Zeugen gegen ihn aus, aber sie widersprachen einander. Schließlich fanden sie zwei Männer, die behaupteten, dieser Mann habe gesagt, er könne den Tempel Gottes zerstören und ihn in drei Tagen wieder aufbauen. »Wir haben«, so behaupteten sie, »gehört, wie er sagte: ›Ich werde diesen Tempel, der von Menschen errichtet wurde, zerstören und in drei Tagen einen neuen bauen, der nicht von Menschen erbaut ist.‹« Doch auch ihre Aussagen stimmten nicht überein.

Da stand der Hohe Priester auf, stellte sich vor die anderen hin und fragte Jesus: »Willst du denn überhaupt nicht reden? Was hast du zu diesen Anklagen zu sagen?« Jesus gab keine Antwort. »Sage uns, ob du der Christus bist«, forderten die Mitglieder des Hohen Rates ihn auf. Doch er erwiderte: »Wenn ich es euch sagte, würdet ihr mir doch nicht glauben. Und wenn ich euch eine Frage stellte, würdet ihr mir nicht antworten. Aber bald kommt die Zeit, in der der Menschensohn zur Rechten des allmächtigen Gottes sitzen wird (vgl. Psalm 110,1).« Da riefen alle: »Dann behauptest du also, Gottes Sohn zu sein?« Und der Hohe Priester forderte erneut: »Im Namen des lebendigen Gottes, sage uns, ob du der Christus bist, der Sohn Gottes, des Hochgelobten.« Jesus erwiderte: »Es ist, wie du sagst. Von nun an werdet ihr den Menschensohn zur Rechten Gottes sehen, auf dem Platz der Macht, und ihr werdet sehen, wie er auf den Wolken des Himmels wiederkommen wird (vgl. Psalm 110,1; Daniel 7,13).« Da zerriss der Hohe Priester zum Zeichen seines Abscheus sein Gewand und rief aus: »Gotteslästerung! Wozu brauchen wir noch weitere Zeugen? Ihr alle habt es ihn selbst sagen hören! Was ist euer Urteil?« »Schuldig!«, riefen sie. »Er muss sterben!« Und sie verurteilten ihn zum Tod.

Einige begannen, Jesus anzuspucken und mit Fäusten ins Gesicht zu schlagen. Dann fingen die Wächter, die Jesus gefangen hielten, an, ihn zu verspotten und zu schlagen. Sie verbanden ihm die Augen und prügelten auf ihn ein mit den Worten: »Prophezeie uns, du Christus! Wer hat dich gerade geschlagen?« Und sie beschimpften ihn. Selbst die Wachen des Hohen Rates prügelten auf ihn ein, als sie ihn abführten.

Früh am nächsten Morgen versammelten sich die obersten Priester, führende Männer des Volkes und Schriftgelehrte – der gesamte Hohe Rat – noch einmal. Sie berieten, wie sie die römische Regierung dazu bringen konnten, Jesus zum Tode zu verurteilen. Sie fesselten Jesus, um ihn zu Pilatus, dem römischen Statthalter, zu bringen.

Das Ende des Judas

Als seinem Verräter Judas klar wurde, dass Jesus zum Tode verurteilt war, überfiel ihn tiefe Reue. Er wollte den obersten Priestern und Ältesten die dreißig Silberstücke zurückgeben. »Ich habe gesündigt«, gestand er, »ich habe einen Unschuldigen verraten.« »Was geht uns das an?«, fuhren sie ihn an. »Das ist deine Sache.« Da warf Judas das Geld auf den Boden des Tempels und ging hinaus.

Die obersten Priester hoben das Geld auf. »Wir können es nicht zum Tempelschatz legen«, sagten sie, »denn es ist gegen das Gesetz, Geld anzunehmen, das für einen Mord gezahlt wurde.« Und nachdem sie eine Weile beraten hatten, beschlossen sie, den Acker des Töpfers davon zu kaufen und daraus einen Friedhof für Fremde zu machen. So erfüllte sich die Prophezeiung Jeremias: *»Sie nahmen die dreißig Silberstücke – die Summe, die er dem Volk Israel wert war – und kauften damit den Acker des Töpfers, so wie es der Herr befahl«* (Sacharja 11,12-13; Jeremia 32,9).

Auf diesem Acker, gekauft von dem Geld, das er für den Verrat erhalten hatte, erhängte sich Judas. Als er dort stürzte, platzte sein Körper auf, und seine Eingeweide quollen heraus. Die Nachricht von seinem Tod verbreitete sich rasch unter den Einwohnern Jerusalems, und sie gaben dem Ort den aramäischen Namen Hakeldamach, das heißt »Blutacker«.

Jesus vor Pilatus

Das Verhör vor Kaiphas endete in den frühen Morgenstunden. Danach wurde Jesus in das Prätorium, den Palast des römischen Statthalters, gebracht. Seine Ankläger gingen nicht mit ihm hinein, weil sie sich nicht verunreinigen wollten; sie hätten sonst nicht an den Passah-Feierlichkeiten teilnehmen dürfen. Deshalb kam Pilatus zu ihnen heraus und fragte: »Was habt ihr gegen diesen Mann vorzubringen?« »Wir würden ihn dir nicht vorführen, wenn er kein Verbrecher wäre!«, gaben sie zurück. »Dann führt ihn ab und verurteilt ihn nach euren eigenen Gesetzen«, erklärte Pilatus. »Unser Gesetz erlaubt es uns nicht, jemanden hinzurichten«, erwiderten die Juden. Damit erfüllte sich die Voraussage von Jesus über die Art, wie er sterben würde.

Dann trugen sie ihm die Anklage vor: »Dieser Mann verführt unser Volk. Er fordert es auf, dem Kaiser keine Steuern zu zahlen, und er behauptet, der Christus, ein König zu sein.«

Pilatus ging wieder hinein in das Prätorium und ließ Jesus vorführen. »Bist du der König der Juden?«, fragte er ihn. Jesus erwiderte: »Bist du selbst auf diese Frage gekommen, oder haben andere dir von mir erzählt?« »Bin ich etwa ein Jude?«, entgegnete Pilatus. »Dein eigenes Volk und ihre obersten Priester haben dich hergebracht. Warum? Was hast du getan?« Darauf antwortete Jesus: »Mein Reich ist nicht von dieser Welt. Wenn es so wäre, hätten meine Diener für mich gekämpft, als ich verhaftet wurde. Aber mein Königreich ist nicht von dieser Welt.« Pilatus entgegnete: »Dann bist du also doch ein König?« »Du sagst es: Ich bin ein König; du hast recht«, erklärte Jesus. »Dazu bin ich geboren. Ich bin gekommen, um der Welt die Wahrheit zu bringen. Wer die Wahrheit liebt, wird erkennen, dass meine Worte wahr sind.« »Was ist Wahrheit?«, fragte Pilatus.

Dann ging er wieder zu den Leuten hinaus und sagte zu ihnen: »Er ist keines Verbrechens schuldig.«

Daraufhin legten die obersten Priester und die Ältesten Jesus zahlreiche Verbrechen zur Last, aber Jesus schwieg. Pilatus fragte ihn: »Hast du nichts dazu zu sagen? Hörst du nicht die Anschuldigungen gegen dich?« Sehr zum Erstaunen des Statthalters sagte Jesus nichts.

Doch die Juden bestanden darauf: »Wo er auch hinkommt, verursacht er Unruhe im Volk – in ganz Judäa, von Galiläa bis nach Jerusalem!«

»Der Mann ist also ein Galiläer?«, fragte Pilatus. Als sie das bestätigten, ließ Pilatus Jesus zu Herodes Antipas bringen, denn Galiläa unterstand seiner Rechtsprechung und Herodes hielt sich gerade in Jerusalem auf.«

Jesus vor Herodes

Herodes freute sich sehr, Jesus kennenzulernen. Er hatte schon viel von ihm gehört und immer gehofft, einmal Zeuge eines seiner Wunder zu werden. Er stellte Jesus eine Frage nach der anderen, aber Jesus gab keine Antwort. Währenddessen standen die obersten Priester und Schriftgelehrten dabei und brachten mit lauter Stimme ihre Anklagen vor. Da begannen Herodes und seine Soldaten Jesus zu verhöhnen und zu verspotten. Sie legten ihm ein prächtiges Gewand an und schickten ihn zu Pilatus zurück. An diesem Tag wurden Herodes und Pilatus, die bis dahin verfeindet gewesen waren, Freunde.

Die Verurteilung von Jesus

Pilatus berief die obersten Priester und Schriftgelehrten und das Volk ein und gab sein Urteil bekannt. »Ihr habt mir diesen Mann vorgeführt und ihn beschuldigt, das Volk aufzuhetzen. Ich habe ihn in eurer Anwesenheit gründlich befragt und habe keine Schuld an ihm gefunden. Herodes ist zum gleichen Schluss gelangt und hat ihn zu uns zurückbringen lassen. Dieser Mann hat nichts getan, wofür er den Tod verdient. Ich werde ihn auspeitschen lassen und danach lasse ich ihn frei.«

Es war Brauch, dass der Statthalter jedes Jahr anlässlich des Passahfestes einen Gefangenen freiließ, den das Volk bestimmen durfte. In diesem Jahr saß ein berüchtigter Verbrecher namens Barabbas im Gefängnis. Er war verhaftet worden, weil er zusammen mit anderen einen Mord begangen hatte und an einem Volksaufstand in Jerusalem beteiligt gewesen war. Eine große Menschenmenge bedrängte nun Pilatus und bat ihn, wie üblich einen Gefangenen freizulassen. »Soll ich euch den König der Juden geben?«, fragte Pilatus. Denn

Pilatus erkannte, dass die obersten Priester Jesus nur aus Neid verhaftet hatten. Da ging ein Aufschrei durch die Menge, und die Leute riefen wie aus einem Mund: »Nein! Nicht diesen Mann! Töte ihn und gib Barabbas frei!« Denn die obersten Priester und die Ältesten hatten das Volk aufgehetzt: Es sollte die Freilassung von Barabbas und die Hinrichtung von Jesus fordern.

Pilatus redete ihnen zu, denn er wollte lieber Jesus freilassen. Er fragte sie: »Welchen soll ich für euch freilassen – Barabbas oder Jesus, den man den Christus nennt?« Da rief die Menge: »Barabbas!« »Wenn ich Barabbas freilasse«, fragte Pilatus sie, »was soll ich dann mit diesem Mann tun, den ihr den König der Juden nennt?« Und alle schrien: »Kreuzige ihn! Kreuzige ihn!«

Zum dritten Mal wandte er ein: »Warum? Welches Verbrechen hat er begangen? Ich habe keinen Grund gefunden, ihn zum Tod zu verurteilen. Ich werde ihn auspeitschen lassen und dann freigeben.« Aber die Menge schrie nur noch lauter: »Kreuzige ihn!« Da ließ Pilatus, weil er dem Volk gefallen wollte, Barabbas frei. Jesus aber ließ er auspeitschen.

Einige der Soldaten des Statthalters brachten Jesus in den Palast, das Prätorium, und riefen alle anderen Soldaten zusammen. Nachdem sie ihn ausgepeitscht hatten, zogen sie ihn aus und legten ihm ein purpurrotes Gewand an. Sie machten eine Krone aus langen, spitzen Dornen, setzten sie ihm auf den Kopf und gaben ihm einen Stock in die rechte Hand als Zepter. Dann spotteten sie: »Sei gegrüßt, du König der Juden!« Daraufhin knieten sie vor ihm nieder, verhöhnten ihn und huldigten ihm. Und sie spuckten ihn an, nahmen ihm den Stock weg und schlugen ihn damit auf den Kopf.

Pilatus ging wieder hinaus und sagte zu den Leuten: »Ich lasse ihn jetzt zu euch hinausbringen, damit ihr wisst, dass ich keine Schuld an ihm finden kann.« Dann kam Jesus heraus. Er trug die Dornenkrone und das Purpurgewand. Und Pilatus sagte: »Hier ist er, der Mensch!« Als sie ihn sahen, fingen die obersten Priester und die Männer der Tempelwache an zu schreien: »Kreuzige ihn! Kreuzige ihn!« »Kreuzigt ihr ihn«, sagte Pilatus. »Ich kann keine Schuld an ihm finden.« Die Juden erwiderten: »Nach unserem Gesetz muss er sterben, weil er sich selbst als Gottes Sohn bezeichnet hat.«

Als Pilatus das hörte, fürchtete er sich noch mehr. Er ließ Jesus wieder zurück ins Prätorium bringen und fragte ihn: »Woher kommst du?« Aber Jesus gab keine Antwort. »Sprichst du nicht mit mir?«, fragte Pilatus. »Weißt du denn nicht, dass ich die Macht habe, dich freizulassen oder dich zu kreuzigen?« Da sagte Jesus: »Du hättest keine Macht über mich, wenn sie dir nicht von oben gegeben wäre. Deshalb hat der, der mich dir ausgeliefert hat, die schwerere Sünde begangen.«

Darauf wollte Pilatus ihn erneut freilassen, die Juden aber schrien: »Wenn du diesen Mann freilässt, bist du kein Freund des Kaisers. Wer sich zum König erklärt, erhebt sich gegen den Kaiser.«

Auf diese Worte hin ließ Pilatus Jesus wieder hinausführen. Dann setzte er sich auf den Richterstuhl, an einer Stelle, die man »Steinpflaster« nannte (auf Hebräisch Gabbata). Das war um die Mittagszeit am Tag vor dem Passahfest. Und Pilatus sagte zu den Leuten: »Hier ist euer König!« »Weg mit ihm!«, schrien sie. »Weg mit ihm – kreuzige ihn!« »Was? Euren König soll ich kreuzigen lassen?«, fragte Pilatus. »Wir haben keinen König außer dem Kaiser«, gaben die obersten Priester zur Antwort.

Als Pilatus auf dem Richterstuhl saß, schickte ihm seine Frau eine Nachricht: »Lass diesen unschuldigen Mann in Ruhe; ich hatte letzte Nacht seinetwegen einen schrecklichen Traum.«

Aber die Menge schrie noch lauter und verlangte die Kreuzigung von Jesus. Sie übertönten Pilatus mit ihrem Geschrei. Pilatus sah, dass er so nicht weiterkam und dass sich ein Tumult anbahnte. Da ließ er sich eine Schüssel mit Wasser bringen und wusch sich vor den Augen der Menge die Hände mit den Worten: »Ich bin unschuldig am Blut dieses Mannes. Die Verantwortung liegt bei euch!« Und die Menge schrie zurück: »Wir übernehmen die Verantwortung für seinen Tod – wir und unsere Kinder!«

Da verurteilte Pilatus Jesus zum Tod, wie sie es verlangten, und überließ ihnen Jesus zur Kreuzigung. Die Soldaten nahmen ihm das Purpurgewand ab und zogen ihm seine eigenen Kleider wieder an. Dann führten sie ihn ab, um ihn zu kreuzigen.

Die Kreuzigung von Jesus

Als sie Jesus, der das Kreuz selbst trug, abführten, begegnete ihnen ein Mann namens Simon aus Kyrene. (Simon ist der Vater von Alexander und Rufus). Er kam gerade vom Feld zurück. Sie zwangen ihn, hinter Jesus herzugehen und ihm sein Kreuz zu tragen.

Ihnen schloss sich eine große Menschenmenge an, darunter viele trauernde, wehklagende Frauen. Doch

Jesus wandte sich um und sagte zu ihnen: »Töchter Jerusalems, weint nicht um mich, sondern klagt über euch selbst und eure Kinder. Denn es kommt die Zeit, da werden sie sagen: ›Glücklich sind die Frauen, die kinderlos geblieben sind, deren Körper nie ein Kind geboren und deren Brüste keinen Säugling gestillt haben.‹ Die Menschen werden die Berge anflehen, auf sie zu fallen, und die Hügel, sie unter sich zu begraben. Denn wenn dies schon mit dem grünen Holz geschieht, wie wird es dann erst dem toten Holz ergehen?«

Auch zwei andere Männer, beides Verbrecher, wurden abgeführt, um mit ihm hingerichtet zu werden.

So zogen sie hinaus zu dem Ort, der Schädelstätte genannt wird (auf Hebräisch Golgatha). Die Soldaten gaben ihm Wein, der mit bitterer Galle vermischt war, doch als er ihn schmeckte, weigerte er sich, ihn zu trinken. Dann kreuzigten sie ihn und mit ihm die zwei Verbrecher, einen auf jeder Seite von ihm, mit Jesus in der Mitte. Es war neun Uhr morgens, als sie ihn kreuzigten. Jesus sagte: »Vater, vergib diesen Menschen, denn sie wissen nicht, was sie tun.«

Nachdem die Soldaten – es waren vier Mann – Jesus ans Kreuz genagelt hatten, teilten sie seine Kleider unter sich auf. Sie nahmen auch sein Untergewand an sich. Es war ohne Naht aus einem einzigen Stück gewebt, deshalb sagten sie: »Wir wollen es nicht zerreißen, sondern darum würfeln.« Damit erfüllte sich die Schrift, in der es heißt: *»Sie teilten meine Kleider unter sich auf und würfelten um mein Gewand«* (Psalm 22,19).

Und so machten sie es. Dann setzten sie sich um das Kreuz und hielten Wache.

Pilatus ließ ein Schild über Jesus am Kreuz anbringen, auf dem stand, wofür er angeklagt worden war. Der Ort, an dem Jesus gekreuzigt wurde, lag in unmittelbarer Nähe der Stadt; und das Schild war in Hebräisch, Lateinisch und Griechisch geschrieben, sodass viele Leute es lesen konnten. Die Aufschrift lautete: »Dies ist Jesus, der König der Juden.« Da sagten die obersten Priester zu Pilatus: »Schreib nicht ›König der Juden‹, sondern schreib: ›Er hat behauptet: Ich bin der König der Juden.‹« Pilatus entgegnete: »Was ich geschrieben habe, habe ich geschrieben.«

Die Leute, die vorbeigingen, schüttelten den Kopf und verspotteten Jesus: »Ha! Du kannst doch den Tempel zerstören und in drei Tagen wieder aufbauen, oder? Nun, wenn du der Sohn Gottes bist, dann rette dich doch selbst und steig vom Kreuz herab!« Die obersten Priester, Schriftgelehrten und Ältesten verspotteten Jesus ebenfalls. »Anderen hat er geholfen«, höhnten sie. »Soll er sich jetzt doch selbst retten, wenn er wirklich Gottes Auserwählter, der Christus, ist. Dieser König Israels, soll er doch vom Kreuz heruntersteigen, sodass wir es sehen und ihm glauben können! Er hat Gott vertraut – nun soll Gott zeigen, dass er zu ihm steht, indem er ihn verschont! Er hat ja behauptet: ›Ich bin der Sohn Gottes.‹«

Auch die Soldaten verhöhnten ihn. Sie gaben ihm Weinessig zu trinken und riefen ihm zu: »Wenn du der König der Juden bist, rette dich doch selbst!«

Selbst die beiden Verbrecher, die mit Jesus zusammen gekreuzigt worden waren, verhöhnten ihn. Aber als einer von ihnen spottete: »Du bist also der Christus? Beweise es, indem du dich rettest – und uns mit!«, mahnte der andere: »Hast du nicht einmal jetzt Ehrfurcht vor Gott, da du den Tod vor Augen hast? Wir haben für unsere Vergehen den Tod verdient, aber dieser Mann hat nichts Unrechtes getan.« Dann sagte er: »Jesus, denk an mich, wenn du in dein Reich kommst.« Da antwortete Jesus: »Ich versichere dir: Heute noch wirst du mit mir im Paradies sein.«

In der Nähe des Kreuzes standen die Mutter von Jesus und ihre Schwester sowie Maria, die Frau von Klopas, und Maria Magdalena. Als Jesus seine Mutter dort neben dem Jünger stehen sah, den er lieb hatte, sagte er zu ihr: »Frau, das ist jetzt dein Sohn.« Und zu dem Jünger sagte er: »Das ist nun deine Mutter.« Von da an nahm der Jünger sie zu sich in sein Haus.

Der Tod von Jesus

Gegen Mittag legte sich eine Finsternis über das ganze Land, die drei Stunden anhielt. Die Sonne hatte sich verfinstert. Gegen drei Uhr rief Jesus mit lauter Stimme: »Eli, Eli, lama asabtani?«, das bedeutet: *»Mein Gott, mein Gott, warum hast du mich verlassen?«* (Psalm 22,2). Einige von den Leuten, die dabeistanden, verstanden ihn falsch und dachten, er rufe den Propheten Elia.

Jesus wusste, dass nun alles vollbracht war, und um zu erfüllen, was in der Schrift vorausgesagt war, sagte er: »Ich habe Durst« (vgl. Psalm 22,16; 69,22). Einer lief und tauchte einen Schwamm in ein Gefäß mit Weinessig. Er steckten ihn auf einen Ysopzweig, den er Jesus an die Lippen hielt, damit er trinken konnte. Aber die anderen sagten: »Warte! Lass ihn in Ruhe. Wir wollen sehen, ob Elia wirklich kommt und ihn herunterholt und rettet.« Als Jesus davon genommen hatte, sagte er: »Es ist vollbracht!« Und er schrie noch einmal und rief: »Vater, *ich lege meinen Geist in deine Hände!*« (Psalm 31,6). Dann neigte er den Kopf und starb.

In diesem Augenblick zerriss der Vorhang im Tempel von oben bis unten in zwei Teile. Die Erde bebte, Felsen zerbarsten, Gräber öffneten sich und die Leiber vieler gottesfürchtiger Männer und Frauen, die schon längst verstorben waren, wurden von den Toten auferweckt. Nachdem Jesus auferstanden war, verließen sie die Gräber, gingen in die heilige Stadt Jerusalem und erschienen dort vielen Menschen.

Der römische Hauptmann, der dem Kreuz gegenüberstand und mit angesehen hatte, wie Jesus gestorben war, lobte Gott und sagte: »Dieser Mann war wirklich unschuldig.« Und auch die anderen Soldaten, die ihn gekreuzigt hatten, überkam Todesangst bei dem Erdbeben und den anderen Ereignissen. Sie sagten: »Es stimmt, das war wirklich der Sohn Gottes!«

Die vielen Zuschauer, die zur Kreuzigung gekommen waren und alles miterlebt hatten, was geschehen war, gingen voll Reue wieder nach Hause.

Aber die Freunde von Jesus schauten aus einiger Entfernung zu. Unter ihnen waren Maria von Magdala, Maria (die Mutter von Jakobus dem Jüngeren und von Josef) und Salome, die Frau des Zebedäus. Sie waren schon in Galiläa bei Jesus gewesen und hatten für ihn gesorgt. Danach waren sie und viele andere Frauen zusammen mit ihm nach Jerusalem gegangen.

Die führenden Männer des jüdischen Volkes wollten die Gekreuzigten nicht bis zum nächsten Tag, einem Sabbat – der wegen des Passahfestes noch dazu ein besonderer Sabbat war –, am Kreuz hängen lassen. Um den Tod schneller herbeizuführen, baten sie Pilatus, dass man ihnen die Beine brach. Dann konnten die Leichname vom Kreuz abgenommen werden. Da kamen die Soldaten und brachen den beiden Männern, die mit Jesus gekreuzigt worden waren, die Beine. Doch als sie zu Jesus kamen, sahen sie, dass er schon tot war, deshalb brachen sie ihm nicht die Beine. Einer der Soldaten bohrte jedoch einen Speer in seine Seite, und Blut und Wasser flossen heraus.

Diese Dinge sind geschehen, damit sich erfüllt, was in der Schrift vorausgesagt ist: *»Nicht einer seiner Knochen wird zerbrochen werden«* (2. Mose 12,46; 4. Mose 9,12; Psalm 34,21), und: *»Sie werden auf den schauen, den sie durchbohrt haben«* (Sacharja 12,10).

Das Begräbnis von Jesus

Nun lebte dort ein reicher, gütiger und gerechter Mann mit Namen Josef. Er war ein angesehenes Mitglied des Hohen Rats, doch er war mit der Entscheidung und dem Vorgehen der anderen Ratsmitglieder nicht einverstanden gewesen. Er war insgeheim ein Jünger von Jesus, denn er fürchtete sich vor den führenden Juden. Josef stammte aus der Stadt Arimathäa in Judäa und wartete auf das Kommen des Reiches Gottes. Als es Abend wurde, fasste dieser Josef Mut und ging zu Pilatus, um ihn um den Leichnam von Jesus zu bitten. Pilatus konnte nicht glauben, dass Jesus schon tot war, deshalb ließ er den verantwortlichen römischen Hauptmann rufen und fragte ihn. Der Hauptmann bestätigte den Tod, und Pilatus überließ Josef den Leichnam. Josef kaufte ein langes Leinentuch und nahm den Leichnam vom Kreuz.

Auch Nikodemus, der Jesus einmal in der Nacht aufgesucht hatte, kam und brachte zum Einbalsamieren etwa dreißig Kilogramm Myrrhe und Aloe mit. Gemeinsam wickelten sie den Leichnam mit den Kräutern in das lange Leinentuch, wie es bei den Juden vor dem Begräbnis Brauch ist.

Der Ort der Kreuzigung befand sich in der Nähe eines Gartens; dort lag Josefs eigenes neues Grab, das in den Felsen gehauen und noch nie benutzt worden war. Und weil es der Tag der Vorbereitung für das Passahfest war und das Grab sich in der Nähe befand, bestatteten sie Jesus dort. Schließlich rollten sie einen großen Stein vor den Eingang und gingen.

Als der Leichnam fortgebracht wurde, folgten die Frauen aus Galiläa und sahen das Grab, in das sie ihn legten. Auch Maria von Magdala und Maria, die Mutter von Josef, blieben in der Nähe sitzen und beobachteten, wohin der Leichnam von Jesus gelegt wurde. Dann gingen sie nach Hause und bereiteten Kräuter und Öle vor, um ihn damit einzubalsamieren.

Die Bewachung des Grabes

Am nächsten Tag – dem ersten Tag des Passahfestes – gingen die obersten Priester und Pharisäer zu Pilatus. Sie sagten zu ihm: »Herr, uns ist eingefallen, dass dieser Verführer, als er noch lebte, einmal gesagt hat: ›Nach drei Tagen werde ich von den Toten auferweckt.‹ Wir möchten dich deshalb bitten, das Grab bis zum dritten Tag versiegeln zu lassen. Das wird seine Jünger daran hindern, zurückzugehen und seinen Leichnam zu stehlen, um dann allen zu sagen, er sei wieder lebendig! Denn wenn das geschieht, wird der Betrug noch schlimmer sein als vorher.« Pilatus erwiderte: »Nehmt Wachen mit und sichert das Grab, so gut ihr könnt.« Also versiegelten sie das Grab und stellten Wachen auf, die es schützen sollten.

Auferstehung – Begegnungen mit den Jüngern – Himmelfahrt

Das leere Grab: Jesus ist auferstanden

Am Sabbat ruhten die Frauen den ganzen Tag, wie es im Gesetz vorgeschrieben ist. Am nächsten Abend, als der Sabbat vorüber war[18], kauften Maria von Magdala, Salome und Maria, die Mutter von Jakobus, wohlriechende Öle, um den Leichnam einzubalsamieren. Früh am Sonntagmorgen, am ersten Tag der Woche, als es noch dunkel war, machten sie sich mit Johanna und mehreren anderen Frauen auf den Weg zum Grab und brachten die Öle mit, die sie vorbereitet hatten.

Plötzlich gab es ein starkes Erdbeben, weil ein Engel des Herrn vom Himmel herabkam, den Stein beiseite rollte und sich darauf niederließ. Sein Gesicht leuchtete wie ein Blitz, und sein Gewand war weiß wie Schnee. Die Wachen zitterten vor Angst, als sie ihn sahen, fielen zu Boden und blieben wie tot liegen.

Gerade als die Sonne aufging, kamen die Frauen zum Grab. Unterwegs hatten sie überlegt, wer ihnen den Stein vom Eingang des Grabes wegwälzen könnte. Als sie jedoch hinkamen, sahen sie, dass der Stein – ein massiver Felsblock – bereits zur Seite gewälzt war. So gingen sie in die Grabhöhle hinein, konnten aber den Leichnam von Jesus, dem Herrn, nicht finden. Maria Magdalena lief zu Simon Petrus und dem anderen Jünger, den Jesus lieb hatte, und sagte: »Sie haben den

18 D. h. am Samstagabend nach Sonnenuntergang.

Herrn aus dem Grab weggenommen, und ich weiß nicht, wo sie ihn hingebracht haben!«

Die anderen Frauen standen ratlos in der Grabhöhle und überlegten, was geschehen sein konnte. Da bemerkten sie dort auf der rechten Seite einen jungen Mann in einem strahlend weißen Gewand. Und ein zweiter Mann in einem strahlenden Gewand stand plötzlich neben ihnen. Die Frauen erschraken und verneigten sich vor ihnen. Da sagten die Männer: »Habt keine Angst! Wir wissen, ihr sucht Jesus, der gekreuzigt wurde. Aber warum sucht ihr den Lebenden bei den Toten? Er ist nicht hier! Er ist von den Toten auferstanden, wie er gesagt hat. Erinnert ihr euch nicht, wie er euch in Galiläa sagte, dass der Menschensohn in die Hände sündiger Menschen übergeben und gekreuzigt werden muss und dass er am dritten Tag wieder auferstehen wird?« Da erinnerten sie sich, dass er das gesagt hatte. »Und nun geht«, forderten die Engel sie auf, »und sagt seinen Jüngern, auch Petrus, dass er von den Toten auferstanden ist und ihnen nach Galiläa vorausgeht. Dort werdet ihr ihn sehen, wie er es euch gesagt hat, bevor er starb! Merkt euch, was wir euch gesagt haben.«

Zitternd vor Angst und Bestürzung flohen die Frauen aus dem Grab. Und doch waren sie zugleich außer sich vor Freude. So schnell sie konnten, liefen sie zurück, um den elf Jüngern – und allen anderen – zu berichten, was geschehen war. Doch für diese klang die Geschichte völlig unsinnig, deshalb glaubten sie ihnen nicht.

Petrus und der andere Jünger, den Jesus lieb hatte, liefen zum Grab, um nachzusehen. Der andere Jünger lief schneller als Petrus und kam als Erster an. Er beugte sich vor, um hineinzuschauen, und sah die Leinentücher daliegen, aber er ging nicht hinein. Dann kam Simon Petrus und ging in die Grabhöhle hinein. Auch er sah die Leinentücher dort liegen; das Tuch, das den Kopf von Jesus bedeckt hatte, lag zusammengefaltet auf der Seite. Dann ging er weg und fragte sich verwundert, was geschehen war. Da ging auch der andere Jünger hinein, und er sah und glaubte – denn bis dahin hatten sie die Aussage der Schrift nicht verstanden, dass Jesus von den Toten auferstehen würde.

Der Auferstandene erscheint Maria aus Magdala, danach den anderen Frauen

Dann gingen die beiden Jünger nach Hause zurück. Maria aber, die auch gekommen war, stand weinend draußen vor dem Grab, und während sie weinte, beugte sie sich vor und schaute hinein. Da sah sie zwei weiß gekleidete Engel sitzen, einen am Kopf- und einen am Fußende der Stelle, an der der Leichnam von Jesus gelegen hatte. »Warum weinst du?«, fragten die Engel sie. »Weil sie meinen Herrn weggenommen haben«, erwiderte sie, »und ich nicht weiß, wo sie ihn hingelegt haben.«

Sie blickte über ihre Schulter zurück und sah jemanden hinter sich stehen. Es war Jesus, aber sie erkannte ihn nicht. »Warum weinst du?«, fragte Jesus sie. »Wen suchst du?« Sie dachte, er sei der Gärtner. »Herr«, sagte sie, »wenn du ihn weggenommen hast, sag mir, wo du ihn hingebracht hast; dann gehe ich ihn holen.«

»Maria!«, sagte Jesus. Sie drehte sich um zu ihm und rief aus: »Meister!« »Berühre mich nicht«, sagte Jesus, »denn ich bin noch nicht zum Vater aufgefahren. Aber geh zu meinen Brüdern und sage ihnen, dass ich zu meinem Vater und zu eurem Vater, zu meinem Gott und zu eurem Gott auffahre.« Maria Magdalena ging zu den Jüngern, die um ihn trauerten und weinten, und erzählte ihnen, dass Jesus lebe. »Ich habe den Herrn gesehen!«, sagte sie. Dann berichtete sie, was er ihr aufgetragen hatte. Doch sie glaubten ihr nicht.

Jesus war am frühen Sonntagmorgen von den Toten auferstanden und erschien also zuerst Maria von Magdala, die er von sieben Dämonen befreit hatte. Danach begegneten auch die anderen Frauen Jesus. »Seid gegrüßt!«, sagte er. Und sie liefen zu ihm hin, umklammerten seine Füße und beteten ihn an. Jesus sagte zu ihnen: »Habt keine Angst! Geht und sagt meinen Brüdern, sie sollen nach Galiläa kommen, dort werden sie mich sehen.«

Die Bestechung der Wache durch die führenden Priester

Während die Frauen auf dem Weg in die Stadt waren, gingen einige der Männer, die das Grab bewacht hatten, zu den obersten Priestern und berichteten ihnen, was geschehen war. Sofort wurde eine Versammlung aller Ältesten einberufen. Sie beschlossen, die Soldaten zu bestechen, und gaben ihnen die folgende Anweisung: »Ihr müsst sagen: ›Die Jünger von Jesus kamen in der Nacht, während wir schliefen, und haben seinen Leichnam gestohlen.‹ Wenn der Statthalter davon erfährt, werden wir euch beistehen. Ihr braucht nichts Schlimmes zu befürchten.« Die Soldaten nahmen das Bestechungsgeld an und sagten, was ihnen aufgetragen worden war. Ihre Geschichte verbreitete sich unter den Juden, und sie erzählen sie noch bis zum heutigen Tag.

Auf dem Weg nach Emmaus

Am gleichen Tag waren zwei Jünger von Jesus unterwegs nach Emmaus, einem Dorf, das etwa elf Kilometer von Jerusalem entfernt lag. Auf dem Weg sprachen sie über alles, was geschehen war. Plötzlich kam Jesus selbst, schloss sich ihnen an und ging mit ihnen. Aber sie wussten nicht, wer er war, weil Gott verhinderte, dass sie ihn erkannten.

»Worüber redet ihr«, fragte Jesus. »Was beschäftigt euch denn so?« Da blieben sie voller Traurigkeit stehen. Einer von ihnen, Kleopas, sagte: »Du bist wohl der einzige Mensch in Jerusalem, der nicht gehört hat, was sich dort in den letzten Tagen ereignet hat.« »Was waren das für Ereignisse?«, fragte Jesus. »Das, was mit Jesus von Nazareth geschehen ist«, sagten sie. »Er war ein Prophet, der vor Gott und dem ganzen Volk erstaunliche Wunder tat und mit großer Vollmacht lehrte. Doch unsere obersten Priester und die anderen Ältesten haben ihn verhaftet, den Römern ausgeliefert und zum Tod verurteilen lassen, und er wurde gekreuzigt. Wir hatten gehofft, er sei der Christus, der Israel retten und erlösen wird. Das alles geschah vor drei Tagen. Aber heute Morgen waren einige Frauen aus unserer Gemeinschaft schon früh an seinem Grab und kamen mit einem erstaunlichen Bericht zurück. Sie sagten, sein Leichnam sei nicht mehr da, und sie hätten Engel gesehen, die ihnen sagten, dass Jesus lebt! Einige von uns liefen hin, um nachzuschauen, und tatsächlich war der Leichnam von Jesus verschwunden, wie die Frauen gesagt hatten.«

Darauf sagte Jesus zu ihnen: »Was seid ihr doch für unverständige Leute! Es fällt euch so schwer zu glauben, was die Propheten in der Schrift gesagt haben. Haben sie nicht angekündigt, dass der Christus alle diese Dinge erleiden muss, bevor er verherrlicht wird?« Und er begann bei Mose und den Propheten und erklärte ihnen alles, was in der Schrift über ihn geschrieben stand.

Mittlerweile näherten sie sich ihrem Ziel, dem Dorf Emmaus. Es schien so, als ob Jesus weitergehen wollte, doch sie baten ihn inständig, über Nacht bei ihnen zu bleiben, da es schon dunkel wurde. Da trat er mit ihnen ins Haus.

Als sie sich hinsetzten, um zu essen, nahm er das Brot, segnete es, brach es und gab es ihnen. Da gingen ihnen die Augen auf und sie erkannten ihn. Doch im selben Augenblick verschwand er! Sie sagten zueinander: »War es uns nicht seltsam warm ums Herz, als er unterwegs mit uns sprach und uns die Schrift auslegte?«

Und sofort brachen sie auf und gingen nach Jerusalem zurück, wo die elf Jünger und die, die bei ihnen waren, sich versammelt hatten. Als sie ankamen, wurden sie mit der Nachricht empfangen: »Der Herr ist tatsächlich auferstanden! Er ist Petrus erschienen!« Da erzählten auch die beiden Jünger aus Emmaus ihre Geschichte, wie Jesus unterwegs mit ihnen gesprochen hatte und wie sie ihn erkannt hatten, als er das Brot brach.

Der Auferstandene erscheint der ganzen Jüngerschaft

Am Abend dieses ersten Tages der Woche trafen die Jünger sich hinter verschlossenen Türen, weil sie Angst vor den Juden hatten. Plötzlich, während sie gemeinsam aßen und miteinander sprachen, stand Jesus selbst mitten unter ihnen! »Friede sei mit euch«, sagte er. Doch sie hatten alle schreckliche Angst, weil sie dachten, sie sähen einen Geist! »Warum fürchtet ihr euch so?«, fragte er. »Warum zweifelt ihr, wer ich bin?« Er rügte ihren Unglauben, ihre hartnäckige Weigerung, denen zu glauben, die ihn nach seiner Auferstehung gesehen hatten. »Seht euch meine Hände an. Seht euch meine Füße an«, sagte er. »Ihr könnt doch sehen, dass ich es wirklich bin. Berührt mich und vergewissert euch, dass ich kein Geist bin; denn ein Geist hat keinen Körper, und ich habe einen, wie ihr seht!« Bei diesen Worten hielt er ihnen seine Hände hin und zeigte ihnen seine Füße und seine Seite. Noch immer standen sie voller Zweifel und Freude da. Er fragte sie: »Habt ihr etwas zu essen da?« Sie reichten ihm ein Stück gebratenen Fisch, und er aß ihn vor ihren Augen.

Wieder sprach er zu ihnen und sagte: »Friede sei mit euch. Wie der Vater mich gesandt hat, so sende ich euch.« Dann hauchte er sie an und sprach: »Empfangt den Heiligen Geist. Wem ihr die Sünden vergebt, dem sind sie vergeben. Wem ihr sie nicht vergebt, dem sind sie nicht vergeben.«

Der Auferstandene und Thomas: Vom Unglauben zur Anbetung

Einer der Jünger, Thomas, der auch »Zwilling« genannt wurde, war nicht dabei gewesen, als Jesus kam. Sie erzählten ihm: »Wir haben den Herrn gesehen!« Doch er erwiderte: »Das glaube ich nicht, es sei denn, ich sehe die Wunden von den Nägeln in seinen Händen, berühre sie mit meinen Fingern und lege meine Hand in die Wunde an seiner Seite.«

Acht Tage später waren die Jünger wieder beisammen, und diesmal war auch Thomas bei ihnen. Die Türen waren verschlossen; doch plötzlich stand Jesus, genau wie zuvor, in ihrer Mitte. Er sprach: »Friede sei mit euch!« Dann sagte er zu Thomas: »Lege deine Finger auf diese Stelle hier und sieh dir meine Hände an. Lege deine Hand in die Wunde an meiner Seite. Sei nicht mehr ungläubig, sondern glaube!« »Mein Herr und mein Gott!«, rief Thomas aus. Da sagte Jesus zu ihm: »Du glaubst, weil du mich gesehen hast. Gesegnet sind die, die mich nicht sehen und dennoch glauben.«

Der Auferstandene erscheint seinen Jüngern am See von Tiberias

Später zeigte sich Jesus den Jüngern noch einmal am See von Tiberias. Das geschah folgendermaßen: Simon

Petrus, Thomas, der auch »Zwilling« genannt wurde, Nathanael aus Kana in Galiläa, die Söhne des Zebedäus und zwei andere Jünger waren dort zusammen. Simon Petrus sagte: »Ich gehe fischen.« »Wir kommen mit«, meinten die anderen. Also fuhren sie im Boot hinaus, doch sie fingen die ganze Nacht über nichts.

Bei Morgengrauen sahen die Jünger Jesus am Ufer stehen, doch sie konnten nicht sehen, wer es war. Er rief ihnen zu: »Freunde, habt ihr etwas gefangen?« »Nein«, antworteten sie. Da sagte er: »Werft euer Netz auf der rechten Seite des Bootes aus, dann werdet ihr etwas fangen!« Sie taten es, und bald konnten sie das Netz nicht mehr einholen, weil so viele Fische darin waren.

Da sagte der Jünger, den Jesus liebte, zu Petrus: »Es ist der Herr!« Als Simon Petrus hörte, dass es der Herr war, legte er sein Obergewand an – denn er hatte es zur Arbeit ausgezogen –, sprang ins Wasser und schwamm ans Ufer. Die anderen blieben beim Boot und zogen das gefüllte Netz hinter sich her. Sie waren etwa hundert Meter vom Ufer entfernt. Als sie ausstiegen und an Land gingen, sahen sie ein Kohlenfeuer brennen, auf dem Fisch gebraten wurde; dazu gab es Brot. »Holt ein paar von den Fischen, die ihr gerade gefangen habt«, sagte Jesus. Da stieg Simon Petrus ins Boot und holte das Netz an Land. Obwohl es mit hundertdreiundfünfzig großen Fischen gefüllt war, zerriss das Netz nicht. »Kommt her und frühstückt!«, sagte Jesus. Doch keiner wagte ihn zu fragen, ob er wirklich der Herr sei. Sie wussten, dass er es war. Jesus kam auf sie zu, nahm das Brot und gab es ihnen, ebenso den Fisch.

Das war das dritte Mal, dass Jesus seinen Jüngern erschien, seit er von den Toten auferstanden war.

Der Auferstandene und Petrus: Erneuertes Vertrauen

Nach dem Frühstück sagte Jesus zu Simon Petrus: »Simon, Sohn des Johannes, liebst du mich mehr als die anderen?« »Ja, Herr«, erwiderte Petrus, »du weißt, dass ich dich lieb habe.« »Dann weide meine Lämmer«, sagte Jesus. Jesus wiederholte die Frage: »Simon, Sohn des Johannes, liebst du mich?« »Ja, Herr«, antwortete Petrus, »du weißt, dass ich dich lieb habe.« »Dann hüte meine Schafe«, sagte Jesus. Noch einmal fragte er ihn: »Simon, Sohn des Johannes, hast du mich lieb?« Petrus wurde traurig, weil Jesus die Frage zum dritten Mal stellte, und sagte: »Herr, du weißt alles. Du weißt, dass ich dich lieb habe.« Jesus sagte: »Dann weide meine Schafe.

Ich versichere dir: Als du jung warst, konntest du tun, was du wolltest, und hingehen, wo es dir gefiel. Doch wenn du alt bist, wirst du deine Hände ausstrecken, und ein anderer wird dich führen und hinbringen, wo du nicht hingehen willst.« So deutete Jesus an, auf welche Weise Petrus sterben würde, um Gott damit zu verherrlichen. Dann forderte Jesus ihn auf: »Folge mir nach.«

Petrus und der Jünger, den Jesus besonders liebte: Unterschiedliche Wege in der Nachfolge

Petrus drehte sich um und sah, dass der Jünger hinter ihnen ging, den Jesus liebte – jener Jünger, der sich beim Abendmahl zu Jesus hinübergelehnt und gefragt hatte:

»Herr, wer von uns wird dich verraten?« Petrus fragte Jesus: »Was ist mit ihm, Herr?« Jesus erwiderte: »Wenn ich will, dass er am Leben bleibt, bis ich wiederkomme, was geht das dich an? Folge du mir nach.«

Deshalb verbreitete sich in der Gemeinde der Gläubigen das Gerücht, dass dieser Jünger nicht sterben würde. Doch das hatte Jesus nicht gesagt. Er hatte nur gesagt: »Wenn ich will, dass er am Leben bleibt, bis ich wiederkomme, was geht das dich an?«

Der Auftrag des Auferstandenen an seine Jünger

Dann gingen die elf Jünger nach Galiläa zu dem Berg, den Jesus ihnen genannt hatte. Als sie ihn sahen, beteten sie ihn an – aber einige zweifelten immer noch.

Jesus kam und sagte zu seinen Jüngern: »Mir ist alle Macht im Himmel und auf der Erde gegeben. Darum geht in die ganze Welt und verkündet allen Menschen die gute Botschaft. Geht zu allen Völkern und macht sie zu Jüngern. Tauft sie im Namen des Vaters und des Sohnes und des Heiligen Geistes und lehrt sie, alle Gebote zu halten, die ich euch gegeben habe. Wer glaubt und getauft wird, wird gerettet werden. Wer aber nicht glaubt, wird verurteilt werden.

Und diese Zeichen werden die begleiten, die glauben: Sie werden in meinem Namen Dämonen austreiben und sie werden neue Sprachen sprechen. Sie werden Schlangen anfassen oder etwas Tödliches trinken können, und es wird ihnen nicht schaden. Sie werden Kranken die Hände auflegen und sie heilen.

Und ich versichere euch: Ich bin immer bei euch bis ans Ende der Zeit.«

Weitere Erscheinungen des Auferstandenen Die Verheißung, den Heiligen Geist zu senden

In den vierzig Tagen nach seiner Kreuzigung erschien er den erwählten Aposteln immer wieder und bewies ihnen auf vielfältige Weise, dass er wirklich lebt. Und er sprach mit ihnen über das Reich Gottes. Eines Tages sahen ihn sogar mehr als fünfhundert seiner Anhänger auf einmal.

Bei seiner Erscheinung in Jerusalem sagte er zu den Aposteln: »Als ich bei euch war, habe ich euch erklärt, dass alles, was bei Mose, bei den Propheten und in den Psalmen über mich geschrieben steht, in Erfüllung gehen muss.« Nun öffnete er ihnen den Blick für das Verständnis dieser Schriften. Er sagte: »Es wurde vor langer Zeit aufgeschrieben, dass der Christus leiden und sterben und am dritten Tag auferstehen muss. Geht in seinem Namen zu allen Völkern, angefangen in Jerusalem, ruft sie zur Umkehr auf, damit sie Vergebung der Sünden erhalten. Für all dies seid ihr meine Zeugen. Und nun werde ich euch den Heiligen Geist senden, wie mein Vater es versprochen hat. Ihr aber bleibt hier in der Stadt, bis der Heilige Geist kommen und euch mit Kraft aus dem Himmel erfüllen wird. Bleibt hier in Jerusalem, bis der Vater euch sendet, was er versprochen hat. Erinnert euch: Ich habe schon mit euch darüber geredet. Johannes hat mit Wasser getauft, doch schon in wenigen Tagen werdet ihr mit dem Heiligen Geist getauft werden.«

Die Himmelfahrt von Jesus

Als die Apostel zum letzten Mal mit Jesus zusammen waren, führte er sie in die Nähe von Betanien. Sie fragten ihn immer wieder: »Herr, wirst du Israel jetzt befreien und unser Königreich wiederherstellen?« »Die Zeit dafür bestimmt allein der Vater«, erwiderte er, »es steht euch nicht zu, sie zu kennen. Aber wenn der Heilige Geist über euch gekommen ist, werdet ihr seine Kraft empfangen. Dann werdet ihr den Menschen auf der ganzen Welt von mir erzählen – in Jerusalem, in ganz Judäa, in Samarien, ja bis an die Enden der Erde.«

Nachdem Jesus, der Herr, zu ihnen gesprochen hatte, hob er die Hände zum Himmel und segnete sie. Noch während er sie segnete, verließ er sie. Er wurde vor ihren Augen in den Himmel hinaufgehoben und verschwand in einer Wolke. Dann setzte er sich auf den Ehrenplatz an die rechte Seite Gottes.

Während die Jünger ihm nachschauten, standen plötzlich zwei weiß gekleidete Männer bei ihnen. Sie sagten: »Männer aus Galiläa, warum steht ihr hier und starrt zum Himmel? Jesus ist von euch fort in den Himmel geholt worden. Eines Tages wird er genauso wiederkommen, wie ihr ihn habt fortgehen sehen!« Die Jünger beteten Jesus an und kehrten danach voll großer Freude vom Ölberg nach Jerusalem zurück. Und sie hielten sich die ganze Zeit über im Tempel auf und priesen Gott.

Das Kommen des Heiligen Geistes

Am Pfingsttag waren sie alle versammelt. Plötzlich ertönte vom Himmel ein Brausen wie das Rauschen eines mächtigen Sturms und erfüllte das Haus, in dem sie versammelt waren. Und alle Anwesenden wurden vom Heiligen Geist erfüllt.

Die Jünger aber gingen überall hin und predigten die gute Botschaft. Der Herr wirkte durch sie und bestätigte alles, was sie sagten, durch viele wunderbare Zeichen.

Schlusswort

Die Jünger sahen, wie Jesus noch viele andere Wunder tat, die nicht in diesem Buch aufgezeichnet sind. Wenn man dies alles aufschreiben würde, glaube ich, könnte die ganze Welt die Bücher nicht fassen, die man dann schreiben müsste. Diese aber wurden aufgeschrieben, damit ihr glaubt, dass Jesus der Christus ist, der Sohn Gottes, und damit ihr durch den Glauben an ihn in seinem Namen das ewige Leben habt.

Tipp zum Weiterlesen

Keiner hat die Menschheit so beeinflusst wie Jesus Christus.

Seine Biografie haben Sie in diesem Buch kennengelernt. Obwohl Jesus schon vor 2000 Jahren gelebt hat, haben sein Leben und Sterben bis heute Auswirkungen. Wenn Sie mehr darüber wissen möchten, können Sie ab hier im Internet weiterlesen:

www.jesus.de/go/biografie

Auf dieser Seite finden Sie weiterführende Informationen, Links, Literaturtipps und die Möglichkeit, sich mit anderen auszutauschen.

Anhang: Bibelstellenangaben

In diesem Anhang sind die Bibeltexte aufgelistet, aus denen die einzelnen Abschnitte erstellt worden sind.

Die Geburt von Johannes dem Täufer
Die Geburt von Jesus

Johannes 1,1-5.10-14.16-18
Lukas 1,5-25
Lukas 1,26-38
Lukas 1,39-45
Lukas 1,46-56
Lukas 1,57-66
Lukas 1,67-80
Matthäus 1,18b-25
Lukas 3,23b-38
Matthäus 1,1-17
Matthäus 1,18a; Lukas 2,1-7
Lukas 2,8-20
Lukas 2,21
Lukas 2,22-24
Lukas 2,25-35
Lukas 2,36-39a
Matthäus 2,1-12
Matthäus 2,13-15
Matthäus 2,16-18
Matthäus 2,19-23; Lukas 2,39b.40
Lukas 2,41-51
Lukas 2,52

Vorbereitung zum Dienst

Matthäus 3,1-12; Markus 1,1-8; Lukas 3,1-18; Johannes 1,6-9.15

Matthäus 3,13-17; Markus 1,9-11; Lukas 3,21-23a
Matthäus 4,1-11; Markus 1,12.13; Lukas 4,1-13
Johannes 1,19-28
Johannes 1,29-34
Johannes 1,35-42
Johannes 1,43-51
Johannes 2,1-12
Johannes 2,13-22
Johannes 2,23-25
Johannes 3,1-21
Johannes 3,22-36
Matthäus 4,12; Markus 1,14a; Lukas 4,14a; Johannes 4,1-42

Das Wirken von Jesus in Galiläa

Matthäus 4,17; Markus 1,14b.15; Lukas 4,14b.15; Johannes 4,43-45
Johannes 4,46-54
Lukas 4,16-30
Matthäus 4,13-16
Matthäus 4,18-22; Markus 1,16-20; Lukas 5,1-11
Markus 1,21-27; Lukas 4,31-37
Matthäus 8,14-17; Markus 1,29-34; Lukas 4,38-41
Matthäus 4,23; Markus 1,35-39; Lukas 4,42-44
Matthäus 8,2-4; Markus 1,40-45; Lukas 5,12-16
Matthäus 9,1-8; Markus 2,1-12; Lukas 5,17-26
Matthäus 9,93; Markus 2,13.14; Lukas 5,27.28
Matthäus 9,10-13; Markus 2,15-17; Lukas 5,29-32
Matthäus 9,14-17; Markus 2,18-22; Lukas 5,33-39
Johannes 5,1-18
Johannes 5,19-30
Johannes 5,31-47
Matthäus 12,1-8; Markus 2,23-28; Lukas 6,1-5
Matthäus 12,9-14; Markus 3,1-6; Lukas 6,6-11
Matthäus 4,24.25; 12,15-21; Markus 3,7-12
Matthäus 5,1a; 10,2-4; Markus 3,13-19; Lukas 6,12-16
Lukas 6,17-19

Matthäus 5,1b-12; Lukas 6,20-26
Matthäus 5,13-16
Matthäus 5,17-20
Matthäus 5,21-26
Matthäus 5,27-30
Matthäus 5,31.32
Matthäus 5,33-37
Matthäus 5,38-42; Lukas 6,29-31
Matthäus 5,43-48; Lukas 6,27.28; 32-36
Matthäus 6,1
Matthäus 6,2-4
Matthäus 6,5-15
Matthäus 6,16-18
Matthäus 6,19-21
Matthäus 6,22.23
Matthäus 6,24
Matthäus 6,25-34
Matthäus 7,1-5; Lukas 6,37-42
Matthäus 7,6
Matthäus 7,7-11
Matthäus 7,12
Matthäus 7,13.14
Matthäus 7,15-20; Lukas 6,43-45
Matthäus 7,21-23; Lukas 6,46
Matthäus 7,24-27; Lukas 6,47-49
Matthäus 7,28.29

Weiteres Wirken von Jesus in Galiläa
Verschiedene Gleichnisse

Matthäus 8,1.5-13; Lukas 7,1-10
Lukas 7,11-17
Matthäus 11,2-6; Lukas 7,18-23
Matthäus 11,7-19; Lukas 7,24-35
Lukas 7,36-50
Lukas 8,1-3
Markus 3,20.21

Matthäus 12,22-37; Markus 3,22-30
Matthäus 12,38-42
Matthäus 12,43-45
Matthäus 12,46-50; Markus 3,31-35; Lukas 8,19-21
Matthäus 13,1-9; Markus 4,1-9; Lukas 8,4-8
Matthäus 13,10-17; Markus 4,10-12; Lukas 8,9.10
Matthäus 13,18-23; Markus 4,13-20; Lukas 8,11-15
Markus 4,21-25; Lukas 8,16-18
Markus 4,26-29
Matthäus 13,24-30
Matthäus 13,31.32; Markus 4,30-32
Matthäus 13,33
Matthäus 13,34.35; Markus 4,33.34
Matthäus 13,36-43
Matthäus 13,44-46
Matthäus 13,47-50
Matthäus 13,51-53

Verschiedene Wunder und Reden von Jesus

Matthäus 8,18.23-27; Markus 4,35-41; Lukas 8,22-25
Matthäus 8,28-34; Markus 5,1-20; Lukas 8,26-39
Matthäus 9,18-26; Markus 5,21-43; Lukas 8,40-56
Matthäus 9,27-31
Matthäus 9,32-34
Matthäus 13,54-58; Markus 6,1-6a
Matthäus 9,35-38; Markus 6,6b
Matthäus 10,1.5-15; Markus 6,7-11; Lukas 9,1-5
Matthäus 10,16-33
Matthäus 10,34-39
Matthäus 10,40-11,1; Markus 6,12.13; Lukas 9,6
Matthäus 14,1.2; Markus 6,14-16; Lukas 9,7-9
Matthäus 14,3-12; Markus 6,17-29; Lukas 3,19.20
Matthäus 14,13; Markus 6,30-33; Lukas 9,10.11a; Johannes 6,1.2
Matthäus 14,14-21; Markus 6,34-44; Lukas 9,11b-17; Johannes 6,3-14

Matthäus 14,22-33; Markus 6,45-52; Johannes 6,15-21
Matthäus 14,34-36; Markus 6,53-56
Johannes 6,22-24
Johannes 6,25-59
Johannes 6,60-66
Johannes 6,67-71
Matthäus 15,1-20; Markus 7,1-23; Johannes 7,1

Das Wirken von Jesus über die Grenzen von Galiläa hinaus

Matthäus 15,21-28; Markus 7,24-30
Matthäus 15,29-31; Markus 7,31
Markus 8,32-37
Matthäus 15,32-39; Markus 8,1-10
Matthäus 16,1-4; Markus 8,11-13
Matthäus 16,5-12; Markus 8,14-21
Markus 8,22-26
Matthäus 16,13-20; Markus 8,27-30; Lukas 9,18-21
Matthäus 16,21-23; Markus 8,31-33; Lukas 9,22
Matthäus 16,24-28; Markus 8,34–9,1; Lukas 9,23-27
Matthäus 17,1-8; Markus 9,2-8; Lukas 9,28-36a
Matthäus 17,9-13; Markus 9,9-13; Lukas 9,36b
Matthäus 17,14-20; Markus 9,14-29; Lukas 9,37-43a
Matthäus 17,22.23; Markus 9,30-33; Lukas 9,43b-45
Matthäus 17,24-27
Markus 9,33a; Matthäus 18,1-5; Markus 9,33b-37; Lukas 9,46-48
Markus 9,38-41; Lukas 9,49.50
Matthäus 18,6-9; Markus 9,42-50
Matthäus 18,10-14
Matthäus 18,15-20
Matthäus 18,21.22
Matthäus 18,23-35

Jesus auf dem Laubhüttenfest

Johannes 7,2-9
Lukas 9,51-56; Johannes 7,10a
Matthäus 8,19-22; Lukas 9,57-62
Johannes 7,10b-24
Johannes 7,25-36
Johannes 7,37-39
Johannes 7,40–8,1
Johannes 8,2-12
Johannes 8,12-20
Johannes 8,21-30
Johannes 8,31-36
Johannes 8,37-47
Johannes 8,48-59
Johannes 9,1-12
Johannes 9,13-34
Johannes 9,35-41
Johannes 10,1-6
Johannes 10,7-10
Johannes 10,11-21

Weiteres Wirken von Jesus (in Judäa?)

Lukas 10,1-12
Matthäus 11,20-24; Lukas 10,13-16
Matthäus 11,25-27; Lukas 10,17-24
Matthäus 11,28-30; Lukas 10,25-37
Lukas 10,38-42
Lukas 11,1-4
Lukas 11,5-13
Lukas 11,14-23
Lukas 11,24-26
Lukas 11,27.28
Lukas 11,29-32
Lukas 11,33-36
Lukas 11,37-54

Lukas 12,1-12
Lukas 12,13-15
Lukas 12,16-21
Lukas 12,22-34
Lukas 12,35-38
Lukas 12,39.40
Lukas 12,41-46
Lukas 12,47.48
Lukas 12,49-53
Lukas 13,1-5
Lukas 13,6-9

Das Wirken von Jesus in Peräa
Auferweckung des Lazarus

Johannes 10,22-30
Johannes 10,31-42
Lukas 13,10-17
Lukas 13,18-21
Lukas 13,22-30
Lukas 13,31-33
Lukas 13,34.35
Lukas 14,1-6
Lukas 14,7-11
Lukas 14,12-14
Lukas 14,15-24
Lukas 14,25-35
Lukas 15,1-7
Lukas 15,8-10
Lukas 15,11-32
Lukas 16,1-8
Lukas 16,9-13
Lukas 16,14.15
Lukas 16,16-18
Lukas 16,19-31
Lukas 17,1-3a
Lukas 17,3b.4

Lukas 17,5.6
Lukas 17,7-10
Johannes 11,1-16
Johannes 11,17-37
Johannes 11,38-44
Johannes 11,45-54

Letzte Reise nach Jerusalem

Lukas 17,11-19
Lukas 17,20-37
Lukas 18,1-8
Lukas 18,9-14
Matthäus 19,1-12; Markus 10,1-12
Matthäus 19,13-15; Markus 10,13-16; Lukas 18,15-17
Matthäus 19,16-26; Markus 10,17-27; Lukas 18,18-27
Matthäus 19,27-30; Markus 10,28-31; Lukas 18,28-30
Matthäus 20,1-16
Matthäus 20,17-19; Markus 10,32-34; Lukas 18,31-34
Matthäus 20,20-23; Markus 10,35-40
Matthäus 20,24-28; Markus 10,41-45; Lukas 18,35-43
Lukas 19,1-10
Lukas 19,11-28
Johannes 11,55-57; 12,1.9-11

Letztes Wirken von Jesus in Jerusalem

Matthäus 21,1-11; Markus 11,1-11; Lukas 19,29-44; Johannes 12,12-19
Matthäus 21,18.19; Markus 11,12-14
Matthäus 21,12-17; Markus 11,15-19; Lukas 19,45-47b.48
Matthäus 21,20-22; Markus 11,20-25
Matthäus 21,23-27; Markus 11,27-33; Lukas 19,47a; 20,1-8
Matthäus 21,28-32; Markus 12,1a
Matthäus 21,33-46; Markus 12,1b-12; Lukas 20,9-19
Matthäus 22,1-14

Matthäus 22,23-33; Markus 12,18-27; Lukas 20,27-39
Matthäus 22,34-40; Markus 12,28-34a
Matthäus 22,41-46; Markus 12,34b-37a; Lukas 20,40-44
Matthäus 23,1-12; Markus 12,37b-40; Lukas 20,45-47
Matthäus 23,13-36
Matthäus 23,37-39
Markus 12,41-44; Lukas 21,1-4
Johannes 12,20-26
Johannes 12,27-36
Johannes 12,37-50

Ankündigung kommender Ereignisse

Matthäus 24,1.2; Markus 13,1.2; Lukas 21,5.6
Matthäus 24,3-28; Markus 13,3-23; Lukas 21,7-24
Matthäus 24,29-31; Markus 13,24-27; Lukas 21,25-28
Matthäus 24,32-35; Markus 13,28-31; Lukas 21,29-33
Matthäus 24,36-42; Markus 13,32.33
Matthäus 24,43-51; Markus 13,34-37; Lukas 21,34-36
Matthäus 25,1-13
Matthäus 25,14-30
Matthäus 25,31-46
Lukas 21,37.38

Salbung – Letztes Passahmahl – Gethsemane

Matthäus 26,1.2; Markus 14,1a; Lukas 22,1
Matthäus 26,3-5; Markus 14,1b.2; Lukas 22,2
Matthäus 26,6-13; Markus 14,3-9; Johannes 12,2-8
Matthäus 26,14-16; Markus 14,10.11; Lukas 22,3-6
Matthäus 26,17-19; Markus 14,12-16; Lukas 22,7-13
Markus 14,17; Johannes 13,1-20
Matthäus 26,20-25; Markus 14,18-21; Lukas 22,14-18.21-23; Johannes 13,21-30
Johannes 13,31.32
Matthäus 26,26-29; Markus 14,22-25; Lukas 22,19.20; 1. Korinther 11,23b-25

Lukas 22,24-30
Johannes 13,33-35
Matthäus 26,31-35; Markus 14,27-31; Lukas 22,31-34; Johannes 13,36-38
Lukas 22,35-38
Johannes 14,1-7
Johannes 14,8-14
Matthäus 26,30; Markus 14,26; Johannes 14,15-31
Johannes 15,1-8
Johannes 15,9-17
Johannes 15,18–16,4a
Johannes 16,4b-15
Johannes 16,16-24
Johannes 16,25-33
Johannes 17,1a
Johannes 17,1b-5
Johannes 17,6-19
Johannes 17,20-26
Matthäus 26,36-46; Markus 14,32-42; Lukas 22,39-46; Johannes 18,1

Gefangennahme und Verurteilung, Tod und Begräbnis

Matthäus 26,47-56; Markus 14,43-52; Lukas 22,47-53; Johannes 18,2-11
Matthäus 26,57; Markus 14,53; Lukas 22,54a; Johannes 18,12-14.24
Matthäus 26,58.69-71a; Markus 14,54.66-68; Lukas 22,54b-57; Johannes 18,15-18
Johannes 18,19-23
Matthäus 26,71b-75; Markus 14,69-72; Lukas 22,58-62; Johannes 18,25-27
Matthäus 26,59-68; 27,1.2; Markus 14,55-65; 15,1; Lukas 22,63–23,1a
Matthäus 27,3-10; Apostelgeschichte 1,18.19
Matthäus 27,11-14; Markus 15,2-5; Lukas 23,1b-7; Johannes 18,28-38

Lukas 23,8-12
Matthäus 27,15-31; Markus 15,6-20; Lukas 23,13-25; Johannes 18,39–19,16
Matthäus 27,32-44; Markus 15,21-32; Lukas 23,26-43; Johannes 19,17-27
Matthäus 27,45-56; Markus 15,33-41; Lukas 23,44-49; Johannes 19,28-34. 36. 37
Matthäus 27,57-61; Markus 15,42-47; Lukas 23,50-56a; Johannes 19,38-42
Matthäus 27,62-66

Auferstehung – Begegnung mit den Jüngern – Himmelfahrt

Matthäus 28,1-8; Markus 16,1-8; Lukas 23,56b – 24,12; Johannes 20,1-9
Matthäus 28,9.10; Markus 16,9-11; Johannes 20,10-18
Matthäus 28,11-15
Markus 16,12.13; Lukas 24,13-35
Markus 16,14; Lukas 24,36-43; Johannes 20,19-23
Johannes 20,24-29
Johannes 21,1-14
Johannes 21,15-19
Johannes 21,20-23
Matthäus 28,16-20; Markus 16,15-18
Lukas 24,44-49; Apostelgeschichte 1,2b-5; 1. Korinther 15,6a
Markus 16,19; Lukas 24,50-53; Apostelgeschichte 1,6-12a
Markus 16,20; Apostelgeschichte 2,1.2.4a
Johannes 20,30.31; 21,25

Raum für persönliche Notizen

Raum für persönliche Notizen

Raum für persönliche Notizen

Raum für persönliche Notizen

Raum für persönliche Notizen

Raum für persönliche Notizen

Raum für persönliche Notizen

folio
junior

COLLECTION DIRIGÉE PAR JEAN-PHILIPPE ARROU-VIGNOD

Pour en savoir plus :
http://www.cercle-enseignement.fr

Contentes croisés

Quand l'Afrique et l'Europe se répondent

Illustrations de Rémi Courgeon

Contes rassemblés par Jeanne de Nantes

Carnet de lecture
par Évelyne Dalet et Jeanne de Nantes

GALLIMARD JEUNESSE

Fables et contes ne sont pas des histoires comme les autres. Elles ont pour fonction d'enseigner aux hommes une sagesse venue de la nuit des temps.

Certes, ces histoires prennent des formes différentes selon les continents où on les raconte. Mais leur signification, elle, reste la même, peut-être parce qu'elles traitent de sentiments qui dépassent largement les frontières pour nous parler de l'humain dans sa totalité.

C'est ce que l'on va pouvoir découvrir dans ce recueil. Il fait dialoguer une sélection de contes traditionnels du Bénin et quelques textes fondateurs du patrimoine français.

Jalousie dangereuse, orgueil puni, bienfaits récompensés... À travers ces thèmes universels, c'est l'Afrique et l'Europe qui se répondent pour nous donner une savoureuse leçon de savoir-vivre.

1

Ne faisons pas aux autres…

La tortue et le serpent

conte nago

Ahoû la tortue et Edj le serpent, amis intimes, déjeunaient et dînaient fréquemment l'un chez l'autre.

Un jour, Ahoû invita Edj et fit à son camarade la vilaine plaisanterie de s'étendre sur le plat, qu'elle recouvrait ainsi entièrement de sa large carapace.

– Commère ! fit remarquer le serpent, tu as posé ta grosse calebasse sur le déjeuner ! Comment veux-tu que je mange ?

Comme Ahoû ne répondait ni ne bougeait, Edj s'en alla, fort marri.

À quelques jours de là, il pria la tortue à dîner dans sa case. Lorsque l'invitée se présenta, elle trouva le serpent enroulé autour du plat, qu'il recouvrait entièrement de ses anneaux.

– Compère ! s'écria Ahoû, tu as posé un couvercle sur le plat ! Comment veux-tu que je mange ?

– L'autre jour, répondit Edj, comment t'es tu comportée à mon égard ? Ne vois-tu pas que je te rends simplement la pareille ?

Moralité : Ne faites pas à vos amis ce que vous ne voudriez pas qu'ils vous fassent.

Le Renard et la Cigogne

Jean de La Fontaine

Compère le Renard se mit un jour en frais[1],
Et retint à dîner commère la Cigogne.
Le régal fut petit, et sans beaucoup d'apprêts[2] ;
Le Galant[3] pour toute besogne
Avait un brouet[4] clair (il vivait chichement[5]).
Ce brouet fut par lui servi sur une assiette :
La Cigogne au long bec n'en put attraper miette ;
Et le Drôle[6] eut lapé le tout en un moment.
Pour se venger de cette tromperie,
À quelque temps de là, la Cigogne le prie.
« Volontiers, lui dit-il, car avec mes amis
Je ne fais point cérémonie. »
À l'heure dite il courut au logis
De la Cigogne son hôtesse ;
Loua très fort la politesse,
Trouva le dîner cuit à point.
Bon appétit surtout ; Renards n'en manquent point.
Il se réjouissait à l'odeur de la viande

1. Se mit un jour en frais : fit des dépenses. **2.** Apprêts : ce que l'on prépare pour quelque cérémonie, réjouissance ou festin. **3.** Galant : adroit, rusé. **4.** Brouet : bouillon très clair. **5.** Vivait chichement : vivait de manière avare. **6.** Drôle : mauvais garnement.

Mise en menus morceaux, et qu'il croyait friande[1].
On servit, pour l'embarrasser,
En un vase à long col et d'étroite embouchure.
Le bec de la Cigogne y pouvait bien passer,
Mais le museau du Sire était d'autre mesure.
Il lui fallut à jeun retourner au logis,
Honteux comme un Renard qu'une Poule aurait pris,
Serrant la queue, et portant bas l'oreille.
Trompeurs, c'est pour vous que j'écris :
Attendez-vous à la pareille.

1. Friande : savoureuse.

2
Méfiez-vous des apparences !

Niacadja et la sorcière

conte fon

Niacadja, le grand chasseur, se rendait chaque jour à l'affût de gros gibier. Une nuit, il vit tout à coup surgir devant lui une fille très belle. Pris de peur, il la mit en joue.

– Ne tire pas ! se hâta de crier l'apparition ; je ne suis pas un animal, mais une femme ; je me nomme Kindan ; je m'offre à toi comme épouse.

L'homme n'eut garde de refuser et, sur-le-champ, emmena cette fiancée dans sa case. Or, l'habitation comportait une seule pièce que le chasseur partageait déjà avec sa mère, très âgée.

Au bout d'un an de cohabitation, la vieille femme surprit, un matin, cette conversation :

– Que ferais-tu, demandait Kindan à Niacadja, s'il t'arrivait de blesser un gros éléphant et que tu sois chargé par la bête ?

– J'ai mon talisman ! Je me transformerais aussitôt : je deviendrais la terre.

– Et si l'éléphant, s'étant aperçu de ta métamorphose, se mettait à défoncer le sol avec ses défenses, que ferais-tu ?

– J'ai mon talisman ! Je deviendrais mouche.

– Et si l'éléphant, en le sachant, cherchait alors à te frapper avec sa trompe, que ferais-tu ?

– J'ai mon talisman ! Je…

La réponse fut coupée par une interruption de sa mère qui, avec colère, s'écria :

– Niacadja ! Tu es stupide. Tais-toi ! Pourquoi dévoiler tes secrets à cette créature qui vient d'on ne sait où ?

Le chasseur suivit le conseil de sa mère et ne parla plus jamais de son talisman, pour la plus grande confusion de son épouse.

Peu de temps après, Niacadja, à l'affût, sous un arbre aperçut, par un beau clair de lune, une énorme femelle d'éléphant qui s'avançait rapidement vers lui. D'un coup de feu, il blessa simplement le monstre qui continua de foncer sur lui.

Aussitôt, touchant son talisman, Niacadja fut changé en terre. L'éléphant, à plusieurs reprises, plongea profondément ses défenses à l'endroit précis où l'homme avait disparu, mais déjà l'heureux possesseur du talisman était devenu mouche et bourdonnait aux oreilles du colosse. Celui-ci balança sa trompe, sûr d'atteindre et de broyer l'insecte, mais… la mouche, comme l'homme, s'était évanouie.

Un vent léger caressa les oreilles de l'animal, si furieux et si dépité qu'il ne sut pas reconnaître, dans cette brise, la nouvelle métamorphose de Niacadja.

Le chasseur comprit alors que cet éléphant et la femme rencontrée un an auparavant étaient un seul et même être : une méchante sorcière. Il se hâta de rentrer chez lui pour remercier sa mère de l'avoir interrompu alors qu'il faisait, un certain matin, d'imprudentes confidences. Il avait également résolu de tuer Kindan. Mais celle-ci avait disparu pour toujours.

Moralité : Il faut se méfier de tous, des femmes en particulier, surtout de celles dont on ne connaît pas l'origine.

La sorcière de la rue Mouffetard

Pierre Gripari

Il y avait une fois, dans le quartier des Gobelins, à Paris, une vieille sorcière, affreusement vieille, et laide, mais qui aurait bien voulu passer pour la plus belle fille du monde !

Un beau jour, en lisant le *Journal des sorcières*, elle tomba sur le communiqué suivant :

MADAME
Vous qui êtes VIEILLE et LAIDE
Vous deviendrez JEUNE et JOLIE !
Et pour cela :
MANGEZ UNE PETITE FILLE
à la sauce tomate !

Et plus bas, en petites lettres :

Attention ! Le prénom de cette petite fille devra obligatoirement commencer par la lettre N !

Or il y avait, dans ce même quartier, une petite fille qui s'appelait Nadia. C'était la fille aînée de

Papa Saïd (je ne sais pas si vous connaissez) qui tenait l'épicerie-buvette de la rue Broca.

« Il faut que je mange Nadia », se dit la sorcière.

Un beau jour que Nadia était sortie pour aller chez le boulanger, une vieille dame l'arrêta :

– Bonjour, ma petite Nadia !

– Bonjour, Madame !

– Veux-tu me rendre un service ?

– Lequel ?

– Ce serait d'aller chercher pour moi une boîte de sauce tomate chez ton papa. Cela m'éviterait d'y aller, je suis si fatiguée !

Nadia, qui avait bon cœur, accepta tout de suite. Sitôt qu'elle fut partie, la sorcière – car c'était elle – se mit à rire en se frottant les mains :

– Oh ! que je suis maligne ! disait-elle. La petite Nadia va m'apporter elle-même la sauce pour la manger !

Une fois rentrée chez elle avec le pain, Nadia prit sur le rayonnage une boîte de sauce tomate, et elle se disposait à repartir, lorsque son papa l'arrêta :

– Et où vas-tu, comme ça ?

– Je vais porter cette boîte de sauce tomate à une vieille dame qui me l'a demandée.

– Reste ici, dit Papa Saïd. Si ta vieille dame a besoin de quelque chose, elle n'a qu'à venir elle-même.

Nadia, qui était très obéissante, n'insista pas. Mais le lendemain, en faisant les courses, elle fut, pour la seconde fois, arrêtée par la vieille :

– Eh bien, Nadia ? Et ma sauce tomate ?

– Je m'excuse, dit Nadia, toute rougissante, mais mon papa n'a pas voulu. Il dit que vous veniez vous-même.

– C'est bon, dit la vieille, j'irai.

Le jour même en effet, elle entrait dans l'épicerie :

– Bonjour, monsieur Saïd.

– Bonjour, Madame. Vous désirez ?

– Je voudrais Nadia.

– Hein ?

– Oh, pardon ! Je voulais dire : une boîte de sauce tomate.

– Ah, bon ! Une petite ou une grande ?

– Une grande, c'est pour Nadia…

– Quoi ?

– Non, non ! Je voulais dire : c'est pour manger des spaghetti…

– Ah, bien ! Justement, j'ai aussi des spaghetti…

– Oh, ce n'est pas la peine, j'ai déjà Nadia…

– Comment ?

– Excusez-moi, je voulais dire : les spaghetti, je les ai déjà chez moi…

– En ce cas… voici la boîte.

La vieille prit la boîte, la paya, puis, au lieu de partir, se mit à la soupeser :

– Hum! C'est peut-être un peu lourd… Est-ce que vous ne pourriez pas…

– Quoi ?

– Envoyer Nadia la porter chez moi ?

Mais Papa Saïd se méfiait.

– Non, Madame, nous ne livrons pas à domicile. Quant à Nadia, elle a autre chose à faire. Si cette boîte est trop lourde pour vous, eh bien, tant pis, vous n'avez qu'à la laisser !

– C'est bon, dit la sorcière, je l'emporte. Au revoir, monsieur Saïd !

– Au revoir, Madame !

Et la sorcière s'en fut, avec la boîte de sauce tomate. Une fois rentrée chez elle, elle se dit :

« J'ai une idée : demain matin, je vais aller rue Mouffetard, et je me déguiserai en marchande. Lorsque Nadia viendra faire les courses pour ses parents, je l'attraperai. »

Le lendemain, elle était rue Mouffetard, déguisée en bouchère, lorsque Nadia vint à passer.

– Bonjour, ma petite fille. Tu veux de la viande ?

– Ah non, Madame, je viens acheter un poulet.

« Zut ! » pensa la sorcière.

Le lendemain, elle se déguisait en marchande de volaille.

– Bonjour, petite. Tu m'achètes un poulet ?

– Ah non, Madame. Aujourd'hui je veux de la viande.

« Crotte ! » pensa la sorcière.

Le troisième jour, déguisée à nouveau, elle vendait à la fois de la viande et de la volaille.

– Bonjour, Nadia, bonjour ma petite fille ! Qu'est-ce que tu veux ? Tu vois, aujourd'hui, je vends de tout : du bœuf, du mouton, du poulet, du lapin…

– Oui, mais moi, je veux du poisson !

– Flûte !

Rentrée chez elle, la sorcière réfléchit, réfléchit, puis elle eut une nouvelle idée :

« Eh bien, puisque c'est comme ça, demain matin, je deviendrai, à moi toute seule, TOUTES les marchandes de la rue Mouffetard ! »

Et en effet, le jour suivant, toutes les marchandes de la rue Mouffetard (il y en avait exactement 267), c'était elle.

Nadia vint, comme à l'ordinaire, s'approcha sans méfiance d'un éventaire de légumes pour acheter, cette fois, des haricots verts, et elle allait payer quand la marchande la saisit par le poignet, l'enleva et hop ! l'enferma dans le tiroir-caisse.

Mais heureusement Nadia avait un petit frère, qui s'appelait Bachir. Voyant que sa grande sœur ne rentrait pas, Bachir se dit :

« C'est sûrement la sorcière qui l'a prise, il faut que j'aille la délivrer. »

Il prit sa guitare à la main, et s'en fut rue Mouffetard. En le voyant arriver, les 267 marchandes (qui étaient la sorcière) se mirent à crier :

– Où vas-tu comme ça, Bachir ?

Bachir ferma les yeux et répondit :

– Je suis un pauvre musicien aveugle et je voudrais chanter une petite chanson pour gagner quelques sous.

– Quelle chanson ? demandèrent les marchandes.

– Je veux chanter une chanson qui s'appelle : *Nadia, où es-tu ?*

– Non, pas celle-là ! Chantes-en une autre !

– Mais je n'en sais pas d'autre !

– Alors, chante-la tout bas !

– C'est entendu ! Je chanterai tout bas !

Et Bachir se mit à chanter tout haut :

Nadia, où es-tu ?
Nadia, où es-tu ?
Réponds, que je t'entende !
Nadia, où es-tu ?
Nadia, où es-tu ?
Car je ne te vois plus !

– Moins fort ! Moins fort ! crièrent les 267 marchandes. Tu nous casses les oreilles !

Mais Bachir continuait de chanter :

Nadia, où es-tu ?
Nadia, où es-tu ?

Quand tout à coup une petite voix lui répondit :

Bachir, Bachir, délivre-moi
Ou la sorcière me tuera !

En entendant ces mots, Bachir ouvrit les yeux, et les 267 marchandes sautèrent sur lui en criant :

– C'est un faux aveugle ! C'est un faux aveugle !

Mais Bachir, qui était courageux, brandit sa petite guitare et assomma d'un coup la marchande la plus proche. Elle tomba raide, et les 266 autres tombèrent en même temps qu'elle, assommées elles aussi.

Alors Bachir entra dans toutes les boutiques, l'une après l'autre, en chantant :

Nadia, où es-tu ?
Nadia, où es-tu ?

Pour la seconde fois, la petite voix lui répondit :

Bachir, Bachir, délivre-moi
Ou la sorcière me tuera !

Cette fois, il n'y avait plus de doute : la voix venait de chez la marchande de légumes. Bachir sauta dans la boutique par-dessus l'étalage, au moment même où la marchande, sortant de son évanouissement, ouvrait un œil. Et en même temps qu'elle, les 266 autres ouvraient également l'œil. Heureusement, Bachir s'en aperçut et, d'un coup de guitare bien appliqué, il les rendormit pour quelques minutes. Ensuite, il essaya d'ouvrir le tiroir-caisse, cependant que Nadia continuait à chanter :

Bachir, Bachir, délivre-moi
Ou la sorcière me tuera !

Mais le tiroir était trop dur, cela n'avançait pas. Nadia chantait, et Bachir travaillait, et pendant ce temps les 267 marchandes se réveillaient. Mais cette fois-ci, elles se gardaient bien d'ouvrir les yeux ! Elles restaient les yeux fermés, au contraire, et elles s'approchaient en rampant de la boutique où Bachir travaillait, afin de le cerner.

Comme Bachir, épuisé, ne savait plus que faire, il vit passer un grand marin, tout jeune et très costaud, qui descendait la rue.

– Bonjour, marin. Veux-tu me rendre un service ?

– Lequel ?

– Ce serait de porter ce tiroir-caisse jusque chez nous. Ma sœur est enfermée dedans.

– Et qu'est-ce que j'aurai, comme récompense ?

– Tu auras l'argent, et moi j'aurai ma sœur.

– D'accord !

Bachir souleva le tiroir-caisse, et allait le passer au marin, quand la marchande de légumes, qui s'était approchée tout doucement, l'attrapa par un pied et se mit à glapir :

– Ah brigand, je te tiens !

Bachir perdit l'équilibre, et laissa échapper le tiroir-caisse. Celui-ci, qui était très lourd, tomba en plein sur la tête de la marchande et, de ce coup-là, les 267 marchandes eurent, toutes en même temps, le crâne fracassé, ouvert, avec toute la cervelle qui sortait. Cette fois, la sorcière était morte, et bien morte.

Ce n'est pas tout : sous le choc, le tiroir s'ouvrit, et Nadia en sortit.

Elle embrassa son petit frère, le remercia, et tous deux retournèrent chez leurs parents, pendant que le marin ramassait, dans le sang, l'argent de la sorcière.

3

Les ingrats ont la mémoire courte

Le chasseur, le crocodile et la tortue

conte nago

Autrefois, vivait dans le village d'Agbon un chasseur très réputé. Avec sa petite taille, c'était un véritable dieu de la chasse. Il ne revenait jamais bredouille.

Un jour, il se rendit au loin dans une zone giboyeuse. Mais la malchance l'accompagnait. Il erra pendant plus d'une semaine, sans même croiser un animal.

Pendant ce temps, sa réserve d'eau s'épuisa. Il ne lui en restait plus la moindre goutte. Il avait très soif. Que faire ? Où aller ? Aucune trace humaine. Notre chasseur fut contraint de regagner son village.

Chemin faisant, il vit de loin un arbre touffu comme ceux que l'on trouve à proximité d'une rivière. Le chasseur s'y rendit dans l'espoir de trouver de l'eau à boire. Mais à sa grande surprise, il trouva sous l'arbre un gros crocodile mort de faim et de soif, qui ne bougeait pas. Le chasseur allait s'enfuir quand l'animal, d'une voix suppliante, le pria de le remettre dans la rivière, sa demeure. Le chasseur fut d'abord ému, pris de pitié. Puis, en pensant aussi à l'eau de la rivière qui pourrait apaiser sa soif, il dit au crocodile :

– Ah bon ? Il existe une rivière par ici ? Où est-elle donc ?

Le crocodile lui indiqua le chemin.

Fou de joie et oubliant le danger, le chasseur enroula l'animal dans son grand sac, le mit sur sa tête et le porta vers la rivière. À l'arrivée, il entra dans l'eau jusqu'aux épaules et y déposa le crocodile. Il allait s'en retourner sur la rive lorsque celui-ci lui saisit le bras.

– Lâche-moi !

– Non, j'ai faim.

– Aie pitié de moi qui t'ai sauvé la vie !

– Termine ce que tu as commencé !

Malgré les supplications du chasseur, le crocodile ne céda pas. Au moment où il allait entamer sa proie, survint une tortue, qui, par bonheur, avait suivi toute la scène. Elle demanda à connaître le différend qui les opposait. Le chasseur raconta sa mésaventure. Le crocodile, à son tour, demanda à la vieille tortue de trancher le problème.

– Je ne comprends pas très bien l'affaire ! Comment toi, si petit de taille, as-tu pu porter un crocodile gros comme ça sur la tête ? demanda la tortue.

– Je l'ai enroulé dans mon sac et je l'ai mis sur ma tête, dit le chasseur.

– Eh bien, je veux voir ça de mes propres yeux, fit la vieille tortue.

Le chasseur enroula de nouveau le crocodile dans son sac et le mit sur sa tête, en marchant devant la tortue. Ils arrivèrent près d'un grand feu :

– Jette cet ingrat dans les flammes ! dit la tortue.

Le chasseur obéit aussitôt. Le crocodile eut beau se débattre, il fut totalement brûlé. C'est ainsi que le chasseur fut sauvé par la vieille tortue.

Pour récompenser sa bienfaitrice et lui montrer sa gratitude, le chasseur invita la tortue chez lui. Tous deux devaient retourner ce jour-là au village du chasseur, où l'on allait organiser une grande fête. Mais la tortue déclina l'invitation, sous prétexte que les gens du village n'aimaient pas la voir. Le chasseur lui promit son hospitalité et l'assura de sa totale protection. Finalement, la tortue accepta. Le chasseur la mit dans son sac et ils parvinrent ainsi au village.

À peine entraient-ils dans le village que des amis du grand chasseur accoururent pour lui annoncer que sa femme était en train d'accoucher, mais qu'il fallait sacrifier une tortue à ses fétiches pour qu'elle y parvienne. En entendant cela, la tortue fut saisie d'une vive frayeur. Son cœur commença à battre et elle s'écria :

– Entends-tu ? Que t'avais-je dit ? Peux-tu encore tenir tes promesses à présent ?

Le chasseur resta un long moment sans parler. Il se trouvait en face d'un choix difficile. S'il n'immolait pas la tortue, sa femme et son enfant mourraient. Et s'il le faisait, il deviendrait aussi ingrat que le crocodile. Comment sortir de ce dilemme ?

Dépassé par les événements, il sollicita les conseils des vieux du village. Parmi eux, la moitié demandait de sacrifier la tortue tandis que les autres s'y opposaient.

Et vous, que feriez-vous à la place du chasseur ?

Conte recueilli à Agbon (Bantè).

Le Renard et le Bouc

Ésope

Un renard étant tombé dans un puits se vit forcé d'y rester. Or un bouc pressé par la soif étant venu au même puits aperçut le renard et lui demanda si l'eau était bonne. Le renard, faisant contre mauvaise fortune bon cœur, fit un grand éloge de l'eau, affirmant qu'elle était excellente, et il l'engagea à descendre. Le bouc descendit à l'étourdie[1], n'écoutant que son désir. Quand il eut étanché sa soif, il se consulta avec le renard sur le moyen de remonter. Le renard prit la parole et dit :

– J'ai un moyen, pour peu que tu désires notre salut commun. Veuille bien appuyer tes pieds de devant contre le mur et dresser tes cornes en l'air ; je remonterai par là, après quoi je te reguinderai[2], toi aussi. Le bouc se prêta avec complaisance à sa proposition, et le renard, grimpant lestement le long des jambes, des épaules et des cornes de son compagnon, se trouva à l'orifice du puits, et aussitôt s'éloigna. Comme le bouc lui reprochait de violer leurs conventions, le renard se retourna et dit :

1. À l'étourdie: comme le ferait un étourdi. 2. Je te reguinderai: je te ramènerai.

– Hé ! camarade, si tu avais autant d'idées que de poils au menton, tu ne serais pas descendu avant d'avoir examiné le moyen de remonter.

C'est ainsi que les hommes sensés ne doivent entreprendre aucune action, avant d'en avoir examiné la fin.

Traduction d'Émile Chambry.

Le Renard et le Bouc

Jean de La Fontaine

Capitaine Renard allait de compagnie
Avec son ami Bouc des plus haut encornés[1].
Celui-ci ne voyait pas plus loin que son nez ;
L'autre était passé maître en fait de tromperie.
La soif les obligea de descendre en un puits.
Là chacun d'eux se désaltère.
Après qu'abondamment tous deux en eurent pris,
Le Renard dit au Bouc : « Que ferons-nous, compère ?
Ce n'est pas tout de boire, il faut sortir d'ici.
Lève tes pieds en haut, et tes cornes aussi :
Mets-les contre le mur. Le long de ton échine
Je grimperai premièrement ;
Puis sur tes cornes m'élevant,
À l'aide de cette machine[2],
De ce lieu-ci je sortirai,
Après quoi je t'en tirerai.
– Par ma barbe, dit l'autre, il est bon ; et je loue
Les gens bien sensés comme toi.
Je n'aurais jamais, quant à moi,

1. Encornés : garnis de boucs (au sens de « barbes de boucs »). 2. Machine : procédé.

Trouvé ce secret, je l'avoue. »
Le Renard sort du puits, laisse son compagnon,
Et vous lui fait un beau sermon[1]
Pour l'exhorter[2] à patience.
« Si le ciel t'eût, dit-il, donné par excellence
Autant de jugement que de barbe au menton,
Tu n'aurais pas, à la légère,
Descendu dans ce puits. Or, adieu, j'en suis hors.
Tâche de t'en tirer, et fais tous tes efforts :
Car pour moi, j'ai certaine affaire
Qui ne me permet pas d'arrêter en chemin. »
En toute chose il faut considérer la fin.

1. Sermon : discours. **2.** Exhorter : encourager vivement.

4

L'argent fait-il le bonheur ?

La hache d'Hounsi

conte fon

Hounsi, homme considérablement riche mais fort avare, se refusait à pratiquer la charité et ne donnait jamais rien, même à ses meilleurs amis.

Une seule fois, l'un de ceux-ci reçut, par extraordinaire, des mains d'Hounsi, un cadeau : une modeste hache.

Le vieil avare, sentant ses forces décliner, creusa dans sa case un grand trou et y enfouit ses trésors. À quelques semaines de là, il mourut et fut enterré.

Arrivé au royaume des morts, il parut fort étonné de ne trouver, auprès de lui, qu'une hache. Il alla rendre visite au Roi de la Terre.

– Comment se fait-il, lui demanda ce dernier, que tu te présentes devant moi si dépourvu, toi à qui j'avais octroyé tant de biens dans l'autre monde ? Qu'as-tu donné pendant le cours de ton existence ?

– Donné ? Rien qu'une hache ! Autant qu'il me souvienne.

– Alors, dans mon royaume, tu ne peux posséder en tout et pour tout que cet outil ! Mais j'ai pitié

de toi ! Retourne sur la Terre et mène l'existence que tu choisiras.

Hounsi, ressuscité, s'empressa de sortir sa fortune de son trou et d'en dépenser la plus grande partie en achetant moutons, bœufs, victuailles et boissons. Puis il invita tous les gens du village et leur offrit un magnifique repas ; après quoi, il distribua aux pauvres le reste de son argent.

Pendant les trois mois suivants, il vécut dans la plus affreuse misère. Au commencement du quatrième, il mourut.

En arrivant pour la seconde fois sous terre, sa satisfaction fut immense lorsqu'il constata de quelles richesses il était entouré.

Moralité : Il ne faut pas être avare. On doit pratiquer la charité, car on travaille sur terre pour récolter, sous terre, les fruits de son labeur.

L'avare qui a perdu son trésor

Jean de La Fontaine

L'usage seulement fait la possession.
Je demande à ces gens de qui la passion
Est d'entasser toujours, mettre somme sur somme,
Quel avantage ils ont que n'ait pas un autre homme.
Diogène[1] là-bas est aussi riche qu'eux,
Et l'avare ici-haut comme lui vit en gueux.
L'Homme au trésor caché qu'Ésope[2] nous propose,
Servira d'exemple à la chose.

Ce malheureux attendait
Pour jouir de son bien une seconde vie ;
Ne possédait pas l'or, mais l'or le possédait.
Il avait dans la terre une somme enfouie,
Son cœur avec, n'ayant d'autre déduit[3]
Que d'y ruminer jour et nuit,
Et rendre sa chevance[4] à lui-même sacrée.

1. Diogène : philosophe grec du IVe siècle av. J.-C. Fondateur de l'école cynique, il vivait conformément à la nature en réduisant ses besoins, en méprisant les richesses et les conventions sociales. **2.** Ésope : poète phrygien du VIe siècle av. J.-C., auteur de *Fables* dont La Fontaine s'inspire. Cette fable est en l'occurrence une réécriture de l'apologue intitulé « L'Avare ». **3.** Déduit : divertissement, plaisir. **4.** Chevance : vieux mot hors d'usage qui désignait autrefois le bien d'une personne.

Qu'il allât ou qu'il vînt, qu'il bût ou qu'il mangeât,
On l'eût pris de bien court[1], à moins qu'il ne songeât
À l'endroit où gisait cette somme enterrée.
Il y fit tant de tours qu'un fossoyeur[2] le vit,
Se douta du dépôt, l'enleva sans rien dire.
Notre Avare un beau jour ne trouva que le nid.
Voilà mon homme aux pleurs ; il gémit, il soupire.
Il se tourmente, il se déchire.
Un passant lui demande à quel sujet ses cris.
« C'est mon trésor que l'on m'a pris.
– Votre trésor ? Où pris ? – Tout joignant[3] cette pierre.
– Eh ! Sommes-nous en temps de guerre,
Pour l'apporter si loin ? N'eussiez vous pas mieux fait
De le laisser chez vous en votre cabinet[4],
Que de le changer de demeure ?
Vous auriez pu sans peine y puiser à toute heure.
– À toute heure ? bons dieux ! ne tient-il qu'à cela ?
L'argent vient-il comme il s'en va ?
Je n'y touchais jamais. – Dites-moi donc, de grâce,
Reprit l'autre, pourquoi vous vous affligez tant,
Puisque vous ne touchiez jamais à cet argent :
Mettez une pierre à la place,
Elle vous vaudra tout autant. »

1. On l'eût pris de bien court : on ne pouvait le trouver sans qu'il pensât à son argent. **2.** Fossoyeur : terrassier. **3.** Tout joignant : tout près. **4.** Cabinet : secrétaire.

5

La jalousie est un poison

La jalousie détruit tout

conte aïzo

Cette histoire remonte à la nuit des temps. Un jumeau et sa jumelle, Dossou et Dossi, habitaient dans un village. L'éducation qu'ils avaient reçue de leurs parents avait fait d'eux des enfants sages. Ils s'aimaient, ne se querellaient jamais et partageaient toujours leurs joies et leurs peines.

Dossi était née avec un petit bracelet d'or au bras gauche. Tout le monde s'en étonnait et croyait au miracle. Certains allaient même jusqu'à affirmer que c'était Sègbo, le Créateur en personne, qui lui avait passé ce bijou au bras pour la protéger. Et partout où elle allait, on admirait le bracelet d'or.

Dossi et Dossou grandirent dans une affection réciproque. Un jour, Dossou fit connaissance d'Ajoké, une jeune fille qui habitait à proximité de son village. Ajoké jalousait la sœur de Dossou, car non seulement elle était la plus belle du village, mais elle possédait aussi un bracelet qui lui conférait une grande renommée.

Un beau jour, Dossou alla demander la main d'Ajoké à ses parents, mais la jeune fille posa une condition :

– Avant que je n'accepte d'être ton épouse, offre-moi le bracelet d'or qui brille au bras de ta sœur.

– Ma sœur est née avec ce bracelet et a grandi avec, répondit Dossou. Si je le lui demandais, elle accepterait sûrement de me le donner. Mais c'est un bracelet qu'on ne peut pas enlever. Ajoké, demande-moi autre chose et je te le donnerai, même si c'est les deux tiers de l'héritage que mon père m'a laissé.

– Non ! Je ne veux rien d'autre que ce bracelet, si tu veux être mon mari.

Dossou, complètement abattu, retourna dans son village. Quand elle le vit, Dossi courut à sa rencontre et l'embrassa.

– Mon frère, pourquoi es-tu si triste ? N'as-tu pas vu ta fiancée ? Ne t'a-t-elle pas bien accueilli ?

– Si. Mais elle m'a posé une condition qui me fait beaucoup souffrir.

– Parle ! Ne crains rien ! Raconte-moi de quoi il s'agit. Je suis prête à donner ma vie pour t'aider, dussé-je me couper la tête.

Dossou reprit avec tristesse :

– Ajoké, ma fiancée, n'accepte d'être ma femme qu'à la condition que je lui offre le bracelet d'or que tu portes depuis notre naissance.

– Mon frère, répondit Dossi, il ne faut pas que ce bracelet t'empêche d'épouser la femme que tu aimes. Tu es l'unique garçon de nos parents. Je donnerai ma main à couper pour qu'on puisse m'enlever le bracelet. Comme ça, tu pourras amener ta femme Ajoké dans notre famille.

La jumelle Dossi, très courageuse, tint sa promesse et donna sa main à couper. On la lui coupa. Une fois le bracelet enlevé, Dossous alla l'offrir à sa fiancée et ils se marièrent. Après des soins efficaces, le bras amputé de Dossi se cicatrisa.

Dossi, malgré l'amputation de sa main, n'avait pas perdu sa beauté. Sa renommée avait gagné le pays tout entier, jusqu'au royaume de Dada-Xounon. Celui-ci, ayant entendu parler de la beauté de Dossi, se rendit dans son village et la demanda en mariage. Mais Dossi redoutait les coutumes et les traditions de son royaume ; elle lui dit :

– Sire, je ne peux pas refuser votre demande. Vous m'aimez sincèrement. Mais dans votre royaume, les femmes pilent du mil[1] pour le roi, comme l'exige la tradition. Je sais aussi qu'on met à mort la femme qui ne le ferait pas. Sire, il me manque une main pour piler. Laissez-moi vivre auprès de mes parents. Si vous voulez que je sois votre épouse, venez chez moi autant que vous le voudrez.

– J'ai déjà entendu parler de toi, dit le roi. C'est pourquoi j'ai construit à l'avance une demeure pour toi toute seule, à laquelle personne n'aura accès. Tu n'auras pas à en sortir et tu ne manqueras de rien.

Convaincue, Dossi acquiesça et suivit le roi ; elle était accompagnée de Tito, sa petite sœur. Le roi

1. Mil : céréale très cultivée dans certains pays du continent africain.

avait attendu la tombée de la nuit pour retourner dans son royaume. Il logea Dossi et sa petite sœur dans la maison promise. C'était une grande bâtisse entourée de hauts murs infranchissables.

Entre-temps, le roi avait annoncé la venue de cette nouvelle épouse à sa première femme Houinnon, à qui il était censé ne rien dissimuler. Rien ne se faisait sans l'accord préalable de Houinnon. Et tout ce qu'elle décidait devait être appliqué sans discussion. Le roi Dada-Xounon lui avait néanmoins dit qu'aucune de ses femmes n'aurait accès à cette maison construite pour Dossi, la nouvelle coépouse. C'est pourquoi, pendant que les hommes élevaient les murs de la maison, Houinnon avait mis discrètement des noix de palme dans le mur, au niveau de la douche.

La nuit venue, alors que les murs d'argile étaient encore humides, Houinnon alla en retirer les noix de palme. Cela créa un orifice par lequel on pouvait voir l'intérieur de la douche de la nouvelle coépouse.

Dès lors, Houinnon se mit à guetter un moment propice pour découvrir le secret de sa rivale.

Un matin qu'elle observait par le trou sa coépouse qui faisait sa toilette, elle découvrit que Dossi avait perdu la main gauche et qu'elle se lavait avec une seule main. Toute contente d'avoir percé son secret, Houinnon alla voir le roi dans son palais.

– Mon seigneur, vous n'êtes pas sans savoir que chaque année, selon notre coutume, toutes les femmes du royaume, sans exception, doivent piler en votre honneur. Nous allons donc piler du mil pour le roi, et gare à celle qui en sera incapable ! Le migan[1] lui coupera la tête.

Avant que le roi ne dise un mot, Houinnon était déjà ressortie du palais. Elle alla crier partout, au nom du roi, que toutes les femmes de Dada-Xou-non étaient convoquées le lendemain pour piler du mil en son honneur.

Le roi, assombri, ne savait que faire pour sauver Dossi, sa femme bien-aimée. Il se rendit chez elle et lui annonça la mauvaise nouvelle. Dossi baissa la tête et des larmes coulèrent sur ses joues. Le roi lui-même, tout vaillant homme qu'il fût, ne put s'empêcher d'avoir les larmes aux yeux.

– Dossi, ma chérie, dit le roi, si on te tue, je verserai aussi mon sang pour toi. Nous mourrons tous les deux et nous jouirons ensemble de la vie dans l'au-delà.

– Sire, vous auriez dû me laisser auprès de mes parents. Maintenant, à cause de vos coutumes, je vais perdre la vie, du fait que je n'ai qu'une seule main. Il aurait mieux valu pour moi rester vivre

1. Migan : grand ministre du roi, exécuteur de ses volontés, chargé entre autres des exécutions capitales.

dans la pauvreté chez mes parents que de venir perdre ma vie dans l'opulence. Mais mon Créateur se chargera de moi.

Le roi sortit sans un mot.

À la tombée de la nuit, Dossi sortit, laissant sa petite sœur Tito dans la maison, et, à l'insu du roi, s'en retourna dans son village. Elle raconta la mauvaise nouvelle à sa mère, qui interrogea aussitôt le grand prêtre vaudou. Celui-ci, après avoir consulté les esprits, s'adressa à Dossi :

– Dossi, prends ces deux lampes que voici ! L'une contient du pétrole et l'autre de l'huile rouge. Tu dois quitter le royaume cette nuit, pour aller à la recherche de ton Créateur. Avant que tu ne partes, tu allumeras les deux lampions que tu laisseras à la surveillance de ta petite sœur Tito. Si la lampe à huile rouge s'éteint la première, tu ne reviendras pas et tu mourras. Si la lampe à pétrole s'éteint la première, tu auras la chance de revenir saine et sauve. Mais attention, tu auras à passer devant les sept portes du palais royal. Il y a un chien à chaque porte. Quand tu arriveras devant chacune d'elles, tu lanceras un os et une boule d'*akassa*[1] aux chiens. Ainsi, tu éviteras leurs aboiements et leurs morsures. Va en paix, ma fille, et que les dieux t'accompagnent !

1. *Akassa* : pâte cuite préparée avec de la farine de maïs fermentée.

Sur ce, Dossi revint voir sa petite sœur dans leur forteresse.

– Tito, je vais te laisser cette nuit. Sois courageuse et ne crains rien ! Veille sur ces deux lampes ! Si la lampe à huile rouge s'éteint la première, tu sauras que je suis morte. En ce cas, tu sortiras de la maison et tu iras annoncer la nouvelle à nos parents. Mais si c'est la lampe à pétrole qui s'éteint la première, sache que je suis encore vivante et réjouis-toi !

Dossi sortit de la maison et s'en alla. Comme elle arrivait à la première porte, le premier chien bondit vers elle, mais elle lui lança une boule d'*akassa* et un os. Pendant que le chien avalait la boule d'*akassa* et brisait l'os, Dossi en profita pour avancer. Elle répéta le même stratagème devant les six autres portes.

Une fois libre et hors d'atteinte, Dossi se mit à courir. Elle ne regardait ni derrière, ni à droite, ni à gauche.

Soudain, elle arriva au bord d'une rivière aussi claire que la source du rocher. Elle s'arrêta, puis après un petit moment de silence, elle plongea dans la rivière en criant :

– Eau claire, eau pure, entraîne-moi dans tes profondeurs !

Mais la rivière, qui coulait avec un doux murmure, refusa et la maintint en surface. Dossi nagea donc et atteignit la rive opposée. Elle continua son chemin, jusqu'au bord d'une autre rivière. Celle-ci, toute verte, coulait dans un fracas de tonnerre. Dossi cria de nouveau :

– Eau verte, eau vive, laisse-moi m'enfoncer dans tes profondeurs !

Puis elle se jeta dans la rivière, qui refusa elle aussi de l'engloutir.

Une fois encore, elle gagna l'autre rive à la nage et poursuivit son trajet. Elle atteignit enfin une troisième rivière aussi rouge que le sang. Cette rivière ne bougeait pas, ne coulait pas, et un silence de mort y régnait. Alors Dossi répéta sa demande :

– Eau rouge, eau morte, laisse-moi me noyer au fond de toi !

Elle s'y jeta une fois, deux fois, et à la troisième, la rivière s'ouvrit et l'engloutit. Elle se retrouva aussitôt dans une petite maison où travaillait un vieux forgeron.

– Que cherches-tu par ici, Dossi ?

– Aie pitié de moi ! Je vais te raconter mon histoire.

Elle lui raconta pourquoi et comment on lui avait coupé la main afin de prendre son bracelet d'or. Elle raconta aussi comment le roi Dada-Xounon était tombé amoureux d'elle. Et enfin, elle lui dit pourquoi elle avait été obligée de quitter la maison de son mari, le roi.

– Demain, continua-t-elle, toutes les femmes du

roi pileront du mil pour lui. Il me manque une main pour piler. Comment ferai-je ? Aide-moi !

– N'aie pas peur ! Je suis Dada-Sègbo ton Créateur. C'est moi qui t'ai forgé ton bracelet d'or avant ta naissance. Es-tu courageuse ?

– Autant que le jour où j'ai donné ma main à couper !

– Bien ! Glisse ton bras amputé dans cette braise ardente !

La fille glissa courageusement son moignon dans la braise. Le vieux forgeron souffla sur la braise sept fois et lui ordonna de retirer son bras. Dossi découvrit alors qu'elle avait à nouveau une main. À son poignet brillaient aussi de nombreux bracelets d'or.

– L'autre bras maintenant ! dit le vieux forgeron.

Dossi fourra son bras droit dans la braise. Elle ne frémit pas, elle ne pleura pas, elle ne cria pas. Le vieux forgeron lui dit d'enlever le bras de la braise, et elle le retira. Ce bras avait pris le même aspect que l'autre. Le vieux forgeron lui donna ensuite un pilon tout en or, appelé *kpatagan*, tellement brillant que les yeux ne pouvaient en supporter l'éclat. Il lui offrit de l'argent, des bijoux, des pièces de tissu de toute qualité et toutes cousues, ainsi que des chaussures comme personne n'en a jamais vu.

– Dossi, je serai toujours à tes côtés. Prends ce chemin et tu arriveras chez toi rapidement ! Longue vie à toi !

À peine avait-elle tourné le dos au vieil homme qu'elle se retrouva dans sa chambre. La petite Tito dormait paisiblement. La lampe à pétrole s'était déjà éteinte et la lampe à huile rouge brûlait lentement. Tout heureuse, elle prit un pagne, s'y enveloppa et se coucha.

Le roi vint frapper à la porte. Elle se leva, cacha son bras gauche dans un pli de l'étoffe et lui ouvrit. Le roi Dada-Xounon vint s'asseoir au bord du lit à côté d'elle. Il l'embrassa longuement et dit :

– À cause de la jalousie de Houinnon, tu vas me quitter demain pour toujours. Je te promets que, si on te tue, on me tuera aussi.

– Ne te fais pas de mal à cause de moi ! Mon Créateur décidera de mon sort.

Le premier chant des coqs remplissait déjà les maisons. Le roi se leva fébrilement et sortit. Dès la pointe du jour, Houinnon s'était levée et avant même de faire toilette, un gong à la main, elle allait partout en criant :

– Toutes les femmes, sur la place publique ! Sortez, apprêtez-vous pour piler du mil pour le roi Dada-Xounon !

Au son des tambours, la place se remplit de monde. Le roi et ses ministres arrivèrent en dernier. Houinnon se précipita aux pieds du roi et dit :

– Ô roi, toutes les femmes sont ici présentes

pour te piler du mil. Mais où est notre nouvelle coépouse, ta nouvelle femme ? Envoie-la donc chercher !

– Femme, un peu de patience ! Elle va arriver.

Le roi envoya un messager à Dossi. Celui-ci la trouva assise tranquillement sur son lit.

– Le roi te prie de bien vouloir le rejoindre sur la place publique.

– Dis-lui que quand une femme se lève le matin, elle doit balayer la cour. Je n'ai pas de balai, qu'il m'en envoie un !

Le messager alla rapporter les propos de Dossi au roi, qui lui fit donner un balai. Le roi envoya un autre messager :

– Le roi t'appelle pour la grande cérémonie !

– Dis-lui que, quand une femme se lève le matin, elle doit d'abord aller à la douche. Je n'ai pas de savon pour me laver !

Le messager rapporta les propos de Dossi au roi, qui lui envoya toutes sortes de savons parfumés. Un autre messager fut dépêché :

– Le roi te demande !

– Dis-lui que je n'ai pas ce qu'il faut pour me maquiller !

Le roi lui envoya tous les produits de maquillage nécessaires. Puis il envoya un autre messager :

– Le roi n'attend plus que toi pour commencer la cérémonie.

– Dis-lui que, une fois que la femme s'est maquillée, elle doit faire la cuisine. Je n'ai pas de quoi préparer à manger !

Informé, le roi lui envoya des canards, des poules, du riz et d'autres choses pour sa cuisine.

Sur la place publique, Houinnon et les autres femmes s'impatientaient.

– Elle n'a même pas de main gauche et elle fait la maligne ! On l'aura tout à l'heure, disait Houinnon.

Quelque temps après, un autre messager alla se présenter devant Dossi.

– Femme, je suis le dernier messager. Tu vas me suivre immédiatement.

– Comment puis-je y aller si le roi ne fait pas étaler des pagnes depuis ma maison jusqu'à la place publique ? S'il m'aime, il peut bien l'ordonner !

Informé, le roi ordonna qu'on étale les plus beaux pagnes jusqu'à la maison de Dossi, et cela fut fait.

Alors Dossi confia à Tito le pilon d'or enveloppé dans un pagne et elles se dirigèrent lentement vers la place publique. À leur arrivée, toutes les femmes étaient déjà en train de piler du mil. Tous les yeux se braquèrent sur Dossi, dont seul l'habillement suscitait la curiosité. Houinnon, tout agitée, lui montra sa place. Dossi s'assit lentement sur son siège à piler et regarda le roi. Elle sortit sa main droite et prit le pilon qui était devant le roi dans un mortier plein d'épis de mil. D'une seule main, elle commença à piler.

Alors Houinnon s'interposa devant le roi et cria :

– On ne pile pas ici d'une seule main ! Et ta main gauche ? Fais-la sortir, vite !

Dossi fit signe à Tito de lui apporter le pilon d'or. Elle jeta l'autre pilon et dégagea du pagne son bras gauche. Elle avait de jolies mains et des bras resplendissants ! Ses coups de pilon faisaient tinter les bracelets d'or. Tout le monde se leva pour regarder le pilon d'or. Le roi, stupéfié par ce miracle, emporté par la joie, courut vers Dossi et l'embrassa.

Dans sa colère contre Houinnon, il donna l'ordre aux bourreaux de la saisir et de la décapiter sur-le-champ. On enterra sa tête sous le seuil de la porte de Dossi et le reste du corps dans sa douche. Le roi partagea sa richesse avec Dossi et la nomma première reine. Ce fut elle, désormais, qui supervisa le royaume.

Comprenez maintenant que haine et jalousie sont deux poisons. Elles peuvent causer votre perte ou celle d'autrui.

Conte recueilli à Ahouannonzoun-Dessa. Ce conte est dit tout spécialement à l'occasion des mariages.

La Belle au bois dormant

Charles Perrault

Il était une fois un Roi et une Reine qui étaient si fâchés de n'avoir point d'enfants, si fâchés qu'on ne saurait dire. Ils allèrent à toutes les eaux[1] du monde, vœux, pèlerinages, menues dévotions ; tout fut mis en œuvre, et rien n'y faisait.

Enfin pourtant la Reine devint grosse, et accoucha d'une fille : on fit un beau Baptême ; on donna pour Marraines à la petite Princesse toutes les Fées qu'on pût trouver dans le Pays (il s'en trouva sept), afin que chacune d'elles lui faisant un don, comme c'était la coutume des Fées en ce temps-là, la Princesse eût par ce moyen toutes les perfections imaginables.

Après les cérémonies du Baptême toute la compagnie revint au Palais du Roi, où il y avait un grand festin pour les Fées. On mit devant chacune d'elles un couvert magnifique, avec un étui d'or massif, où il y avait une cuiller, une fourchette, et un couteau de fin or, garnis de diamants et de rubis.

1. Aller aux eaux : faire une cure dans un lieu où les eaux ont des propriétés médicinales.

Mais comme chacun prenait sa place à table, on vit entrer une vieille Fée qu'on n'avait point priée[1], parce qu'il y avait plus de cinquante ans qu'elle n'était sortie d'une Tour, et qu'on la croyait morte, ou enchantée[2].

Le Roi lui fit donner un couvert, mais il n'y eut pas moyen de lui donner un étui d'or massif, comme aux autres, parce que l'on n'en avait fait faire que sept pour les sept Fées. La vieille crut qu'on la méprisait, et grommela quelques menaces entre ses dents.

Une des jeunes Fées, qui se trouva auprès d'elle, l'entendit, et jugeant qu'elle pourrait donner quelque fâcheux don à la petite Princesse, alla, dès qu'on fut sorti de table, se cacher derrière la tapisserie, afin de parler la dernière, et de pouvoir réparer autant qu'il lui serait possible le mal que la vieille aurait fait.

Cependant les Fées commencèrent à faire leurs dons à la Princesse. La plus jeune lui donna pour don qu'elle serait la plus belle personne du monde, celle d'après qu'elle aurait de l'esprit comme un Ange, la troisième qu'elle aurait une grâce admirable à tout ce qu'elle ferait, la quatrième qu'elle danserait parfaitement bien, la cinquième qu'elle chanterait comme un Rossignol, et la sixième

1. Priée : invitée. 2. Enchantée : ensorcelée.

qu'elle jouerait de toutes sortes d'instruments dans la dernière perfection. Le rang[1] de la vieille Fée étant venu, elle dit en branlant la tête, encore plus de dépit que de vieillesse, que la Princesse se percerait la main d'un fuseau, et qu'elle en mourrait.

Ce terrible don fit frémir toute la compagnie, et il n'y eut personne qui ne pleurât. Dans ce moment la jeune Fée sortit de derrière la tapisserie, et dit tout haut ces paroles :

– Rassurez-vous, Roi et Reine, votre fille n'en mourra pas ; il est vrai que je n'ai pas assez de puissance pour défaire entièrement ce que mon ancienne a fait. La Princesse se percera la main d'un fuseau ; mais au lieu d'en mourir, elle tombera seulement dans un profond sommeil qui durera cent ans, au bout desquels le fils d'un Roi viendra la réveiller.

Le Roi, pour tâcher d'éviter le malheur annoncé par la vieille, fit publier aussitôt un Édit[2], par lequel il défendait à toutes personnes de filer au fuseau, ni d'avoir des fuseaux chez soi sur peine de la vie[3].

Au bout de quinze ou seize ans, le Roi et la Reine étant allés à une de leurs Maisons de plaisance, il arriva que la jeune Princesse, courant un

1. Rang : tour. **2.** Édit : décision royale. **3.** Sur peine de la vie : sous peine de mourir.

jour dans le Château, et montant de chambre en chambre, alla jusqu'au haut d'un Donjon, dans un petit galetas[1], où une bonne Vieille était seule à filer sa quenouille. Cette bonne femme n'avait point ouï[2] parler des défenses que le Roi avait faites de filer au fuseau.

– Que faites-vous là, ma bonne femme ? dit la Princesse.

– Je file, ma belle enfant, lui répondit la vieille qui ne la connaissait pas.

– Ha ! que cela est joli, reprit la Princesse, comment faites-vous ? Donnez-moi que je voie si j'en ferais bien autant.

Elle n'eut pas plutôt pris le fuseau, que comme elle était fort vive, un peu étourdie, et que d'ailleurs l'Arrêt des Fées l'ordonnait ainsi, elle s'en perça la main, et tomba évanouie.

La bonne vieille, bien embarrassée, crie au secours : on vient de tous côtés, on jette de l'eau au visage de la Princesse, on la délace[3], on lui frappe dans les mains, on lui frotte les tempes avec de l'eau de la Reine de Hongrie ; mais rien ne la faisait revenir.

Alors le Roi, qui était monté au bruit, se souvint de la prédiction des Fées, et jugeant bien qu'il fallait que cela arrivât, puisque les Fées l'avaient dit,

1. Galetas : grenier. 2. Ouï : entendu. 3. On la délace : on lui desserre son corset.

fit mettre la Princesse dans le plus bel appartement du Palais, sur un lit en broderie d'or et d'argent.

On eût dit d'un Ange, tant elle était belle ; car son évanouissement n'avait pas ôté les couleurs vives de son teint : ses joues étaient incarnates, et ses lèvres comme du corail ; elle avait seulement les yeux fermés, mais on l'entendait respirer doucement, ce qui montrait bien qu'elle n'était pas morte. Le Roi ordonna qu'on la laissât dormir en repos, jusqu'à ce que son heure de se réveiller fût venue.

La bonne Fée qui lui avait sauvé la vie, en la condamnant à dormir cent ans, était dans le Royaume de Mataquin, à douze mille lieues de là, lorsque l'accident arriva à la Princesse ; mais elle en fut avertie en un instant par un petit Nain, qui avait des bottes de sept lieues (c'était des bottes avec lesquelles on faisait sept lieues d'une seule enjambée). La Fée partit aussitôt, et on la vit au bout d'une heure arriver dans un chariot tout de feu, traîné par des dragons. Le Roi lui alla présenter la main à la descente du chariot. Elle approuva tout ce qu'il avait fait, mais comme elle était grandement prévoyante, elle pensa que quand la Princesse viendrait à se réveiller, elle serait bien embarrassée toute seule dans ce vieux Château.

Voici ce qu'elle fit : elle toucha de sa baguette tout ce qui était dans ce Château (hors le Roi et la

Reine), Gouvernantes, Filles d'Honneur[1], Femmes de Chambre, Gentilshommes, Officiers, Maîtres d'Hôtel, Cuisiniers, Marmitons, Galopins[2], Gardes, Suisses[3], Pages, Valets de pied[4] ; elle toucha aussi tous les chevaux qui étaient dans les Écuries avec les Palefreniers, les gros mâtins de basse-cour[5], et Pouffe, la petite chienne de la Princesse, qui était auprès d'elle sur son lit. Dès qu'elle les eut touchés, ils s'endormirent tous, pour ne se réveiller qu'en même temps que leur Maîtresse, afin d'être tout prêts à la servir quand elle en aurait besoin : les broches mêmes qui étaient au feu toutes pleines de perdrix et de faisans s'endormirent, et le feu aussi. Tout cela se fit en un moment ; les Fées n'étaient pas longues à leur besogne.

Alors le Roi et la Reine, après avoir embrassé leur cher enfant sans qu'elle s'éveillât, sortirent du Château, et firent publier des défenses à qui que ce soit d'en approcher. Ces défenses n'étaient pas nécessaires, car il crût[6] dans un quart d'heure tout autour du parc une si grande quantité de grands arbres et de petits, de ronces et d'épines entrelacées les unes dans les autres, que bête ni homme

1. Filles d'honneur : filles qui servent la reine. **2.** Galopins : petits garçons de cuisine. **3.** Suisses : portiers de grands seigneurs. **4.** Valets de pied : domestiques en habit aux couleurs d'un grand personnage et qui le suivent. **5.** Gros mâtins de basse-cour : gros chiens de l'arrière-cour où sont logés les valets. **6.** Il crût : (du verbe « croître ») : il grandit.

n'y aurait pu passer : en sorte qu'on ne voyait plus que le haut des Tours du Château, encore n'était-ce que de bien loin. On ne douta point que la Fée n'eût encore fait là un tour de son métier, afin que la Princesse, pendant qu'elle dormirait, n'eût rien à craindre des Curieux.

Au bout de cent ans, le Fils du Roi qui régnait alors, et qui était d'une autre famille que la Princesse endormie, étant allé à la chasse de ce côté-là, demanda ce que c'était que les Tours qu'il voyait au-dessus d'un grand bois fort épais ; chacun lui répondit selon qu'il en avait ouï parler.

Les uns disaient que c'était un vieux Château où il revenait des Esprits ; les autres que tous les Sorciers de la contrée y faisaient leur sabbat. La plus commune opinion était qu'un Ogre y demeurait, et que là il emportait tous les enfants qu'il pouvait attraper, pour pouvoir les manger à son aise, et sans qu'on le pût suivre, ayant seul le pouvoir de se faire un passage au travers du bois.

Le Prince ne savait qu'en croire, lorsqu'un vieux Paysan prit la parole, et lui dit :

– Mon Prince, il y a plus de cinquante ans que j'ai entendu dire de mon père qu'il y avait dans ce Château une Princesse, la plus belle du monde ; qu'elle devait y dormir cent ans, et qu'elle serait réveillée par le fils d'un Roi, à qui elle était réservée.

Le jeune Prince à ce discours se sentit tout de feu; il crut sans hésiter qu'il mettrait fin à une si belle aventure; et poussé par l'amour et par la gloire, il résolut de voir sur-le-champ ce qui en était.

À peine s'avança-t-il vers les bois, que tous ces grands arbres, ces ronces et ces épines s'écartèrent d'eux-mêmes pour le laisser passer: il marcha vers le Château qu'il voyait au bout d'une grande avenue où il entra, et ce qui le surprit un peu, il vit que personne de ses gens ne l'avait pu suivre, parce que les arbres s'étaient rapprochés dès qu'il avait été passé.

Il ne laissa pas de continuer[1] son chemin: un Prince jeune et amoureux est toujours vaillant. Il entra dans une grande avant-cour où tout ce qu'il vit d'abord était capable de le glacer de crainte: c'était un silence affreux, l'image de la mort s'y présentait partout, et ce n'était que des corps étendus d'hommes et d'animaux, qui paraissaient morts. Il reconnut pourtant bien au nez bourgeonné, et à la face vermeille des Suisses qu'ils n'étaient qu'endormis, et leurs tasses, où il y avait encore quelques gouttes de vin, montraient assez qu'ils s'étaient endormis en buvant.

Il passe une grande cour pavée de marbre, il monte l'escalier, il entre dans la salle des Gardes

1. Il ne laissa pas de continuer : il ne s'arrêta pas.

qui étaient rangés en haie, l'arme sur l'épaule, et ronflant de leur mieux. Il traverse plusieurs chambres pleines de Gentilshommes et de Dames, dormant tous, les uns debout, les autres assis ; il entre dans une chambre toute dorée, et il vit sur un lit, dont les rideaux étaient ouverts de tous côtés, le plus beau spectacle qu'il eût jamais vu : une Princesse qui paraissait avoir quinze ou seize ans, et dont l'éclat resplendissant avait quelque chose de lumineux et de divin. Il s'approcha en tremblant et en admirant, et se mit à genoux auprès d'elle.

Alors comme la fin de l'enchantement était venue, la Princesse s'éveilla ; et le regardant avec des yeux plus tendres qu'une première vue ne semblait le permettre :

– Est-ce vous, mon Prince ? lui dit-elle ; vous vous êtes bien fait attendre.

Le Prince, charmé de ces paroles, et plus encore de la manière dont elles étaient dites, ne savait comment lui témoigner sa joie et sa reconnaissance ; il l'assura qu'il l'aimait plus que lui-même. Ses discours furent mal rangés[1], ils en plurent davantage : peu d'éloquence, beaucoup d'amour. Il était plus embarrassé qu'elle, et l'on ne doit pas s'en étonner : elle avait eu le temps de songer à ce

1. Mal rangés : confus.

qu'elle aurait à lui dire ; car il y a apparence (l'Histoire n'en dit pourtant rien) que la bonne Fée, pendant un si long sommeil, lui avait procuré le plaisir des songes agréables. Enfin il y avait quatre heures qu'ils se parlaient, et ils ne s'étaient pas encore dit la moitié des choses qu'ils avaient à se dire.

Cependant tout le Palais s'était réveillé avec la Princesse ; chacun songeait à faire sa charge[1], et comme ils n'étaient pas tous amoureux, ils mouraient de faim ; la Dame d'honneur, pressée comme les autres, s'impatienta, et dit tout haut à la Princesse que la viande était servie.

Le Prince aida la Princesse à se lever ; elle était tout habillée et fort magnifiquement ; mais il se garda bien de lui dire qu'elle était habillée comme ma grand-mère, et qu'elle avait un collet monté[2] : elle n'en était pas moins belle.

Ils passèrent dans un Salon de miroirs, et y soupèrent, servis par les Officiers de la Princesse ; les Violons et les Hautbois jouèrent de vieilles pièces, mais excellentes, quoiqu'il y eût près de cent ans qu'on ne les jouât plus ; et après souper, sans perdre de temps, le grand Aumônier[3] les maria dans la

1. Faire sa charge : s'acquitter de son emploi. 2. Collet monté : haut col de dentelle maintenu par un fil et totalement démodé au XVIIe siècle. 3. Aumônier : religieux au service d'un personnage important.

Chapelle du Château, et la Dame d'Honneur leur tira le rideau : ils dormirent peu, la Princesse n'en avait pas grand besoin, et le Prince la quitta dès le matin pour retourner à la Ville, où son Père devait être en peine de lui.

Le Prince lui dit qu'en chassant il s'était perdu dans la forêt, et qu'il avait couché dans la hutte d'un Charbonnier, qui lui avait fait manger du pain noir et du fromage. Le Roi son père, qui était bon homme, le crut, mais sa Mère n'en fut pas bien persuadée, et voyant qu'il allait presque tous les jours à la chasse, et qu'il avait toujours une raison en main pour s'excuser, quand il avait couché deux ou trois nuits dehors, elle ne douta plus qu'il eût quelque amourette : car il vécut avec la Princesse plus de deux ans entiers, et en eut deux enfants, dont le premier qui fut une fille, fut nommée l'Aurore, et le second un fils, qu'on nomma le Jour, parce qu'il paraissait encore plus beau que sa sœur.

La Reine dit plusieurs fois à son fils, pour le faire expliquer, qu'il fallait se contenter dans la vie ; mais il n'osa jamais se fier à elle de son secret[1] ; il la craignait quoiqu'il l'aimât, car elle était de race ogresse, et le Roi ne l'avait épousée qu'à cause de ses grands biens ; on disait même tout bas à la Cour qu'elle avait les inclinations des Ogres, et qu'en

1. Se fier à elle de son secret : lui confier son secret.

voyant passer de petits enfants, elle avait toutes les peines du monde à se retenir de se jeter sur eux ; ainsi le Prince ne voulut jamais rien dire.

Mais quand le Roi fut mort, ce qui arriva au bout de deux ans, et qu'il se vit le maître, il déclara publiquement son Mariage, et alla en grande cérémonie quérir la Reine sa femme dans son Château. On lui fit une entrée magnifique dans la Ville Capitale, où elle entra au milieu de ses deux enfants.

Quelque temps après, le Roi alla faire la guerre à l'Empereur Cantalabutte son voisin. Il laissa la Régence[1] du Royaume à la Reine sa mère, et lui recommanda vivement sa femme et ses enfants : il devait être à la guerre tout l'Été, et dès qu'il fut parti, la Reine-Mère envoya sa Bru et ses enfants à une maison de campagne dans les bois, pour pouvoir plus aisément assouvir son horrible envie.

Elle y alla quelques jours après, et dit un soir à son Maître d'Hôtel :

– Je veux manger demain à mon dîner la petite Aurore.

– Ah ! Madame, dit le Maître d'Hôtel…

– Je le veux, dit la Reine (et elle le dit d'un ton d'Ogresse qui a envie de manger de la chair fraîche), et je veux la manger à la Sauce-Robert.

1. Régence : gouvernement du royaume exercé par une autre personne que le souverain.

Ce pauvre homme, voyant bien qu'il ne fallait pas se jouer à une Ogresse[1], prit son grand couteau, et monta à la chambre de la petite Aurore : elle avait alors quatre ans, et vint en sautant et en riant se jeter à son col, et lui demander du bonbon. Il se mit à pleurer, le couteau lui tomba des mains, et il alla dans la basse-cour couper la gorge à un petit agneau, et lui fit une si bonne sauce, que sa Maîtresse l'assura qu'elle n'avait jamais rien mangé de si bon. Il avait emporté en même temps la petite Aurore, et l'avait donnée à sa femme pour la cacher dans le logement qu'elle avait au fond de la basse-cour.

Huit jours après, la méchante Reine dit à son Maître d'Hôtel :

Je veux manger à mon souper le petit Jour.

Il ne répliqua pas, résolu de la tromper comme l'autre fois ; il alla chercher le petit Jour, et le trouva avec un petit fleuret à la main, dont il faisait des armes[2] avec un gros Singe : il n'avait pourtant que trois ans. Il le porta à sa femme qui le cacha avec la petite Aurore, et donna à la place du petit Jour, un petit chevreau fort tendre, que l'Ogresse trouva admirablement bon.

Cela était fort bien allé jusque-là ; mais un soir, cette méchante Reine dit au Maître d'Hôtel :

1. Se jouer à une Ogresse : se risquer à attaquer une Ogresse. **2.** Il faisait des armes : il croisait le fer, se battait contre.

– Je veux manger la Reine à la même sauce que ses enfants.

Ce fut alors que le pauvre Maître d'Hôtel désespéra de la pouvoir encore tromper. La jeune Reine avait vingt ans passés, sans compter les cent ans qu'elle avait dormi : sa peau était un peu dure, quoique belle et blanche ; et le moyen de trouver dans la Ménagerie[1] une bête aussi dure que cela ?

Il prit la résolution, pour sauver sa vie, de couper la gorge à la Reine, et monta dans sa chambre, dans l'intention de n'en pas faire à deux fois[2] ; il s'excitait à la fureur, et entra le poignard à la main, dans la chambre de la jeune Reine. Il ne voulut pourtant point la surprendre, et il lui dit avec beaucoup de respect l'ordre qu'il avait reçu de la Reine-Mère.

– Faites votre devoir, lui dit-elle, en lui tendant le cou ; exécutez l'ordre qu'on vous a donné ; j'irai revoir mes enfants, mes pauvres enfants que j'ai tant aimés ; car elle les croyait morts depuis qu'on les avait enlevés sans rien lui dire.

– Non, non, Madame, lui répondit le pauvre Maître d'Hôtel tout attendri, vous ne mourrez point, et vous ne laisserez pas d'aller revoir vos chers enfants, mais ce sera chez moi où je les ai

1. Ménagerie : endroit où l'on engraisse les animaux. **2.** De n'en pas faire à deux fois : de ne pas s'y prendre à deux fois.

cachés, et je tromperai encore la Reine, en lui faisant manger une jeune biche à votre place.

Il la mena aussitôt à sa chambre, où la laissant embrasser ses enfants et pleurer avec eux, il alla accommoder une biche, que la Reine mangea à son souper, avec le même appétit que si c'eût été la jeune Reine.

Elle était bien contente de sa cruauté, et elle se préparait à dire au Roi à son retour, que les loups enragés avaient mangé la Reine sa femme et ses deux enfants.

Un soir qu'elle rôdait comme d'habitude dans les cours et basses-cours du Château, pour y halener[1] quelque viande fraîche, elle entendit dans une salle basse le petit Jour qui pleurait, parce que la Reine sa mère le voulait faire fouetter, parce qu'il avait été méchant, et elle entendit aussi la petite Aurore qui demandait pardon pour son frère.

L'Ogresse reconnut la voix de la Reine et de ses enfants, et furieuse d'avoir été trompée, elle commande dès le lendemain au matin, avec une voix épouvantable, qui faisait trembler tout le monde, qu'on apportât au milieu de la cour une grande cuve, qu'elle fit remplir de crapauds, de vipères, de couleuvres et de serpents, pour y faire jeter la

1. Halener : flairer.

Reine et ses enfants, le Maître d'Hôtel, sa femme et sa servante ; elle avait donné ordre de les amener les mains liées derrière le dos.

Ils étaient là, et les bourreaux se préparaient à les jeter dans la cuve, lorsque le Roi qu'on n'attendait pas si tôt, entra dans la cour à cheval : il était venu en poste, et demanda tout étonné ce que voulait dire cet horrible spectacle ; personne n'osait l'en instruire, quand l'Ogresse, enragée de voir ce qu'elle voyait, se jeta elle-même la tête la première dans la cuve, et fut dévorée en un instant par les vilaines bêtes qu'elle y avait fait mettre.

Le Roi ne put s'empêcher d'en être fâché, car elle était sa mère ; mais il s'en consola bientôt avec sa belle femme et ses enfants.

MORALITÉ

Attendre quelque temps pour avoir un époux,
Riche, bien fait, galant et doux,
La chose est assez naturelle,
Mais l'attendre cent ans, et toujours en
  dormant,
On ne trouve plus de femelle,
Qui dormît si tranquillement.

AUTRE MORALITÉ

La Fable semble encor vouloir nous faire
  entendre

Que souvent de l'Hymen[1] les agréables nœuds[2],
Pour être différés, n'en sont pas moins heureux,
Et qu'on ne perd rien pour attendre ;
Mais le sexe[3] avec tant d'ardeur,
Aspire à la foi conjugale,
Que je n'ai pas la force ni le cœur[4],
De lui prêcher cette morale.

1. Hymen : mariage. 2. Nœuds : liens. 3. Sexe : ici, le « beau sexe », c'est-à-dire les femmes. 4. Cœur : courage.

6

L'orgueil puni

Le lièvre et le caméléon

conte dendi

Le caméléon avait un beau champ de mil. Quand tout fut prêt pour la récolte, le lièvre traça une large piste conduisant de sa maison jusqu'au champ de son voisin.

Un matin, les deux amis se rencontrèrent dans le champ et chacun demanda à l'autre ce qu'il cherchait là. Une chaude dispute s'engagea entre eux et ils durent se rendre chez le chef pour demander son arbitrage, chacun revendiquant, en effet, la propriété du champ.

Le lièvre demanda alors au caméléon de lui montrer le chemin qu'il empruntait pour se rendre dans son champ. Le caméléon ne put répondre, car il n'empruntait aucune piste : il marchait dans les herbes, comme toujours, pour ne pas laisser de trace.

Le champ de mil revint donc au lièvre.

Le caméléon décida de se venger. Il captura des mouches avec lesquelles il fabriqua un joli pagne multicolore.

Quand le lièvre vit ce pagne, il ne put résister au désir de l'acheter. Le caméléon déclara qu'il ne voulait, en échange, qu'un canari[1] plein de mil. Le lièvre lui dit que c'était peu de chose.

Le caméléon avait creusé dans sa cour un grand grenier souterrain. L'entrée, très petite, avait été obturée par un canari à fond percé.

Quand il vit ce canari, le lièvre sauta de côté en s'écriant :

– C'est ce petit canari que tu me demandes de remplir ? Ce pagne n'aura pas coûté son prix !

Il se mit à l'œuvre. L'orgueil d'entrer en possession du pagne l'avait aveuglé au point qu'il ne s'était pas rendu compte de la ruse du caméléon. La récolte faite dans le champ du caméléon passa donc en totalité dans le grenier avant que le fameux canari fût plein.

Le lièvre obtint quand même son pagne et chercha une occasion pour l'exhiber. Il courut chez le chef et lui dit :

– Chef, le village est trop triste ! Ne serait-il pas bon que, de temps en temps, on danse ?

Le chef approuva le conseil du lièvre, et il fit organiser une fête. Ce jour-là, dès le premier chant du coq, le lièvre réveilla sa femme et lui demanda de lui préparer à manger. Rassasié, il passa de porte en porte pour réveiller ses camarades.

1. Canari : poterie en terre cuite de fabrication artisanale, destinée à contenir des liquides (eau, bière) ou des grains.

– Vous êtes encore au lit ? disait-il. Ne savez-vous pas qu'il y a longtemps qu'il fait jour ?

Enfin, l'heure tant attendue arriva. Le lièvre se drapa dans son pagne, passa chez ses voisins, pressant ceux qui tardaient à sortir. Les tam-tams commencèrent à crépiter. Pour mieux se faire admirer, notre lièvre dansait à l'écart tout en poussant de temps en temps des cris de joie pour attirer l'attention de tout le monde. Il se mit à transpirer, à force de se trémousser, dégageant une odeur nauséabonde, et les mouches qui constituaient l'ornement du joli pagne s'envolèrent.

Notre lièvre se retrouva tout nu alors que la danse continuait de battre son plein. Honteux et vexé, il retourna chez lui à toutes jambes. Il avait payé cher son orgueil !

Recueilli à Birni (Kouandé).

Le Corbeau et le Renard

Jean de La Fontaine

Maître Corbeau, sur un arbre perché,
Tenait en son bec un fromage.
Maître Renard, par l'odeur alléché,
Lui tint à peu près ce langage :
« Et bonjour, Monsieur du Corbeau.
Que vous êtes joli ! que vous me semblez beau !
Sans mentir, si votre ramage[1]
Se rapporte à votre plumage,
Vous êtes le Phénix[2] des hôtes de ces bois. »
À ces mots, le Corbeau ne se sent pas de joie ;
Et pour montrer sa belle voix,
Il ouvre un large bec, laisse tomber sa proie.
Le Renard s'en saisit, et dit : « Mon bon Monsieur,
Apprenez que tout flatteur
Vit aux dépens de celui qui l'écoute.
Cette leçon vaut bien un fromage, sans doute. »
Le Corbeau honteux et confus
Jura, mais un peu tard, qu'on ne l'y prendrait plus.

1. Ramage : chant d'un oiseau. **2.** Phénix : dans la mythologie gréco-romaine, oiseau fabuleux qui renaît sans cesse de ses cendres.

7

Un bienfait n'est jamais perdu

Le mariage du premier-né de Yaakou

conte bariba

C'était à une époque où les hommes ne savaient ni lire ni écrire. Ils ignoraient aussi la notion du temps. Ces hommes ne connaissaient que le jour et la nuit. À cette époque, Yaakou vivait dans le village de Taampoungou. Malgré son âge très avancé, Yaakou n'était toujours pas marié. Pourtant il était très riche. Il avait tout pour attirer les femmes, mais il n'avait jamais réussi à en rencontrer une qui lui plût.

Un jour, il décida de s'en remettre à Dieu. En priant, il demanda au Tout-Puissant de lui donner une femme. Dieu l'entendit et exauça sa prière. Yaakou se maria à la fille que Dieu lui avait donnée. La fille tomba vite enceinte et donna naissance à un garçon. L'enfant fut élevé dans l'abondance. Il s'appelait Windéyaama, « donné par Dieu », du nom que lui avait choisi son père.

Windéyaama avait grandi ; il était maintenant en âge de se marier. Un jour, son père l'appela et lui dit que le temps était venu pour lui de choisir une fille de son goût, avec laquelle il fonderait un foyer. Après lui avoir annoncé cette nouvelle, le père sélectionna et mit de côté tout ce dont son fils aurait besoin pour convaincre la fille qu'il choisirait. Il s'agissait d'argent, de pagnes de toutes sortes et de chevaux. Yaakou choisit aussi l'escorte qui accompagnerait son fils de village en village. La date du départ fut fixée.

Chemin faisant, Windéyaama demandait à son escorte le pourquoi de tout ce qu'il voyait. Un jour qu'ils rencontraient une vieille femme en brousse, il ordonna à son escorte de s'arrêter et il descendit de cheval. Il se dirigea vers la vieille et lui demanda respectueusement :

– Vieille femme, que fais-tu ici dans la brousse et pourquoi manges-tu des tiges de mil ?

– Je suis ici pour ramasser ces tiges qui me permettent de vivre, lui répondit-elle.

Windéyaama eut pitié d'elle. Il lui donna beaucoup d'argent et lui dit de rentrer chez elle. La vieille femme, qui ne s'attendait pas à ce geste, remercia infiniment Windéyaama et lui donna une accolade.

Windéyaama et son escorte se remirent en route. Ils arrivèrent dans un village où un homme était mort. Autour du défunt, il y avait une foule d'hommes armés, qui de gourdins, qui de machettes, qui de fouets, tous occupés à frapper le mort. Cette scène parut bizarre à Windéyaama. Il leur demanda :

– Que faites-vous là ?

– Nous frappons le mort, lui répondirent-ils.

– Moi, j'ai appris que quand quelqu'un meurt, on l'honore et on l'enterre. Ce que vous faites là, est-ce votre coutume ? demanda Windéyaama.

– Ce n'est nullement notre coutume, répondirent-ils. Il nous devait de l'argent. Mais comme personne ne peut nous rembourser à sa place, nous avons décidé de décharger notre colère sur son cadavre.

– Si c'est cela, arrêtez cette scène horrible et mettez-vous en rang ! leur dit Windéyaama.

Tous lui obéirent. À chacun, Windéyaama demanda combien le défunt lui devait et, sans savoir si c'était vrai ou faux, lui remboursait la somme indiquée. Il leur demanda ensuite de creuser une fosse, prit un de ses pagnes et en couvrit le mort. On l'enterra. Il leur donna aussi de l'argent pour qu'ils achèvent le reste de la cérémonie.

Après cela, Windéyaama et son escorte se remirent en route. Ils arrivèrent à un grand fleuve. Des passeurs les aidèrent à traverser et ils arrivèrent dans une ville appelée Ville-du-Roi. Windéyaama et les siens allèrent, sans le savoir, demander hospitalité dans la maison du roi. L'hospitalité leur fut accordée.

Le roi avait une fille qui ne sortait jamais du palais. Elle restait auprès de lui pour le servir. Celui qui chercherait à la voir n'avait qu'à se rendre au palais. Cette fille, restée vierge, avait presque dépassé l'âge où un homme pouvait encore demander sa main.

Après qu'on lui eut montré où il pouvait dormir avec son escorte, Windéyaama voulut rencontrer son hôte. Il se rendit donc à la grande salle où se trouvaient le roi et sa fille. Quand il entra, la fille du roi le vit et en reçut un choc. Elle se leva, lui indiqua un siège sur lequel il pouvait s'asseoir et, tandis que Windéyaama commençait ses salutations, murmura à l'oreille de son père :

– Aujourd'hui, c'est mon mari qui est arrivé. C'est lui que je vais épouser si tu n'y trouves pas d'inconvénient.

Le roi répondit à sa fille à voix basse :

– Tu aurais dû te marier depuis longtemps déjà et tu ne l'as pas fait. Si c'est lui que ton cœur attendait, je n'ai pas à m'y opposer.

Windéyaama, visiblement, aimait aussi la fille du roi. Ce dernier se retira donc pour permettre aux deux amoureux de se parler. Windéyaama et la fille du roi ne tardèrent pas à s'entendre, et la jeune fille offrit une bague à son prétendant. On fixa la date à laquelle le futur époux devait revenir chercher sa femme.

Le lendemain, Windéyaama et son escorte s'en retournèrent. Quand il fut arrivé chez lui, il raconta à son père Yaakou ce qui s'était passé entre le souverain de la Ville-du-Roi et lui. Il lui indiqua aussi la date qui avait été retenue pour le mariage. Yaakou prépara alors tout ce dont son fils avait besoin pour aller épouser la fille du roi.

L'escorte n'avait pas changé. Elle était toujours composée des personnes qui avaient effectué le premier voyage. Le jour venu, ils prirent la route. Mais, parmi les compagnons de route, il y en avait un qui convoitait aussi la fille du roi. Il cherchait coûte que coûte à se débarrasser de Windéyaama. Pour réussir son forfait, il s'assit près de Windéyaama et, lorsqu'ils furent parvenus au milieu du fleuve, il le poussa dans l'eau et s'empara de son argent. Puis il dit aux autres :

– C'est moi que vous accompagnerez prendre ma femme. Je suis prêt à vous payer la somme que vous voudrez.

Il s'appropria toute la barque. Mais Dieu était avec Windéyaama. Comme il se débattait dans l'eau, un fort courant le propulsa sur l'autre rive. Il s'y retrouva en cache-sexe, sans autre vêtement, car le fleuve avait tout emporté. Il lui restait aussi le canif qu'il prenait toujours soin d'attacher autour de sa hanche, légèrement enfoncé sur le côté droit dans son cache-sexe. Windéyaama avait perdu connaissance. Il resta un moment couché par terre avant de reprendre ses esprits. Il se releva et s'assit, mais il ne reconnaissait pas l'endroit où il était. Il prit une direction au hasard et se retrouva brusquement en pleine forêt.

Soudain, il vit surgir une panthère. Il ne put ni crier, ni courir. Il resta là, figé. La panthère se mit à rire :

– D'où vient cette bonne viande ? Que cherche-t-elle par ici ? Depuis hier, je ne trouve rien à manger. Mais toi, tu ne vas pas m'échapper ! Pour commencer, viens me nettoyer les ongles ! Après, je verrai comment te dévorer.

– Je ne sais pas ! répondit Windéyaama à la panthère.

La panthère lui proposa alors un marché :

– Je vais te laisser la vie sauve, à condition que tu m'offres à manger le premier fils que ta femme te donnera.

Windéyaama accepta le marché. La panthère lui indiqua alors le chemin qui le conduirait à un village. Windéyaama marcha pendant longtemps. Il était sur le point de se décourager quand il entendit le son du tam-tam.

Windéyaama comprit qu'il approchait d'un village. Après avoir fait quelques pas, il vit devant lui une vieille femme qui ramassait du bois mort. Windéyaama eut honte de s'approcher d'elle. Mais quand à son tour elle le vit, elle abandonna sa besogne et se mit à le contempler. Ensuite, elle le salua à distance. C'est lorsque Windéyaama répondit à sa salutation que la vieille femme l'invita à s'approcher d'elle. Ce qu'il fit. Alors, la vieille femme lui demanda :

– Jeune homme, pourquoi sors-tu de la brousse et si mal habillé ?

Windéyaama raconta à la vieille comment un membre de son escorte avait voulu le tuer. La vieille, qui l'avait écouté attentivement, n'en revenait pas. Elle ne comprenait pas qu'un homme pût chercher à tuer quelqu'un d'aussi proche. Après avoir entendu ce récit, la vieille femme dit à Windéyaama :

– Jeune homme, je n'ai personnellement rien pour te venir en aide. Mais nous avons de la chance. C'est aujourd'hui que la fille du roi se marie. Nous allons nous rendre au mariage pour demander de quoi manger.

Windéyaama répondit à la vieille femme :

– Je ne pourrai pas me présenter en public dans cette tenue !

La vieille femme dénoua alors son pagne en loques et en revêtit Windéyaama. Malgré cela, il avait toujours honte. Mais la vieille le tira avec force jusqu'au milieu de la foule.

Windéyaama, qui n'avait pas encore reconnu le palais royal, aperçut de loin celui qui l'avait jeté à l'eau. Il était assis à côté de la fille du roi, là où lui-même s'était entretenu avec elle à la fin de son premier voyage. Le scélérat jouait à l'amoureux avec elle. Mais celle-ci se montrait peu enthousiaste. Elle se doutait de quelque chose. Mais lorsqu'elle voulut en parler, il n'y avait plus personne pour l'écouter.

Le tam-tam résonnait encore lorsque arriva le moment de distribuer l'argent aux villageois venus honorer les nouveaux époux. La foule se mit en rang.

La vieille femme demanda à Windéyaama de s'aligner comme tout le monde. L'esprit troublé, ce dernier ne se rendait pas encore compte de ce qui se passait.

Soudain, la fille du roi sortit pour la distribution. C'est à ce moment qu'en un déclic, Windéyaama reconnut sa fiancée. Il eut honte et se cacha derrière les autres.

La fille du roi commença donc la distribution. Elle commençait par un rang et allait jusqu'au bout avant de passer au suivant. Ce fut bientôt le tour de celui dans lequel se trouvait Windéyaama. Au fur et à mesure que sa fiancée approchait, Windéyaama reculait d'un cran. La vieille femme le remarqua et vint se poster derrière lui. Quand Windéyaama voulut à nouveau passer derrière, la vieille l'en empêcha. Windéyaama, qui éprouvait de la honte à l'approche de la fille du roi, détourna la tête pour regarder ailleurs. Quand elle fut devant lui, il ne tendit pas la main. La vieille femme l'y obligea. La fille du roi reconnut la bague qu'elle avait offerte à celui à qui elle avait promis le mariage. En le tirant par la main, la fille du roi s'écria :

– C'est celui-ci qui est mon fiancé, c'est lui qui sera mon mari !

Elle le saisit par l'autre bras et, aidée de la vieille femme, l'emmena dans une pièce du palais où il n'y avait personne. Là, les deux femmes le firent asseoir et sa fiancée lui demanda :

– Est-ce bien toi mon fiancé ?

– Oui, répondit Windéyaama.

– Que s'est-il passé ? demanda la fille du roi.

Windéyaama versa des larmes. C'est la vieille femme qui expliqua tout ce qui s'était passé.

La fiancée de Windéyaama lui fit sa toilette et lui fit apporter des vêtements qu'elle avait fait confectionner pour lui. La fille du roi était contente parce que Dieu l'avait aidée à retrouver son vrai fiancé. Elle ordonna qu'on ligote celui qui se trouvait alors dans la salle des fêtes du palais royal. Ce dernier ne savait encore rien de ce qui se tramait dans l'autre pièce. À sa grande surprise, des gardes du roi, cordes à la main, entrèrent dans la salle et lui demandèrent de se déshabiller. Il s'exécuta, puis ils le ligotèrent. Comme la fille du roi ne voulait plus le voir, les gardes du roi le mirent dans une cage qu'ils allèrent accrocher à un poteau au dehors. Toute la foule vint le voir. Après cela, l'animation redoubla d'intensité.

La cérémonie terminée, la fille du roi prépara ses bagages pour suivre son nouvel époux. Ils partirent sous escorte, en emmenant le traître en cage. Windéyaama raconta tout à son père. Ce dernier, en colère, demanda qu'on jette le scélérat dans l'eau pour que les crocodiles le mangent.

De nombreux jours passèrent et la femme de Windéyaama conçut. Elle donna naissance à un joli garçon. L'enfant faisait l'objet d'une grande attention de la part de ses parents.

Dans la forêt, la panthère attendait son heure. Lorsque l'enfant commença à marcher à quatre pattes, elle se rendit au village en plein jour. Tous ceux qui l'aperçurent s'enfuirent. Lorsque Windéyaama et sa femme la virent venir, ils se rappelèrent le marché que le père avait conclu auparavant avec l'animal. Comme un éclair, ils sortirent l'enfant qu'ils firent asseoir devant la maison. À son arrivée, la panthère dit aux parents :

– Je suis venue prendre l'enfant pour le manger, comme nous en étions convenus.

Les parents de l'enfant dirent à la panthère :

– L'enfant est là, vous n'avez qu'à le prendre.

La panthère prit l'enfant et l'emmena dans la brousse. Elle l'y déposa et revint voir Windéyaama et sa femme. Sa gueule et son pelage étaient couverts de sang. Elle s'adressa à eux en ces termes :

– La chair de votre enfant était délicieuse, j'aimerais que vous m'en donniez un deuxième, que vous ferez prochainement. Êtes-vous d'accord ?

– Comme vous voudrez, lui répondirent Windéyaama et sa femme.

La panthère retourna en brousse et revint une deuxième fois, portant sur son dos l'enfant qu'elle avait emmené la première fois et qui était vivant; elle traînait aussi dans la gueule une grande quantité de viande. Elle se déchargea et appela Windéyaama. Elle lui demanda alors :

– Me reconnais-tu ?

– Oui, dit Windéyaama.

– Non, tu ne me reconnais pas ! C'est moi qui ai passé un marché avec toi, un jour. Suivant cet accord, tu devais m'offrir à manger ton fils premier-né, puisque je t'avais laissé la vie sauve.

La panthère lui révéla ensuite ceci :

– Je suis le mort que tu as sauvé un jour et dont tu as honoré la mémoire, alors que ceux à qui je devais de l'argent me battaient. Reprends ton enfant et accepte cette viande pour le nourrir. Ta famille prospérera et personne ne pourra te donner la mort sinon Dieu.

À ce moment précis, la panthère disparut. Windéyaama resta figé sur place, et son existence antérieure lui revint en tête. C'est sa femme qui lui fit retrouver ses esprits, et la vie continua son cours.

Dans la vie, on récolte le soir ce qu'on a semé le matin. C'est le bienfait de Windéyaama qui l'a sauvé.

Conte recueilli à Ditawon (Natitingou).

Les Fées

Charles Perrault

Il était une fois une veuve qui avait deux filles; l'aînée lui ressemblait si fort et d'humeur[1] et de visage, que qui la voyait voyait la mère. Elles étaient toutes deux si désagréables et si orgueilleuses qu'on ne pouvait vivre avec elles. La cadette, qui était le vrai portrait de son père pour la douceur et pour l'honnêteté[2], était avec cela une des plus belles filles qu'on eût su voir. Comme on aime naturellement son semblable, cette mère était folle de sa fille aînée, et en même temps avait une aversion effroyable pour la cadette. Elle la faisait manger à la cuisine et travailler sans cesse.

Il fallait entre autres choses que cette pauvre enfant allât deux fois le jour puiser de l'eau à une grande demi-lieue[3] du logis, et qu'elle en rapportât plein une grande cruche. Un jour qu'elle était à cette fontaine, il vint à elle une pauvre femme qui la pria de lui donner à boire.

– Oui-da, ma bonne mère, dit cette belle fille;

1. Humeur: caractère. 2. Honnêteté: politesse, bonne éducation. 3. Une demi-lieue: environ deux kilomètres.

et rinçant aussitôt sa cruche, elle puisa de l'eau au plus bel endroit de la fontaine, et la lui présenta, soutenant toujours la cruche afin qu'elle bût plus aisément. La bonne femme ayant bu, lui dit :

– Vous êtes si belle, si bonne, et si honnête, que je ne puis m'empêcher de vous faire un don (car c'était une Fée qui avait pris la forme d'une pauvre femme de village, pour voir jusqu'où irait l'honnêteté de cette jeune fille). Je vous donne pour don, poursuivit la Fée, qu'à chaque parole que vous direz, il vous sortira de la bouche ou une Fleur, ou une Pierre précieuse.

Lorsque cette belle fille arriva au logis, sa mère la gronda de revenir si tard de la fontaine.

– Je vous demande pardon, ma mère, dit cette pauvre fille, d'avoir tardé si longtemps ; et en disant ces mots, il lui sortit de la bouche deux Roses, deux Perles, et deux gros Diamants.

– Que vois-je là ! dit sa mère tout étonnée ; je crois qu'il lui sort de la bouche des Perles et des Diamants ; d'où vient cela, ma fille ? (Ce fut là la première fois qu'elle l'appela sa fille.) La pauvre enfant lui raconta naïvement tout ce qui lui était arrivé, non sans jeter une infinité de Diamants.

– Vraiment, dit la mère, il faut que j'y envoie ma fille ; tenez, Fanchon, voyez ce qui sort de la bouche de votre sœur quand elle parle ; ne seriez-vous pas bien aise[1] d'avoir le même don ? Vous n'avez qu'à aller puiser de l'eau à la fontaine, et quand une pauvre femme vous demandera à boire, lui en donner bien honnêtement[2].

– Il me ferait beau voir[3], répondit la brutale[4], aller à la fontaine.

– Je veux que vous y alliez, reprit la mère, et tout à l'heure[5].

Elle y alla, mais toujours en grondant. Elle prit le plus beau Flacon d'argent qui fût dans le logis. Elle ne fut pas plus tôt arrivée à la fontaine qu'elle vit sortir du bois une Dame magnifiquement vêtue qui vint lui demander à boire : c'était la même Fée qui avait apparu à sa sœur mais qui avait pris l'air et les habits d'une Princesse, pour voir jusqu'où irait la malhonnêteté de cette fille.

– Est-ce que je suis ici venue, lui dit cette brutale orgueilleuse, pour vous donner à boire? Justement j'ai apporté un Flacon d'argent tout exprès pour donner à boire à Madame ! J'en suis d'avis, buvez à même[6] si vous voulez.

– Vous n'êtes guère honnête, reprit la Fée, sans se mettre en colère; eh bien ! puisque vous êtes si peu obligeante, je vous donne pour don qu'à

1. Bien aise : contente. 2. Honnêtement : poliment. 3. Il me ferait beau voir : il ne manquerait plus que ça. 4. Brutale : rustre, grossière. 5. Tout à l'heure : tout de suite. 6. J'en suis d'avis, buvez à même : un bon conseil, buvez directement, débrouillez-vous toute seule.

chaque parole que vous direz, il vous sortira de la bouche ou un serpent ou un crapaud.

D'abord que[1] sa mère l'aperçut, elle lui cria :

– Eh bien, ma fille !

– Eh bien, ma mère ! lui répondit la brutale, en jetant deux vipères, et deux crapauds.

– Ô Ciel ! s'écria la mère, que vois-je là ? C'est sa sœur qui en est cause, elle me le paiera ; et aussitôt elle courut pour la battre. La pauvre enfant s'enfuit, et alla se sauver[2] dans la Forêt prochaine[3].

Le fils du Roi qui revenait de la chasse la rencontra et la voyant si belle, lui demanda ce qu'elle faisait là toute seule et ce qu'elle avait à pleurer.

– Hélas ! Monsieur, c'est ma mère qui m'a chassée du logis.

Le fils du Roi, qui vit sortir de sa bouche cinq ou six Perles, et autant de Diamants, la pria de lui dire d'où cela lui venait. Elle lui conta toute son aventure. Le fils du Roi en devint amoureux, et considérant qu'un tel don valait mieux que tout ce qu'on pouvait donner en mariage à une autre, l'emmena au Palais du Roi son père, où il l'épousa. Pour sa sœur, elle se fit tant haïr, que sa propre mère la chassa de chez elle ; et la malheureuse, après avoir bien couru sans trouver personne qui voulût la recevoir, alla mourir au coin d'un bois.

1. D'abord que : dès que. 2. Se sauver : se réfugier. 3. Prochaine : proche.

Moralité

Les Diamants et les Pistoles[1]
Peuvent beaucoup sur les Esprits ;
Cependant les douces paroles
Ont encore plus de force, et sont d'un plus
grand prix.

Autre moralité

L'honnêteté coûte des soins[2],
Elle veut un peu de complaisance[3],
Mais tôt ou tard elle a sa récompense,
Et souvent dans le temps qu'on y pense le moins.

1. Pistoles : monnaie d'or battue en Espagne et en Italie. **2.** Coûte des soins : demande des efforts. **3.** Complaisance : gentillesse.

La fée du robinet

Pierre Gripari

Il était une fois une fée, une gentille petite fée, qui vivait dans une source, pas très loin d'un village. Vous savez, n'est-ce pas, que la Gaule autrefois n'était pas chrétienne, et que nos pères les Gaulois adoraient les fées. À cette époque, les gens de ce village adoraient cette fée-là. Ils portaient à la source des fleurs, des gâteaux et des fruits, et même, les jours de fête, ils mettaient leurs plus beaux habits pour y venir danser.

Et puis, un jour, la Gaule devint chrétienne, et monsieur le curé interdit aux gens du pays de porter des offrandes et de venir danser autour de la source. Il prétendait qu'ils y perdraient leurs âmes, et que la fée était un diable. Les villageois savaient bien que ce n'était pas vrai ; cependant, ils n'osaient rien dire, parce qu'ils avaient peur du curé. Mais les plus vieux d'entre eux continuèrent de venir, en cachette, pour déposer leurs dons près de la source. Quand le curé s'en aperçut, il se fâcha tout rouge. Il fit dresser en cet endroit une grande croix de pierre, puis il organisa une procession et prononça au-dessus de l'eau un tas de paroles magiques, en latin, pour chasser la fée. Et les gens crurent vraiment qu'il avait réussi à la faire fuir, car, pendant quinze cents ans, plus personne n'entendit parler d'elle. Les vieux qui l'adoraient moururent, les jeunes l'oublièrent peu à peu, et leurs petits-enfants ne surent même plus qu'elle avait existé. Même les curés, ses ennemis, cessèrent de croire en elle.

Pourtant la fée n'était pas partie. Elle était toujours là, dans la source, mais elle se cachait, car la croix l'empêchait de sortir. Du reste, elle avait bien compris que personne ne voulait plus d'elle.

« Patience ! pensait-elle. Notre temps est passé, mais le temps des chrétiens passera, lui aussi ! Un jour, cette croix tombera en morceaux, et de nouveau je serai libre... »

Un jour, deux hommes passèrent près de la source. C'étaient des ingénieurs. Ils remarquèrent que l'eau en était abondante et claire, et décidèrent de l'utiliser pour le ravitaillement de la ville prochaine.

Quelques semaines plus tard arrivèrent les ouvriers. Ils enlevèrent la croix, qui les gênait pour travailler, puis ils captèrent l'eau de la source et l'amenèrent, par tuyaux, jusqu'à la ville.

C'est ainsi que la fée se retrouva, un beau jour, dans une canalisation qu'elle suivit à l'aveuglette, pendant des kilomètres, en se demandant ce qui avait pu arriver. À mesure qu'elle avançait, le tuyau se faisait plus étroit, se divisait en plusieurs tuyaux

secondaires. La fée tournait, tantôt à gauche, tantôt à droite, et pour finir elle aboutit à un gros robinet de cuivre, au-dessus d'une pierre à évier.

C'était une chance pour elle, car elle aurait pu aussi bien tomber dans une chasse d'eau et, dans ce cas, au lieu de la fée du robinet, elle serait devenue la fée des cabinets. Mais par bonheur cela n'arriva pas.

Ce robinet et cet évier faisaient partie d'une cuisine, et cette cuisine était située dans un appartement où habitait une famille d'ouvriers comprenant le père, la mère et deux grandes filles. La fée resta longtemps sans se manifester à eux, car les fées ne se montrent pas pendant le jour : elles ne sortent qu'après minuit. Or le père travaillait dur, la mère aussi, les deux filles fréquentaient l'école, de sorte que tous étaient couchés à dix heures au plus tard, et que personne n'ouvrait le robinet de toute la nuit.

Une fois cependant, l'aînée des filles, qui était gourmande et mal élevée, se leva, sur le coup de deux heures du matin, pour aller voler dans le frigidaire. Elle prit une cuisse de poulet, la rongea, mangea une mandarine, trempa son doigt dans un pot de confiture, le lécha, après quoi elle eut soif. Elle sortit un verre du buffet, alla au robinet, l'ouvrit… mais voilà qu'au lieu d'eau il s'échappa du robinet une toute petite bonne femme en robe mauve, avec des ailes de libellule, qui tenait à la main une baguette surmontée d'une étoile d'or. La fée (car c'était elle) se posa sur le bord de l'évier et parla d'une voix musicale :

– Bonjour, Martine.

(J'ai oublié de dire que cette fille s'appelait Martine.)

– Bonjour, Madame, répondit Martine.

– Veux-tu être gentille, Martine ? demanda la bonne fée. Donne-moi un peu de confiture.

Martine était, comme je l'ai dit, gourmande et mal élevée. Cependant, quand elle vit que la fée était bien habillée, avec des ailes de libellule et une baguette magique, elle se dit :

« Attention ! Cette dame est une belle dame, et j'ai tout intérêt à être bien avec ! »

Aussi répondit-elle avec un sourire hypocrite :

– Mais certainement, Madame ! Tout de suite, Madame !

Elle prit une cuiller propre, elle la plongea dans le pot de confiture, et la tendit à la bonne fée. Celle-ci battit des ailes, voleta autour de la cuiller en y donnant quelques coups de langue, puis elle se reposa sur le buffet et dit :

–Merci, Martine. En récompense de ta gentillesse, je vais te faire un don : à chaque mot que tu diras, il te sortira de la bouche une perle.

Et la fée disparut.

– Ben ça, alors ! dit Martine.

Et, comme elle disait ces mots, trois perles lui

tombèrent de la bouche. Le lendemain matin, elle conta l'histoire à ses parents, non sans jeter une quantité de perles.

Sa mère porta ces perles au bijoutier, qui les trouva fort bonnes, encore qu'un peu petites.

– Si elle disait des mots plus longs, dit le père, elles grossiraient peut-être…

Ils demandèrent aux voisins quel est le mot le plus long de la langue française. Une voisine qui avait des lettres leur répondit que c'était le mot *anticonstitutionnellement*. Ils obligèrent Martine à le répéter. Elle obéit, mais les perles n'en furent pas plus grosses. Plus allongées, peut-être, et d'une forme un peu plus biscornue. De plus, comme c'est un mot très difficile, Martine le prononçait mal, et les perles en étaient de moins bonne qualité.

– Tant pis, dirent les parents. De toute façon, notre fortune est faite. À partir d'aujourd'hui, la petite n'ira plus à l'école. Elle restera assise à table, et parlera toute la journée au-dessus du saladier. Et si elle s'arrête de parler, gare à elle !

Martine qui, entre autres défauts, était bavarde et paresseuse, fut d'abord enchantée de ce programme. Mais au bout de deux jours, elle en eut assez de parler toute seule et de rester immobile. Au bout de trois jours cela devint un tourment, au bout de quatre un supplice, et le soir du cinquième jour, pendant le dîner, elle entra dans une grande colère et se mit à crier :

– Zut ! Zut ! Zut !

En vérité, elle ne dit pas *zut*, mais un mot beaucoup plus vulgaire. Et en même temps, voici que trois grosses perles, énormes, roulèrent sur la nappe.

– Qu'est-ce que c'est que ça ? demandèrent les parents.

Mais ils comprirent tout de suite.

– C'est simple, dit le père, j'aurais dû y penser. Chaque fois qu'elle dit un mot ordinaire, elle crache une petite perle. Mais quand c'est un gros mot, elle en crache une grosse.

À partir de ce jour-là, les parents obligèrent Martine à ne plus dire que des gros mots au-dessus du saladier. Au commencement, cela la soulageait, mais bientôt les parents la grondèrent chaque fois qu'elle disait autre chose qu'un gros mot. Au bout d'une semaine, cette vie ne lui parut plus tenable, et elle s'enfuit de la maison.

Elle marcha tout le jour dans les rues de Paris, sans savoir où aller. Vers le soir, affamée et rompue de fatigue, elle s'assit sur un banc. Un jeune homme, la voyant seule, vint s'asseoir auprès d'elle. Il avait les cheveux ondulés, les mains blanches et un air très doux. Il lui parla très gentiment, et elle lui raconta son histoire. Il l'écouta avec beaucoup d'intérêt, tout en recueillant dans sa casquette les perles qu'elle jetait en lui faisant ses confidences et, quand elle eut fini, il la regarda tendrement dans les yeux :

– Parlez encore, dit-il. Vous êtes merveilleuse. Si vous saviez comme j'aime à vous entendre ! Restons ensemble, voulez-vous ? Vous coucherez dans ma chambre et nous ne nous quitterons plus. Nous serons heureux.

Martine, qui ne savait où aller, accepta de bon cœur. Le jeune homme l'emmena chez lui, la fit manger, coucher, et le lendemain matin, au réveil, il lui dit :

– Maintenant, ma petite, parlons de choses sérieuses. Je n'ai pas l'intention de te nourrir à ne rien faire. Je m'en vais d'ici, et je t'enferme à clef. Ce soir, quand je reviendrai, je veux que la grande soupière soit pleine de grosses perles – et si elle n'est pas pleine, tu auras de mes nouvelles !

Ce jour-là et les jours suivants, Martine fut prisonnière, et obligée de remplir la soupière de perles. Le jeune homme au regard si doux l'enfermait chaque matin et revenait le soir. Et lorsque à son retour la soupière n'était pas pleine, il la battait.

Mais laissons pour l'instant Martine à son triste sort, et revenons chez ses parents.

La jeune sœur de Martine, qui était sage et bonne, avait été profondément impressionnée par toute cette histoire, et n'avait pas la moindre envie de rencontrer la fée du robinet. Cependant les parents, qui regrettaient amèrement la fuite de leur aînée, lui disaient chaque jour :

– Tu sais, si tu as soif, la nuit, rien ne t'empêche de te lever pour aller boire un verre d'eau à la cuisine…

Ou encore :

–À présent, tu es une grande fille. Tu pourrais bien faire quelque chose pour tes parents. Après tout ce que nous avons fait pour toi…

Mais Marie (j'ai oublié de dire qu'elle s'appelait Marie) faisait semblant de ne pas comprendre.

Un soir, sa mère eut une idée. Elle servit à dîner une soupe aux pois cassés, des filets de hareng, du petit salé aux lentilles et, pour finir, du fromage de chèvre, de sorte que, la nuit suivante, Marie ne put dormir tellement elle avait soif. Pendant deux heures elle resta dans son lit, à se répéter :

« Je n'irai pas dans la cuisine. Je n'irai pas dans la cuisine… »

Mais pour finir elle y alla, en espérant que la fée ne sortirait pas.

Hélas ! À peine le robinet tourné, la fée s'en échappa et vint en voletant se percher sur l'épaule de Marie.

– Marie, toi qui es si bonne, donne-moi un peu de confiture !

Marie était très bonne, mais elle n'était pas bête, et elle répondit :

– Merci bien ! Je n'ai pas besoin de vos dons ! Vous avez fait le malheur de ma sœur, c'est grandement suffisant ! D'ailleurs, je n'ai pas le droit de fouiller dans le frigidaire pendant que mes parents sont couchés.

La fée qui, depuis quinze cents ans, avait perdu l'usage du monde, fut piquée de cette réponse et dit d'un air déçu :

– Puisque vous êtes si peu aimable, je vous donne pour don qu'à chaque mot que vous direz, il vous sortira de la bouche un serpent !

Le lendemain en effet, au premier mot qu'elle voulut dire pour raconter la chose à ses parents, Marie cracha une couleuvre. Elle dut renoncer à parler, et leur expliqua par écrit ce qui s'était passé la nuit dernière. Tout affolés, ses parents la menèrent chez un médecin qui habitait, deux étages plus haut, dans le même immeuble. Ce médecin était jeune, sympathique, fort bien considéré dans le quartier, et promettait de faire une belle carrière. Il écouta le récit des parents, puis il fit à Marie son plus charmant sourire et lui dit :

– Allons, ne vous désolez pas. Tout cela n'est peut-être pas si grave. Voulez-vous me suivre dans ma salle de bains ?

Ils passèrent tous dans la salle de bains. Une fois là, le médecin dit à Marie :

– Penchez-vous bien sur la baignoire. Comme ceci. Et maintenant, dites un mot. N'importe lequel.

– Maman, prononça Marie.

Et en même temps une grosse couleuvre glissa de sa bouche dans la baignoire.

–Très bien, dit le médecin. Et à présent, dites un gros mot, pour voir…

Marie rougit très fort.

– Allons, lui dit sa mère, un petit gros mot pour le docteur !

Marie, timidement, murmura un gros mot. En même temps, un jeune serpent boa se répandait dans la baignoire.

– Qu'elle est gentille ! dit le médecin, tout ému. À présent, ma petite Marie, fais encore un petit effort et dis-moi une parole méchante. Marie comprenait bien qu'il fallait obéir. Mais elle était si bonne qu'une parole méchante, même sans la penser, ça lui coûtait à dire. Elle se força pourtant, et prononça d'une voix sourde :

– Sale vache.

Tout aussitôt deux petites vipères, roulées en boule, sautèrent de sa bouche et tombèrent avec un bruit mou sur les autres serpents.

– C'est bien ce que je pensais, dit le docteur avec satisfaction. Pour un gros mot, il sort un gros serpent, et pour un mot méchant un serpent venimeux…

– Que faut-il faire, Docteur ? demandèrent les parents.

– Ce qu'il faut faire ? Eh bien, c'est simple ! Mon cher Monsieur, j'ai l'honneur de vous demander la main de votre fille.

– Vous voulez l'épouser ?

– Si elle accepte, oui.

– Pourquoi donc ? demanda la mère. Vous pensez que le mariage la guérira ?

– J'espère bien que non ! répondit le médecin. Voyez-vous, je travaille à l'Institut Pasteur, à la fabrication des sérums antivenimeux. Dans mon service, nous manquons de serpents. Une demoiselle comme votre fille est pour moi un trésor !

C'est ainsi que Marie épousa le jeune médecin. Ce dernier fut très bon pour elle, et la rendit aussi heureuse qu'elle pouvait l'être avec une telle infirmité. De temps en temps, sur sa demande, elle lui disait des mots atroces pour lui fournir, soit une vipère, soit un cobra, soit un serpent corail – et le reste du temps, elle ne parlait plus, ce qui, heureusement, ne lui pesait pas trop, car elle était simple et modeste.

À quelque temps de là, la fée du robinet voulut savoir ce qu'il était advenu des deux filles. Elle apparut à leurs parents, un samedi soir après minuit, comme ceux-ci rentraient du cinéma et cassaient une petite croûte avant d'aller se coucher. Elle les interrogea, et ils lui répondirent. Toute confuse, elle apprit alors que, non seulement elle avait récompensé la vilaine fille et puni la gentille – mais que, par pur hasard, le mauvais don avait tourné à l'avantage de Marie, tandis que le don des perles était devenu pour la pauvre Martine une terrible malédiction, et qu'elle s'en trouvait punie bien au-delà de ce qu'elle méritait. La pauvre fée, découragée, se dit en elle-même :

« J'aurais mieux fait de me tenir tranquille. Je n'ai aucun usage du monde, je juge tout de travers, et je ne prévois même pas les conséquences de mes actes. Il faut que je trouve un enchanteur plus sage que moi, pour qu'il m'épouse et que je lui obéisse. Mais où le chercher ? »

Tout en réfléchissant, elle était sortie dans la rue et elle voletait au-dessus du trottoir, rue Broca, lorsqu'elle vit une boutique éclairée. C'était l'épicerie-buvette de Papa Saïd. Papa Saïd lui-même était en train de poser les chaises sur les tables avant d'aller se coucher.

La porte était fermée, mais la fée, se faisant toute petite, passa par en dessous. C'est qu'en effet elle avait vu, traînant sur une planche, un gros cahier et une trousse à crayons, que Bachir avait oublié de ranger.

Lorsque Papa Saïd se fut retiré, la fée arracha une feuille du cahier (vous n'avez pas remarqué qu'il manque souvent une feuille aux cahiers de Bachir ?). Puis elle sortit de la trousse les crayons de couleur, et elle se mit à dessiner. Bien entendu, Papa Saïd, en s'en allant, avait éteint l'électricité. Mais les fées ont de bons yeux, et voient même les couleurs en pleine nuit.

La fée du robinet dessina donc un enchanteur, avec un grand chapeau pointu et une vaste houppelande noire. Le dessin terminé, elle souffla dessus et se mit à chanter :

Enchanteur noir
Couleur du soir
Je t'ai dessiné
Veux-tu m'épouser ?

La tête de l'enchanteur fit une grimace :

– Non, je ne veux pas, dit-il, tu es trop grosse.

– Alors, tant pis pour toi ! répondit la fée.

Elle souffla dessus une seconde fois, et l'enchanteur ne bougea plus. Elle arracha une autre feuille (il manque souvent plus d'une feuille aux cahiers de Bachir) et dessina un deuxième enchanteur, avec une houppelande brune. Elle souffla dessus et demanda :

Enchanteur brun
Couleur de rien
Je t'ai dessiné
Veux-tu m'épouser ?

Mais l'enchanteur brun détourna la tête :

– Non, je ne veux pas, tu es trop maigre.

– Eh bien, tant pis pour toi !

La fée souffla sur lui une seconde fois et il ne fut rien de plus qu'un dessin immobile. Puis elle chercha dans les crayons de couleur et s'aperçut qu'il n'en restait plus qu'un : le bleu. Tous les autres étaient perdus !

« Celui-ci, pensa-t-elle, il ne faut pas que je le rate ! »

Alors, en s'appliquant beaucoup, elle dessina, sur une troisième feuille, un troisième enchanteur, dont la houppelande était bleue. Quand elle l'eut fini, elle le regarda avec amour. Vraiment, c'était le plus beau de tous !

« Pourvu qu'il m'aime ! » pensa-t-elle.

Elle souffla sur lui et se remit à chanter :

Enchanteur bleu
Couleur des cieux
Je t'ai dessiné
Veux-tu m'épouser ?

– D'accord, dit l'enchanteur.

Alors, la fée souffla dessus trois fois. À la troisième fois, l'enchanteur dessiné s'épaissit, puis il se détacha de la feuille de papier, puis il se redressa, prit la fée par la main, et tous les deux passèrent par-dessous la porte et s'envolèrent dans la rue.

– Avant tout, dit l'enchanteur bleu, je vais ôter leurs dons à Martine ainsi qu'à Marie.

– Vraiment, tu crois ? demanda la fée.

– C'est la première chose à faire, dit-il.

Et là-dessus, il récita une formule magique.

Le lendemain, Martine avait cessé de cracher des perles. Le jeune homme à l'air doux, voyant cela, commença par la battre. Puis, quand il vit que cela ne servait à rien, il la chassa. Elle revint chez ses parents, mais l'aventure lui avait servi de leçon, car elle fut désormais douce et bonne.

Le même jour, Marie cessa de cracher des serpents. C'était dommage pour l'Institut Pasteur, mais son époux ne le regretta point, car il eut le plaisir de parler avec elle, et il put constater qu'elle était aussi intelligente que sage.

L'enchanteur et la fée disparurent. Je sais qu'ils vivent toujours, mais je ne sais pas où. Ils ne font presque plus de miracles, ils sont très, très prudents, et ne tiennent pas du tout à faire parler d'eux.

J'oubliais d'ajouter ceci : le lendemain de cette nuit mémorable, madame Saïd, la maman de

Bachir, en ouvrant la boutique, trouva sur une planche les crayons de son fils en désordre, le grand cahier ouvert avec trois feuilles arrachées et, sur deux de ces feuilles, des dessins d'enchanteurs. Très mécontente, elle appela son fils et lui dit sévèrement :

– Qu'est-ce que c'est que ce travail ? Tu n'as pas honte ? Tu crois que c'est pour ça qu'on t'achète des cahiers ?

Bachir eut beau répondre que ce n'était pas lui, personne ne voulut le croire.

Il était une fois Mémoires d'Afrique…

Plusieurs contes de ce recueil sont issus de la collecte réalisée au Bénin par Mémoires d'Afrique. Cette association, fondée en 1998, a pour objectif de préserver et de faire connaître les cultures africaines : il est urgent de fixer sans les figer ces traditions essentiellement orales. L'association veut aussi faire dialoguer les cultures pour la paix dans le monde.

Pour cela, Mémoires d'Afrique a lancé en 1999-2000 un concours auquel ont participé plus d'un millier de jeunes Béninois. Grâce à eux, plus de mille cinq cents contes et légendes ont été rassemblés. À l'issu du concours, les contes récompensés ont été publiés. Ainsi, ce trésor culturel, irremplaçable mais fragile, pourra être préservé et transmis.

Depuis 2005, l'association poursuit son action en organisant chaque année au Bénin la Nuit des contes, comme il existe en France la Fête de la musique. Ce jour-là est tout particulièrement consacré à faire vivre ces précieuses traditions orales. Les plus anciens transmettent aux jeunes générations ces fabuleuses histoires qu'ils tiennent eux-mêmes de leurs parents. Avec le soutien du gouvernement béninois, cette Nuit des contes est devenue en juillet 2010 une Journée nationale du patrimoine immatériel.

Après le succès, l'aventure de cette grande collecte des contes d'Afrique se poursuivra bientôt dans de nouveaux pays.

Israël Mensah,
président fondateur de Mémoires d'Afrique.
Jeanne de Nantes,
secrétaire générale de Mémoires d'Afrique.

Carnet de lecture

Des contes d'ici et d'ailleurs

D'où viennent les contes ?

L'origine du conte est très ancienne, et l'on peut dire qu'il existe des contes partout où il y a des hommes sur terre. Pendant fort longtemps, le conte s'est transmis uniquement par voie orale, c'est-à-dire de bouche à oreille comme c'est encore le cas aujourd'hui dans certaines parties du globe.

Ces histoires imaginaires tantôts gaies, tantôt cruelles, ironiques ou parodiques, sont avant tout créées pour plaire et pour divertir un auditoire d'abord composé d'adultes. Dans les sociétés traditionnelles, conter des histoires est une forme de loisir. Le soir, au moment de la veillée, dans un village ou à la maison, on se rassemble pour entendre une histoire. L'écoute s'accompagne parfois, selon le pays, d'un travail de dentelle, de vannerie ou d'écalage de noix…

Par esprit de compétition ou par goût de l'imitation, les différents conteurs déploient des trésors d'inventivité : ils improvisent librement sur l'intrigue originale, la modifient au gré de leur inspiration et l'enrichissent de péripéties nouvelles.

En effet, dire un conte, ce n'est pas réciter un texte figé, mais laisser libre cours à son imagination, se laisser guider par la magie de l'instant et les réactions de l'auditoire, différentes chaque fois. L'intrigue proprement dite n'est qu'un chemin autour duquel le conteur est libre de buissonner à sa guise.

C'est la raison pour laquelle on connaît parfois de multiples versions d'un même conte : plus de trois cents pour *Cendrillon*, par exemple !

À quoi servent les contes ?

Quelle que soit leur origine, tous les contes évoquent des personnages imaginaires, à l'apparence ou aux pouvoirs extraordinaires. Des fées, des sorcières ou des ogres nous transportent dans un monde merveilleux dans lequel une jeune fille peut rester endormie pendant un siècle.

Mais le but du conte n'est pas seulement de distraire. Les contes dits « des origines » tentent de fournir une explication à un phénomène naturel, à un fait constaté. Ainsi, un conte breton nous apprend pourquoi la mer est salée ; un conte vietnamien nous explique pourquoi les grains de riz, qui étaient autrefois très gros, sont aujourd'hui si petits, tandis que l'origine des étoiles nous est révélée dans un conte sénégalais…

Certains contes, appelés « contes initiatiques », nous font vivre les aventures d'un héros chargé d'une mission. On suit l'évolution de ce personnage au fil des épreuves qu'il devra surmonter. Courage, force, intelligence, mais aussi honnêteté et gentillesse sont autant de qualités mises en avant car elles sont indispensables à la réussite du héros, qui est présenté comme un exemple à suivre. Ainsi, la belle Dossi, dans *La jalousie détruit tout*, l'emporte sur la méchante Houinnon grâce à son courage et à sa vertu.

Les contes ont souvent pour fonction d'instruire ceux qui les écoutent. Ils peuvent se conclure par une morale et donnent une leçon de vie, parfois fort discutable comme celle qui achève l'histoire de Niacadja, dans *Niacadja et la sorcière* : « Il faut se méfier de tous, des femmes en particulier, surtout de celles dont on ne connaît pas l'origine. »

De la parole à l'écrit : comment cheminent les contes

Contes de bouche à oreille...

En Afrique, le conte est resté avant tout un récit de tradition orale. À la veillée, les *griots* (conteurs africains) disent les contes qu'ils ont eux-mêmes entendus.

Transmis de vive voix, ces récits, sans cesse adaptés par ceux qui les reprennent, constituent une forme de mémoire collective. Même lorsque celle-ci laisse des traces écrites, la littérature traditionnelle n'est pas faite pour être lue, mais pour être récitée sans support en présence directe d'un auditoire.

Les contes africains proposés dans ce recueil viennent tous du Bénin. Un pays d'Afrique de l'Ouest, baigné par le golfe de Guinée, qui s'étend de l'océan Atlantique à la savane des bords du fleuve Niger. Il fut pendant longtemps constitué de royaumes indépendants, fonctionnant comme des « cités-État ». Si le français est aujourd'hui la langue officielle du Bénin, on continue d'y parler de nombreuses langues, dont six principales : le *fon*, le *bariba*, le *dendi*, le *goun*, le *mina* et le *yorouba*. C'est dans ces langues que se perpétue l'art ancien du conte.

Ceux qui sont rassemblés ici n'ont pas à proprement parler d'auteur. Ils sont anonymes et viennent des temps anciens. Pour parvenir jusqu'à nous, ils ont été « collectés », c'est-à-dire recueillis et rassemblés. Ces contes traditionnels représentent en effet un trésor d'histoires qu'il convient de préserver, mais aussi de faire connaître par-delà les frontières.

... et contes sous la plume

Tout au long des siècles, des auteurs se sont emparé de ces histoires populaires transmises oralement et les ont fixées par écrit telles que nous les connaissons aujourd'hui. Le plus célèbre d'entre eux est Charles Perrault, au XVIIe siècle.

Après des études de droit, Charles Perrault travaille aux côtés de Colbert, Premier ministre de Louis XIV. Entré en 1671 à l'Académie française, il en devient le secrétaire.

Après la mort de son épouse, Perrault décide de se consacrer à l'éducation de ses enfants et écrit des contes, s'inspirant des contes de fées qu'il a entendus et de textes d'auteurs anciens. Il les publie en 1697, dans un recueil intitulé *Histoires ou Contes du temps passé*, qui est alors attribué à son fils, Pierre Perrault d'Armancourt. Chacun de ces contes s'achève par une morale, et l'auteur écrit dans sa préface : « Les gens de bon goût [...] ont été bien aise de remarquer que ces bagatelles n'étaient pas de pures bagatelles, qu'elles renfermaient une morale utile... »

Pierre Gripari (1925-1990) a lu les contes de Perrault, bien sûr. Lui n'a pas eu la chance de pouvoir poursuivre ses études : après le décès de ses parents pendant la Deuxième Guerre mondiale, il exerce plusieurs petits métiers. Très tôt il se consacre à l'écriture mais rencontre beaucoup de difficultés à se faire publier et vit misérablement. Il écrit des romans, des nouvelles, des pièces de théâtre, mais c'est grâce à son recueil des *Contes de la rue Broca* qu'il connaît la célébrité, en 1967.

Il se définissait lui-même comme « un Martien observant le monde des hommes avec une curiosité amusée, étranger au monde terrestre ». Détestant les gens sérieux, il précise dans un article de journal : « Les seules histoires qui m'intéressent sont celles dont je suis sûr, dès le début, qu'elles ne sont jamais arrivées, qu'elles n'arriveront jamais, qu'elles ne peuvent arriver. »

Contrairement à Perrault, son but n'est pas d'instruire mais bien de divertir et de s'amuser lui-même en situant ses histoires dans un quartier du Paris contemporain. Ses héros sont les habitants de ces quartiers, bien éloignés des belles princesses et des princes fortunés. Ses sorcières et ses fées ne sont guère impressionnantes : l'enchanteur noir trouve la fée du robinet trop grosse et le brun la trouve trop maigre ! Gripari se moque gentiment de son personnage en signalant qu'il est heureux que sa fée ait terminé son voyage dans un robinet « car elle aurait pu aussi bien tomber dans une chasse d'eau et, dans ce cas, au lieu de la fée du robinet, elle serait devenue la fée des cabinets ».

D'autres auteurs contemporains ont utilisé les contes anciens pour les détourner et s'en amuser. Philippe Dumas et Boris Moissard, par exemple, écrivent les *Contes à l'envers* dans lesquels le Petit Chaperon rouge devient le Petit Chaperon bleu marine et la Belle au bois dormant se transforme en Belle au doigt bruyant.

Contes et fables, comme un air de famille...

Il peut paraître surprenant de rapprocher, dans un même recueil, des contes et des fables. Pourtant, les mots *conte* et *fable*, tous deux issus du latin, sont proches par leur sens d'origine : *conter* est dérivé de *computare*, « raconter » et *fable* est issu de *fabula*, « paroles ». Mais ce n'est pas là leur seul point commun.

Un genre littéraire très ancien

Tout laisse à penser que les fables, comme les contes, se sont transmises oralement pendant longtemps, même si leurs traces écrites sont bien plus anciennes que celles des contes. En effet, les fables les plus anciennes que nous connaissons ont été retrouvées gravées sur des tablettes d'argile vieilles de plus de trois mille ans, provenant de vestiges de bibliothèques scolaires en Mésopotamie. On en a également retrouvé sur des papyrus égyptiens.

Comme les contes, les fables utilisent le merveilleux. Elles mettent en scène, dans de courts récits, des animaux ou des végétaux qu'elles font agir et parler comme des humains, Leur but ? Délivrer, comme le conte, un enseignement formulé dans une morale.

Il ya donc une grande parenté entre fables et contes, mais aussi quelques différences.

La fable est le plus souvent en vers alors que le conte est presque toujours en prose. De plus, le rôle essentiel de la fable est non pas de distraire mais de critiquer le pouvoir. Dans les sociétés où règne la censure, c'est un moyen précieux pour exprimer ses idées : méchants et puissants étant représentés sous forme d'animaux, impossible pour eux de s'en offusquer sans avouer qu'ils se sont reconnus dans un corbeau ou un loup affamé...

De célèbres précurseurs

En Grèce, Hésiode mais surtout Ésope sont des fabulistes réputés dès le VIIIe siècle av. J.-C.

Difficile de démêler le vrai du faux dans ce que l'on croit savoir de la vie d'Ésope. Il aurait vécu au VIIe ou VIe siècle av. J.-C. et ses biographes ne s'accordent pas sur son lieu de naissance. Son nom semble indiquer qu'il était boiteux et Plutarque le décrit comme étant laid, bossu et bègue. Il aurait été esclave, prisonnier de guerre. Après avoir appartenu à plusieurs maîtres, il aurait été libéré, ce qui lui aurait permis de voyager. Il était, semble-t-il, réputé pour son don de conteur. Une légende raconte qu'il aurait été condamné à mort par les prêtres de Delphes qui l'auraient accusé, à tort, de vol. Il aurait péri, jeté du haut d'un précipice.

De nombreuses fables lui sont attribuées, issues de la tradition orale. Ses textes sont écrits en prose et généralement très courts.

La Fontaine, le maître du genre

Au mot « fable » est immédiatement associé, dans la plupart des esprits, le nom de La Fontaine.

Il naît en 1621 à Château-Thierry. Après des études de droit à Paris, il entre au service de Fouquet, ministre des Finances de Louis XIV. Au château de Vaux-le-Vicomte, où réside son protecteur, La Fontaine rencontre de nombreux écrivains et artistes, dont Charles Perrault et Molière.

Il écrit des pièces de théâtre, des poèmes et publie ses premières fables en 1668, complétées ultérieurement par deux autres volumes : près de deux cent cinquante en tout, dont beaucoup sont inspirées de textes anciens, ceux d'Ésope en particulier. Il entre à l'Académie française en 1684. Il ne cessera d'écrire jusqu'à sa mort en 1695.

Bien qu'il se soit essayé à tous les genres, La Fontaine est surtout connu pour ses fables. Toutes écrites en vers, elles dénoncent les travers de la nature humaine ou critiquent les mœurs de la société de son époque. Elles étaient destinées à l'éducation du Dauphin (le futur héritier de la Couronne) et La Fontaine précise dans sa préface : « Je me sers d'animaux pour instruire les hommes. »

À travers ces récits, en parcourant ces petits mondes, c'est lui-même que l'auditeur-lecteur est invité à découvrir et à connaître. Comme le dit La Fontaine lui-même : « Ces fables sont un tableau où chacun de nous se trouve dépeint. Ce qu'elles nous représentent confirme les personnes d'âge avancé dans les connaissances que l'usage leur a données, et apprend aux enfants ce qu'il faut qu'ils sachent. Comme ces derniers sont nouveaux venus dans le monde, ils n'en connaissent pas encore les habitants, ils ne se connaissent pas eux-mêmes. »

Contes de tous pays pour une même sagesse

Rassembler dans un même recueil contes et fables d'Europe et contes traditionnels d'Afrique permet de révéler tout autant leur proximité que leurs différences.

Quelle que soit leur origine, les contes du monde entier ont une base commune. Leur intrigue est simple : elle confronte un personnage à une suite d'épreuves dont il sortira vainqueur ou vaincu. Mais le scénario commun prend des formes variées selon les pays : chaque fois, il est le reflet d'une société. Ainsi le chasseur du village d'Agbon ne craint-il pas de se faire dévorer par un crocodile, et non pas par un loup, comme le Petit Chaperon rouge.

C'est la raison pour laquelle on peut parler d'une universalité des contes. D'un pays à l'autre, d'un continent à l'autre, on y retrouve des thèmes communs. Le décor change, les personnages aussi, mais tous nous parlent d'un être unique, l'homme, et de ses sentiments fondamentaux.

Des genres universels

De tous temps, fables et contes ont été utilisés pour dénoncer les travers de la nature humaine, quels que soient l'époque ou le lieu.

L'ogre du Petit Poucet n'a rien à envier à la terrible Baba-Yaga des contes d'Europe de l'Est ou à la méchante Kindan de *Niacadja et la sorcière*. Bien sûr, sorcières, ogres et ogresses n'existent pas dans la vraie vie, mais il n'est pas besoin d'être un ogre pour se montrer cruel. Serpent et tortue dans le conte nago ou cigogne et renard chez La Fontaine : tous font preuve d'une même méchanceté.

Quelle que soit leur origine, contes et fables mettent ainsi en avant des sentiments humains fondamentaux : jalousie dans le conte aïzo et *Cendrillon*, amour et haine dans beaucoup d'autres. La recherche du bonheur, associée à celle de l'amour, est souvent présente : immédiatement après avoir vu Cendrillon, le prince tombe amoureux de la belle et n'aura de cesse de la retrouver ; tandis que Windéyaama, dans *Le Mariage du premier-né de Yaakou*, devra surmonter bien des difficultés pour retrouver sa fiancée et pouvoir l'épouser. Et qui pourrait prétendre que l'affirmation de La Fontaine : « La raison du plus fort est toujours la meilleure » n'est plus d'actualité ?

Des récits témoins de leurs origines

Bien que présentant des traits universels, contes et fables sont tous ancrés dans leur époque et leur lieu d'origine. Ils sont ainsi les témoins d'une société, avec toutes ses particularités.

Les contes africains sont peuplés d'éléphants, panthères, caméléons et crocodiles ; mais le bestiaire de Perrault et de La Fontaine est constitué de loups, renards, chiens et autres animaux de nos régions. Il est amusant cependant de noter que, dans tous, il est question de lièvre, de tortue et de mouches.

La végétation est également caractéristique d'une région, d'un climat. Les textes européens parlent de ronces, de chêne et de roseau, tandis que les contes béninois nous apprennent que, dans ce pays, on cultive le mil et que le palmier fournit noix et palmes.

Il en va de même pour les personnages. Ceux des contes d'Europe vivent dans des châteaux ou des huttes, selon leur condition ; les femmes occupent leur temps à filer.

Si les rois béninois disposent aussi d'un château, leurs sujets vivent dans des cases ; les femmes, couvertes d'un pagne, s'occupent à piler le mil. Dans ce pays, certains hommes font le choix d'avoir plusieurs femmes, comme Dada-Xounon, mais la première épouse a plus de pouvoir que les suivantes.

Ces personnages évoluent aussi dans le temps. Les fées de Perrault vivent tranquillement leur vie tandis que la pauvre fée de Pierre Gripari subit bien des déboires au cours de la sienne. Après avoir connu le bonheur dans sa source, elle y reste prisonnière pendant plusieurs siècles avant d'être expédiée, par de longues canalisations, jusqu'à un robinet… Quelle triste destination malgré tout pour une fée, et que Perrault n'aurait jamais pu imaginer !

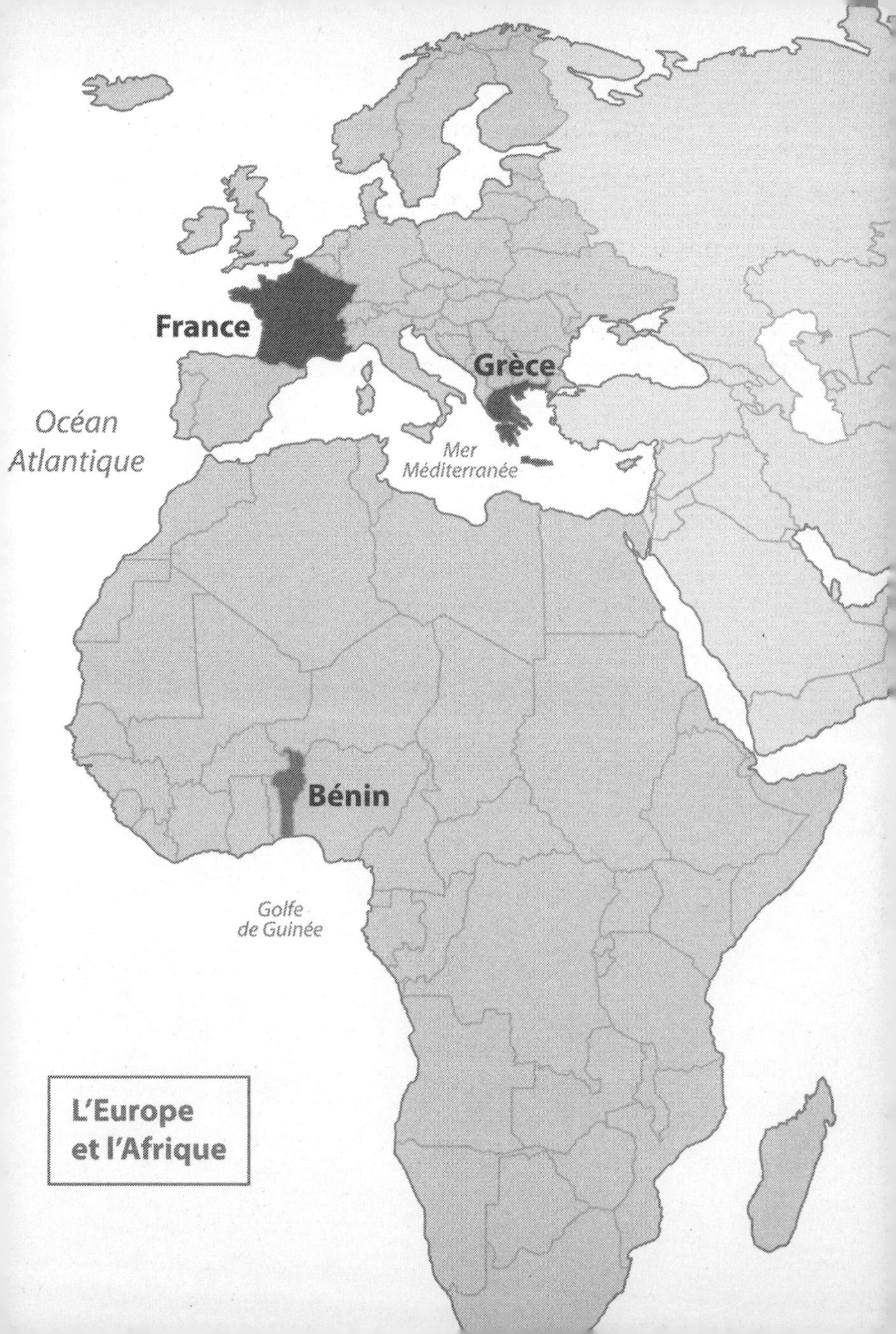
France
Grèce
Océan
Atlantique
Mer
Méditerranée
Bénin
Golfe
de Guinée
L'Europe
et l'Afrique

Table des matières

HISTOIRE D'ALADIN OU LA LAMPE MERVEILLEUSE

Anonyme

n° 77

Aladin, le fils du tailleur, n'en croit pas ses oreilles : un mystérieux oncle revenu d'Afrique lui offre de devenir marchand d'étoffes. En échange, Aladin devra s'aventurer dans les profondeurs d'un souterrain pour lui en rapporter une lampe magique. Mais rien ne se passe comme prévu. Prisonnier sous la terre, Aladin parviendra-t-il à maîtriser les pouvoirs de la lampe ?
Un des contes les plus célèbres et les plus envoûtants des *Mille et Une Nuits*.

CONTES CHOISIS

Charles Perrault

n° 443

« Hélas ! mes pauvres enfants, où êtes-vous venus ? Savez-vous bien que c'est ici la maison d'un Ogre qui mange les petits enfants ? »
Cruels et drôles, les contes de Perrault nous parlent des dangers qui guettent petits et grands sur le chemin de la vie. Comment échapper au loup ? Les fées décident-elles seules ? Le courage et l'ingéniosité suffisent-ils pour atteindre le bonheur ?

SINDBÂD DE LA MER

Anonyme

n° 516

« Sache que j'ai derrière moi une histoire merveilleuse : j'ai fait sept voyages aussi extraordinaires et stupéfiants les uns que les autres… »

Sindbâd, riche commerçant de Bagdad, a tout pour être heureux. Quelle folie le pousse à tout quitter pour prendre la mer ? Île-baleine, oiseau géant, cannibales : d'innombrables dangers l'attendent sur la route de l'aventure…

CONTES CHOISIS

Hans Christian Andersen

n° 686

« Je donnerais les trois cents années que j'ai à vivre pour être personne humaine un seul jour. »

Une sirène prête aux plus grands sacrifices pour vivre parmi les hommes, un soldat de plomb amoureux d'une danseuse de papier, un sapin qui voudrait voyager… Les héros des contes d'Andersen portent tous en eux le même rêve : trouver leur place dans le monde et être aimés. Mais le courage et l'obstination peuvent-ils triompher des lois du destin ?

LE VAILLANT PETIT TAILLEUR ET AUTRES CONTES

Grimm

n° 1570

Un petit tailleur qui affronte des géants, deux enfants tombés dans les griffes d'une sorcière, une princesse empoisonnée… Dans le monde impitoyable des frères Grimm, rien ne semble pouvoir triompher de la convoitise et de la cruauté. Mais quand les héros font preuve d'ingéniosité et de courage, même les contes les plus sombres peuvent bien se terminer !

Le papier de cet ouvrage est composé de fibres naturelles, renouvelables, recyclables et fabriquées à partir de bois provenant de forêts plantées et cultivées expressément pour la fabrication de la pâte à papier.

Mise en pages : Didier Gatepaille

Loi n° 49-956 du 16 juillet 1949
sur les publications destinées à la jeunesse
ISBN : 978-2-07-064510-7
Numéro d'édition : 256995
1er dépôt légal : mars 2012
Dépôt légal : juin 2013

Imprimé en Espagne par Novoprint (Barcelone)